PREFAZIONE

La stesura di questo testo è nata dalla necessità di creare un manuale di laboratorio di supporto ai libri di teoria, un laboratorio fatto di semplici esperimenti, ma nello stesso tempo attento a non banalizzare lo studio dei fenomeni, cercando il più possibile di utilizzare un approccio completo in grado si evidenziare gli aspetti importanti di ciascun fenomeno.

Nello studio teorico talvolta si procede perdendo di vista i fondamenti della fisica, mentre la conoscenza scientifica procede mediante un processo induttivo che, partendo dallo studio dei fenomeni, permette di trarre delle conclusioni confutabili o confermabili attraverso lo studio di altri fenomeni, ed è attraverso l'analisi di questi che si cerca di capire quali sono i principi generali o le leggi che regolano una certa tipologia di fenomeni.

Negli ultimi 500 anni sono stati compiuti innumerevoli esperimenti e studiati tantissimi fenomeni che a loro volta ordinati e catalogati per tipologia: dalla meccanica classica[1], alla termodinamica, all'elettromagnetismo e quindi alla meccanica quantistica e relativistica. È impossibile riprodurre tutti gli esperimenti storici ritenuti scientificamente fondamentali, per ragioni di tempo e di attrezzature. Se si propone una attività di laboratorio l'insegnante riesce "genialmente" a superare tutte le difficoltà storiche e ad isolare i singoli aspetti dei fenomeni naturali. Davvero può essere utile un laboratorio fatto in questo modo?

Insegnare non vuol dire fare tutto. Occorre costruire un metodo, creare gli strumenti al fine di garantire una qualità di lavoro tale da poter estendere quanto appreso in contesti e problematiche diverse. L'apprendista falegname guarda come viene costruito un tavolo, studia il funzionamento delle macchine, osserva il suo maestro costruire al tornio la prima gamba del tavolo e poi si cimenta a costruire le restanti. Non è possibile trasmettere tutto, bisogna saper scegliere l'essenziale.

Nella difficile scelta dei contenuti e delle abilità da conseguire, è possibile che mi si rimproveri di aver affrontato argomenti complessi come la statistica, lo studio delle funzioni e l'analisi. Troppo complessi per un liceo? Spero di no. Credo in una formazione seria e rigorosa e non è possibile pensare diversamente in un mondo dove le competenze hanno un peso enorme. Mi sono sforzato per quanto possibile di semplificare, senza banalizzare, i concetti fondamentali necessari ad un approccio serio al laboratorio di fisica.

Chiarisco quanto possa essere pericolosa questa tendenza al superficiale riportando un brano scritto da Lucio Russo (cfr.) «...gli strumenti concettuali teorici, considerati ormai troppo difficili, sono eliminati dall'insegnamento, che viene ridotto alla descrizione di meri "fatti" e a elenchi di prescrizioni. Anche una scienza come la fisica può essere presentata come un semplice insieme di "fatti", se si trascurano completamente la struttura della teoria, l'ideazione degli esperimenti e i complessi rapporti tra teoria e dati speri-

---

1 La meccanica classica affronta lo studio il moto nel suo svolgersi (la cinematica) e le cause che lo determinano (la dinamica).

mentali. Lo studente può allora sentire raccontare come evolvono le stelle, come sono strutturati gli atomi o come è nato l'universo, ignorando totalmente sia le relative teorie sia i fenomeni da esse spiegati, come ascolterebbe delle leggende, senza ricevere alcun elemento del metodo scientifico...»

Mi permetto di considerare che senza la struttura portante data dalla matematica, l'attività di laboratorio perde la capacità di essere chiari ed esatti, inoltre risulta pressochè impossibile riportare quelli che sono i limiti di validità dei risultati ottenuti.

La matematica costituisce lo strumento indispensabile per una chiara e rigorosa descrizione dei risultati: non si può fare fisica se non c'è la necessaria base matematica, come si evince in un discorso, più che mai attuale, pronunciato da Alessandro Padoa nel 1908: «E poiché nulla più del dogmatismo è ripugnante a chi abbia la mente esercitata alle indagini scientifiche, ... la matematica è universalmente utile, oltre e forse più che per la verità che essa fa conoscere, per i metodi di ricerca che essa adopera ed adoperando insegna. Nessun altro studio richiede meditazione più pacata: nessun altro meglio induce ad esser cauti nell'affermare, semplici ed ordinati nell'argomentare, precisi e chiari nel dire...»

Quando si afferma che la fisica è una scienza esatta, vuol dire che la sua metodologia consente di conoscere esattamente l'incertezza associata alle grandezze e quindi alle leggi che ne scaturiscono. A differenza della matematica, non si considerano grandezze infinitamente esatte.

Affrontare in modo serio un laboratorio di fisica, vuol dire avere coscienza che non è possibile poter fare del laboratorio senza la dovuta preparazione teorica. Didatticamente ritengo più utile accostarsi allo studio di fenomeni quotidiani, facilmente riproducibili e misurabili con gli strumenti adeguati e con una metodologia corretta.

Il lavoro proposto in questa sede richiede delle conoscenze basilari di fisica e una buona conoscenza della matematica. Occorre ridiscutere il ruolo del laboratorio nella scuola che, nella scuola primaria e secondaria di primo grado, deve orientare all'osservazione dei fenomeni e al loro studio qualitativo, mentre nella scuola secondaria di secondo grado, in linea con i processi didattici ricorsivi, deve condurre ad uno studio rigoroso e qualitativamente alto. Nella mia esperienza di insegnante ho compreso che didatticamente sarebbe bene che questo lavoro sia il ricorsivo di un precedente piano di lavoro sviluppato nella scuola primaria e secondaria di primo grado, seguendo un processo di estensione a spirale delle conoscenze.

Non si conquista un concetto, un procedimento, un principio in una sola volta, occorre quindi che piu volte nel corso del processo didattico si ripresentino gli stessi contenuti.

Non si può pensare a una impostazione rigidamente lineare e sequenziale nell'apprendimento; la continua sollecitazione della memoria non è puro ricordo o rievocazione di vecchi concetti, ma al contrario determina uno schema organizzativo dei concetti a livelli piu alti. I contenuti didattici è bene che si ripresentino sotto angolature diverse. La ripresa di un concetto non assume il carattere di pura riproduzione, ma si inserisce in un processo attivo che tende a inquadrare il contenuto vecchio in una struttura più o meno nuova, e che certamente è diversa da quella originale.

Nella stesura di questo testo mi sono posto il problema di produrre delle esperienze di fisica rivolte a chiarire il metodo di indagine scientifica e a porre le basi per quella che è la metodologia di studio e di ricerca scientifica. Si rimanda ad altri testi l'approfondimento e le basi teoriche degli argomenti affrontati nelle esperienze proposte.

Nel mio lavoro ho dovuto affrontare una serie di problematiche che mi propongo di elencare:

- il problema dell'osservazione passiva, spesso riscontrato in tutti i laboratori didattici di fisica: gli alunni osservano il fenomeno riprodotto in laboratorio e si fermano solo a questa fase. Non partecipano alla preparazione dell'esperienza e delle cause che la rendono possibile, ovvero non la studiano in modo approfondito;

- talvolta si tratta di esperimenti metodicamente "preconfezionati" e preparati da aziende specializzate, ma difficilmente ricreabili da parte degli alunni, in cui tutta la strumentazione è stata selezionata e preparata "ad hoc";

- la mancanza o quasi di una metodologia scientifica di studio dei fenomeni, che spesso si limita all'osservazione del fenomeno e alla spiegazione da parte del docente in grado di dissipare tutti i dubbi sulle altre possibili alternative spiegazioni;

- l'utilizzo delle simulazioni al computer che spogliano la fisica della sua primitiva bellezza: la costruzione materiale di un esperimento, delle difficoltà connesse e della possibilità di migliorare e perfezionare la prova di laboratorio;

- l'analfabetizzazione informatica. Sempre più persone sono, a dirla in modo ironico, capaci di "guidare un computer[2]". Costoro hanno imparato che «... il computer può essere usato in molti modi diversi: ad esempio come macchina da scrivere, per inviare messaggi, per le videoconferenze, per giocare a scacchi, per comporre musica ...»

  «L'uso peggiore (del PC) consiste nello scambiare il mezzo con il fine, lasciandosi ipnotizzare dalla possibilità di vagare senza meta tra le infinite possibilità...» (cfr. Russo L.).

- l'utilizzo di software per l'analisi dati che fanno capo a cartelli informatici. Insisto, convinto più che mai, sull'idea che qualsiasi software scientifico non può e non deve far capo a qualche azienda di mercato. Quello che spesso succede è che l'azienda propone il software ad un costo allettante, la comunità scientifica lo utilizza e lo adatta alle proprie esigenze, infine, quando tale software diviene quasi indispensabile, l'azienda ne modifica i costi, cambia le modalità di licenza, ne estende i campi di utilizzo non prestando più attenzione al campo specifico e alle esigenze dei specifici utenti.

  La soluzione ottimale è un software "open" ovvero modificabile e adattabile alle particolari necessità della ricerca e non subordinato all'ac-

---

2 È stato tradotto in modo ironico l'acronimo ECDL

quisto di costose licenze. La scienza deve usare strumenti universali e
liberi. (cfr. Vitolo, Paparella)

Ho deciso quindi di dedicare l'attività di laboratorio (specie in un liceo
dove attualmente la qualità precede la quantità ed il metodo la nozione), al-
l'ideazione di esperienze che mirino alla formazione del metodo di lavoro
scientifico, tutto ciò senza l'impiego di una strumentazione costosa, convinto del fatto che i discenti necessitino più di un metodo di studio che di un
ampio numero di osservazioni. L'obbiettivo è di permettere, con una strumentazione minimale e con materiali di facile reperimento, di progettare,
realizzare ed eseguire dei semplici esperimenti di fisica, analizzare i dati
ottenuti, verificare la validità delle leggi fisiche. Ciò condurrà gli alunni a
mettere a punto una strategia metodologica che è la stessa utilizzata dalla
moderna ricerca scientifica.

Dal punto di vista didattico, riuscire ad utilizzare quanto offre il mercato e adattarlo alle proprie esigenze, costruire la strumentazione necessaria,
preparare le proprie esperienze utilizzando la propria manualità e il proprio
ingegno, rappresenta un importante traguardo.

Dal punto di vista scientifico, riuscire a sviluppare la padronanza della
disciplina scientifica, comprendere bene i principi naturali e il metodo scientifico, sviluppare la capacità di superare le difficoltà sperimentali, utilizzare i
materiali di cui dispongono ordinariamente come gli elementi da cui partire,
è il motore della ricerca.

Il laboratorio di fisica costituisce un momento fondamentale nella formazione scientifica e successivo allo studio teorico. È naturale che uno studio
proficuo dei fenomeni fisici richieda una fase preliminare di studio teorico,
non solo sul fenomeno ma anche sul modo di ottenere le misure e la maniera
di interpretarle. Non è pensabile affrontare un esperimento senza la dovuta
preparazione teorica e senza porsi un obiettivo da raggiungere. Non è bene
portare gli alunni in laboratorio senza la necessaria preparazione teorica e
senza nessuna idea sul funzionamento della strumentazione.

Quindi molti campi della fisica verranno affrontati partendo con dei concetti chiave che pensiamo siano chiari. Utilizzeremo i termini velocità, accelerazione, forza, energia, potenziale, corrente come delle grandezze note. Una
definizione sintetica di queste quantità è data nel primo capitolo di questo
testo, ma comunque vanno commentate e discusse in classe.

Il piano di studio di laboratorio dovrà essere composto da una serie di
lezioni di teoria, in modo da fornire gli strumenti necessari all'indagine
scientifica.

L'approccio allo studio dei fenomeni deve essere fatto in modo scientifico
e rigoroso sin dal principio, senza scorciatoie, cosicché i ragazzi giungano
all'università preparati e coscienti. L'acquisizione di una "metodologia della
misura" è a fondamento di tutte le scienze sperimentali.

Spesso ho sentito commentare lo studio della fisica "l'ho studiata come la
storia", ovvero come una serie di fatti da elencare e collegare, e molto più
raramente qualche alunno mi risponde "l'ho studiata come la matematica",
ovvero imparando metodi di calcolo, ragionamenti e la capacità di affrontare
problemi e risolverli.

L'obiettivo primario di questo testo è di superare, nei limiti del possibile, queste problematiche.

Al fine di facilitare il compito del docente sono stati inseriti nella trattazione teorica una serie di esercizi svolti, e da svolgere, al fine di consolidare nella mente degli alunni quanto studiato.

In sintesi il piano di sviluppo di questo libro è il seguente:

- unità di misura, conversioni e definizioni delle grandezze fisiche;

- strumentazione, teoria degli errori: errori sperimentali e errori statistici, propagazione degli errori; best fit; valutazione attendibilità risultato sperimentale;

- strumenti informatici (Software per l'analisi dei dati);

- descrizione delle esperienze proposte, realizzazione delle stesse e metodologia per l'analisi dei dati e interpretazione dei risultati.

Il percorso formativo di questo testo prevede una parte introduttiva che attraverso una schematizzazione da manuale di fisica aiuti a comprendere le unità di misura e le relative conversioni, mentre la parte successiva analizza le misure e le metodologie necessarie per trarre da esse delle informazioni e il loro grado di attendibilità. Il capitolo successivo fornisce gli strumenti informatici utilizzati per l'analisi dati.

Degli esperimenti descritti è stata fornita una possibile modalità di preparazione, ma è ovvio che l'uso di una diversa strumentazione comporta delle interessanti varianti sul tema. Sarò grato ai colleghi e a tutti coloro che, avendo incontrato problemi o diversificato l'esperienza o ottenuto risultati diversi, abbiano cura di informarmi riportando una relazione dettagliata di quanto fatto e delle eventuali imprecisioni riscontrate riscontrati al seguente indirizzo email: antonino.dimatteo@gmail.com.

Palermo 24 maggio 2021   Vincenzo Di Matteo

RINGRAZIAMENTI

Ringrazio Romana Maria Luisa Fergnani per i suggerimenti dati e per la revisione fatta sul testo. Un grazie in generale a tutti coloro che con il loro lavoro mi hanno concesso di avere gli strumenti per poter scrivere questo testo, in primo luogo ai membri dello Staff del Gruppo Utilizzatori Italiani di TeX e LaTeX (http://www.guit.sssup.it/) e a Lorenzo Pantieri per le sue guide e dettagliate TeX e alla creazione del template ArsClassica, all'Apache Software Fondation per il pacchetto OpenOffice (http://www.openoffice.org/it/), a John W. Eaton creatore del pacchetto Octave (http://www.gnu.org/software/octave/), ed a tutti coloro che in seguito hanno collaborato per ottimizzarlo.

Questo testo è stato redatto con LaTeX (http://www.tug.org/texlive/) mentre le illustrazioni sono state ottenute con *OpenDraw* della suite di OpenOffice, con *Octave*, e con il pacchetto *pict2e* di LaTeX.

Le misure sono alla base della conoscenza scientifica. Attraverso la misura di alcune grandezze dette *fondamentali*, possono essere ricavate, mediante delle relazioni note, altre grandezze dette *derivate*. Ad esempio: se misuro una lunghezza lo faccio in modo diretto, ma se ho intenzione di conoscere il volume di un corpo di forma regolare allora devo operare con la misura delle tre dimensioni spaziali per ottenere il volume del corpo. Il volume del corpo è una grandezza indiretta, in quanto ottenuta da operazioni effettuate a partire da grandezze dirette, ossia la misura delle dimensioni spaziali. Lo spazio ed il tempo si possono misurare direttamente, e per questo motivo vengono dette fondamentali, ma la velocità, data dal rapporto tra spazio e tempo, è una grandezza indiretta.

Per misura *fondamentale* intenderemo il numero che si ottiene dal rapporto tra la quantità da misurare e l'unità di misura. Le grandezze fondamentali devono rispettare le seguenti condizioni: essere definite in modo univoco; riproducibili in qualsiasi laboratorio sufficientemente attrezzato; inalterabili nello spazio e nel tempo; rapportabili a grandezze dello stesso tipo.

Risulta importante ricordare il principio fondamentale della fisica noto come di invarianza spazio-tempo: i fenomeni devono essere, a parità di condizioni, indipendenti dal luogo e dal momento in cui vengono riprodotti.

Le operazioni di misura possono essere di due tipi: dirette e indirette. Si dice che una misura è diretta se essa viene ricavata direttamente attraverso l'operazione di confronto con l'unità di misura, si dice indiretta se essa viene estrapolata da misure dirette. Ad esempio il volume di un corpo non può essere ricavato direttamente ma solo attraverso la misura delle grandezze lineari che lo caratterizzano; misurare direttamente la circonferenza della terra comporta una serie innumerevole di difficoltà logistiche, ma il suo valore può essere determinato usando un arco di tale circonferenza e il raggio.

Il mondo fisico può essere misurato ricorrendo a tre quantità fondamentali: spazio,tempo e massa. Storicamente, lo studio della fisica ha portato a definire un insieme di unità di misura. Durante la rivoluzione francese, l'Assemblea Nazionale Francese, attraverso la propria Accademia delle Scienze (ANSF), iniziò la riforma dei sistemi di pesi e delle misure. Sotto la guida di grandi fisici e matematici come J.L.Lagrange e P.S. de Laplace, vennero stabilite le unità di misura fondamentali e i relativi multipli e sottomultipli basati sulla potenza di 10. In questo sistema, la decimilionesima parte del meridiano che attraversando Parigi, unisce idealmente il polo Nord con l'equatore terrestre, è il metro . La massa di un chilogrammo, stabilita nel 1795, dall'ANSF come la quantità di materia contenuta in 1 dm^3 di acqua a 0 °C, venne nel 1799 ridefinita usando 1 dm^3 di acqua a 4 °C, temperatura in cui l'acqua raggiunge la massima densità (cfr. P. Nolan, 10).

Nel corso degli anni, la necessità di una maggiore precisione nella defini-

Unità di misura	Simbolo	Grandezza fisica
metro	m	lunghezza
chilogrammo	kg	massa
secondo	s	tempo
ampère	A	corrente elettrica
kelvin	K	temperatura
candela	cd	intensità luminosa
mole	mol	numero di particelle

Tabella 1: Unità di misura fondamentali.

zione delle "grandezze fondamentali", ha condotto alla riunione periodica di una apposita commissione scientifica, la Conferenza Generale di Pesi e Misure, che si occupa di stabilire le grandezze che fanno parte del "Le Système International d'Unités", detto comunemente Sistema Internazionale, e la loro univoca definizione operativa.

Le unità di misura fondamentali del Sistema Internazionale (S.I.) sono illustrate nella tabella 1.

Il *metro* è attualmente definito come lo spazio percorso da un raggio di luce in 1/299792458 frazione di secondo, storicamente, come abbiamo visto, veniva dato come la quaranta milionesima parte della circonferenza terrestre. La velocità della luce vale esattamente 299792458 m/s.

Il *secondo*, definito storicamente come l'86400 parte del giorno solare medio, viene definito come un certo numero di volte, 9.192.631.770, il periodo dell'onda elettromagnetica emessa da una transizione tra due livelli energetici iperfini fondamentali di un isotopo del cesio, il cesio 133.

La massa viene misurata in *chilogrammi*. Un campione del chilogrammo è conservato al "Bureau des Poids et Mesures" di Parigi ed è in prima approssimazione riconducibile a 1 dm^3 di acqua pura alla temperatura di 4°C e alla pressione di 1 atmosfera.

L'unità di misura della corrente elettrica è l'*ampère* definito come la quantità di corrente che attraversando due fili, rettilinei, paralleli e infinitamente estesi, posti alla distanza di 1 metro interagiscono con una forza pari a $2 \cdot 10^{-7}$ Newton per ogni metro di lunghezza[1]. Per i nostri scopi si può pensare che un conduttore è attraversato da 1 A quando $6.25 \cdot 10^{18}$ elettroni al secondo attraversano la sezione di un conduttore.

Il *Kelvin* è pari a 1/273.16 della temperatura del punto triplo dell'acqua nella scala celsius (°C). La scala °C pone lo zero nel punto di congelamento dell'acqua pura alla pressione di 1 atmosfera, e il punto cento nel punto di ebollizione dell'acqua pura alla pressione di 1 atmosfera.

La *candela* è l'intensità luminosa assorbita ed emessa, nella direzione perpendicolare alla superficie di 1/600000 m^2 di un corpo nero alla temperatura di solidificazione del platino, 1768.2 °C, alla pressione di 101325 pa.

La *mole* è uguale al numero atomi contenuti in 12 grammi di carbonio 12.

---

1 Si tratta ovviamente di una condizione ideale, il cui valore è sperimentalmente approssimabile.

Multipli			Sottomultipli		
Prefisso	Simbolo	f	Prefisso	Simbolo	f
yotta	Y	10^{24}	deci	d	10^{-1}
zeta	Z	10^{21}	centi	c	10^{-2}
exa	E	10^{18}	milli	m	10^{-3}
peta	P	10^{15}	micro	μ	10^{-6}
tera	T	10^{12}	nano	n	10^{-9}
giga	G	10^{9}	pico	p	10^{-12}
mega	M	10^{6}	femto	f	10^{-15}
chilo	K	10^{3}	atto	a	10^{-18}
etto	h	10^{2}	zepto	z	10^{-21}
deca	da	10^{1}	yocto	y	10^{-24}

Tabella 2: I multipli e sottomultipli delle unità di misura fondamentali sono generati apponendo il prefisso mostrato nella tabella.

Malgrado siano definite 7 unità di misura fondamentali, le grandezze sostanzialmente fondamentali sono solo tre: lo spazio, il tempo e la massa. Attraverso queste tre grandezze è possibile ottenere tutte le altre.

1.1 NOTAZIONE SCIENTIFICA

La rappresentazione di una grandezza fisica molto estesa o molto piccola relativamente all'unità di misura, necessita dell'uso delle potenze di 10. In particolare quando ho la necessità di esprimere con un numero molto maggiore dell'unità una certa misura, utilizzerò potenze di 10 positive, invece se il numero è molto minore dell'unità utilizzerò potenze di 10 negative. Si osservi che: $10^{15} = 1000000000000000$ mentre $10^{-15} = 0.000000000000001$. L'ordine di grandezza di un numero è la potenza di 10 che maggiormente si avvicina al numero stesso. L'ordine di grandezza di 10^{15} è 15.

È equivalente scrivere 1230000000000000 e $1.23 \cdot 10^{15}$, o scrivere $3.21 \cdot 10^{-9}$ e 0.00000000321.

Un generico numero è rappresentabile con una parte numerica decimale e con la potenza di 10 che maggiormente si avvicina al numero: definisco *mantissa* la parte numerica, costituita da una sola cifra intera e da una parte decimale, che precede la potenza di 10 ed *esponente* l'esponente associato al 10. Nel precedente esempio: $1.23 \cdot 10^{15}$, 1.23 è la mantissa, mentre 15 è l'esponente associato alla base 10. Questo tipo di notazione viene chiamata scientifica.

L'utilizzo delle potenze di 10 è regolato dalle proprietà delle operazioni numeriche e delle potenze. Al fine di operare con numeri scritti in notazione scientifica, è necessario ricordare alcune importanti proprietà:

- la proprietà distributiva del prodotto sulla somma:

$$a \cdot (b + c) = a \cdot b + a \cdot c$$

- nel prodotto di potenze con la stessa base, la base si riscrive e gli esponenti si sommano:

$$10^a \cdot 10^b = 10^{a+b}$$

- nel quoto di potenze con la stessa base, la base si riscrive e gli esponenti si sottraggono:

$$10^a : 10^b = \frac{10^a}{10^b} = 10^{a-b}$$

Dalle precedenti proprietà, nel caso di numeri rappresentati in notazione scientifica, discendono alcune importanti regole algebriche:

- l'aumento di una unità nella potenza di 10 è possibile solo se la virgola mobile si sposta di un posto verso sinistra;

  Ex: $2.345 \cdot 10^{15} = 0.2345 \cdot 10^{16} = 0.02345 \cdot 10^{17} = \cdots$

- la diminuzione di una unità nella potenza di 10 è possibile solo se la virgola mobile si sposta di un posto verso destra;

  Ex: $2.345 \cdot 10^{15} = 23.45 \cdot 10^{14} = 234.5 \cdot 10^{13} = \cdots$

- si possono sommare algebricamente due numeri espressi in notazione scientifica solo se hanno la stessa potenza di 10, in tal caso le mantisse si sommano e la potenza di 10 si riscrive; se gli esponenti della base 10 non sono uguali allora utilizzando le due regole precedenti gli esponenti della base 10 possono essere ricondotti ad uno stesso comune esponente.

  Ex: $2.345 \cdot 10^{15} - 1.234 \cdot 10^{15} = (2.345 - 1.234) \cdot 10^{15} = 1.111 \cdot 10^{15}$

- per moltiplicare due numeri espressi in notazione scientifica si moltiplicano le mantisse e si sommano gli esponenti della base 10;

  Ex: $(2.345 \cdot 10^{15}) \cdot (5 \cdot 10^5) = 11.725 \cdot 10^{20} = 1.1725 \cdot 10^{21}$

- per dividere due numeri espressi in notazione scientifica si dividono le mantisse e si sottraggono gli esponenti della base 10.

  Ex: $(2.345 \cdot 10^{15}) : (5 \cdot 10^5) = 0.469 \cdot 10^{10} = 4.69 \cdot 10^9$

Supponiamo ad esempio di dover semplificare algebricamente la seguente espressione numerica:

$$(2.21 \cdot 10^{15} + 3.23 \cdot 10^{13} - 5.23 \cdot 10^{14} + 3.23 \cdot 10^{14} - 1.23 \cdot 10^{13}) : (7 \cdot 10^{10}) =$$

gli esponenti della base 10 possono essere ricondotti ad uno stesso comune esponente:

$$= (221 \cdot 10^{13} + 3.23 \cdot 10^{13} - 52.3 \cdot 10^{13} + 32.3 \cdot 10^{13} - 1.23 \cdot 10^{13}) : (7 \cdot 10^{10}) =$$

sommando le mantisse e riscrivendo l'esponente ottengo:

$$= [(221 + 3.23 - 52.3 + 32.3 - 1.23) \cdot 10^{13}] : (7 \cdot 10^{10}) =$$

applicando le usuali regole delle potenze ho:

$$= (203 \cdot 10^{13}) : (7 \cdot 10^{10}) = 29 \cdot 10^3 = 2.9 \cdot 10^4$$

Grandezza	Unità di misura (SI)	Equazione Dimensionale
velocità	m/s	$[l \cdot t^{-1}]$
accelerazione	m/s²	$[l \cdot t^{-2}]$
frequenza	Hz (Hertz)	$[t^{-1}]$
forza e peso	N (Newton)	$[m \cdot l \cdot t^{-2}]$
pressione	pa (pascal)	$[m \cdot l^{-1} \cdot t^{-2}]$
energia, calore e lavoro	J (Joule)	$[m \cdot l^2 \cdot t^{-2}]$
potenza	W (Watt)	$[m \cdot l^2 \cdot t^{-3}]$
carica elettrica	C (Coulomb)	$[i \cdot t]$
potenziale	V (Volt)	$[m \cdot l^2 \cdot t^{-3} \cdot i^{-1}]$
capacità	F (Farad)	$[m^{-1} \cdot l^{-2} \cdot t^4 \cdot i^2]$
resistenza	Ω (Ohm)	$[m \cdot l^2 \cdot t^{-3} \cdot i^{-2}]$
conduttanza	S (Siemens)	$[m^{-1} \cdot l^{-2} \cdot t^3 \cdot i^2]$
campo magnetico	T (Tesla)	$[m \cdot t^{-2} \cdot i^{-1}]$
flusso magnetico	W (Weber)	$[m \cdot l^2 \cdot t^{-2} \cdot i^{-1}]$
induttanza	H (Henry)	$[m \cdot l^2 \cdot t^{-2} \cdot i^{-2}]$

Tabella 3: Grandezze derivate.

1.2 DEFINIZIONI FISICHE

Forniamo una sintetica definizione delle grandezze fisiche illustrate nella tabella 3.

- *Moto.* Un punto materiale si dice in moto se la posizione nello spazio varia nel tempo.

- *Velocità.* È il rapporto tra la variazione di posizione, detto spostamento, ed il tempo impiegato a spostarsi. Si misura in m/s.

- *Accelerazione.* È il rapporto tra la variazione di velocità e il tempo impiegato a variare la velocità. Si misura in m/s².

- *Moto periodico.* È un moto che ripresenta le stesse caratteristiche nel tempo.

- *Periodo.* È il tempo minimo necessario affinché il sistema ripresenti le stesse caratteristiche.

- *Frequenza.* Dato un moto periodico, è l'inverso del periodo. Si misura in Hertz (Hz).

- *Forza.* È il prodotto della massa per l'accelerazione subita da un corpo. Si misura in Newton (N).

- *Accelerazione di gravità.* È l'accelerazione che subisce un corpo se lasciato libero di cadere.

- *Peso.* È la forza ottenuto dal prodotto della massa con l'accelerazione di gravità. Si misura in Newton (N o in kg$_p$).

- *Pressione.* È il rapporto tra forza, normale a una data superficie, e la superficie. Si misura in Pascal (pa).

- *Lavoro.* È il prodotto della forza lungo lo spostamento e lo spostamento. Si misura in Joule (J).

- *Energia.* È la capacità di un sistema a compiere lavoro. Si misura in Joule (J).

- *Calore.* È una forma di energia. Si misura in Joule (J) o in calorie (cal).

- *Capacità termica.* È la quantità di calore che occorre fornire ad una massa nota per aumentarne la temperatura di un grado.

- *Calore specifico.* È la quantità di calore che occorre fornire ad una massa unitaria per aumentarne la temperatura di un grado.

- *Potenza.* È il rapporto tra energia e tempo. Si misura in Watt (W).

- *Carica elettrica.* È la quantità di elettricità, ovvero, la proprietà che determina le interazioni tra corpi elettricamente caricati. Si misura in Coulomb (C).

- *Corrente elettrica.* È la carica che attraversa un corpo nell'unità di tempo. Si misura in Ampere (A).

- *Campo elettrico.* È il rapporto tra la forza elettrica e la quantità di carica. Si misura in N/C.

- *Potenziale.* È una quantità scalare data dal rapporto tra l'energia elettrica e la carica, il cui gradiente è il campo elettrico cambiato di segno. Si misura in Volts (V).

- *Capacità.* È la capacità di un sistema a immagazzinare cariche elettriche per unità di potenziale, ed è data dal rapporto tra la carica e il potenziale. Si misura in Farad (F).

- *Resistenza.* È il rapporto tra il potenziale e la corrente elettrica. Si misura in Ohm (Ω).

- *Conduttanza.* È l'inverso della resistenza. Si misura in Siemens (S).

- *Campo magnetico.* È quel vettore che moltiplicato vettorialmente con la velocità di una carica è uguale al campo elettrico a cui è soggetta la carica. Si misura in Tesla (T).

- *Flusso.* Dicesi flusso del vettore $\vec{v}$ attraverso una superficie $\vec{A}$: il prodotto scalare tra la superficie $\vec{A}$ e la componente del vettore $\vec{v}$ perpendicolare alla superficie A.

- *Flusso magnetico.* È il flusso del vettore campo magnetico. Si misura in Weber (W).

- *Induttanza.* È il rapporto tra il potenziale indotto da un campo magnetico e la variazione nel tempo della corrente elettrica. Si misura in Henry (H).

Oltre le unità di misura descritte nella tabelle 1 e 3, è possibile trovare le seguenti unità di misura:

* *1 Hertz.* Inverso del secondo (s^{-1}).

* *1 Newton.* Forza necessaria ad accelerare di 1 m/s² una massa unitaria (1 kg·1m/s²).

* *1 Pascal.* È il rapporto tra la forza di 1 Newton applicata perpendicolarmente ad una superficie di 1 m² (1N/1m²).

* *1 Joule.* È il prodotto della forza di 1 N applicata ad un punto materiale per 1 m (1N·1m).

* *1 Watt.* 1 Joule al secondo (1J/1s).

* *1 Coulomb.* 1 Ampere per 1 secondo (1A·1s).

* *1 Volt.* 1 Joule per ogni Coulomb (1J/(1A·1s).

* *1 Farad.* 1 Coulomb per ogni Volt(1A·1s /1V) .

* *1 Ohm.* 1 Volt per ogni Ampere (1V/1A).

* *1 Siemens.* 1 Ampere per ogni Volt (1A/1V).

* *1 Tesla.* 1 Newton per ogni coulomb che viaggia a 1 m/s (1N/(1A·1m)).

* *1 Weber.* 1 Tesla per ogni m² (1N·1m/1A).

* *1 Henry.* È il rapporto tra 1 Volt indotto da 1 Ampere al secondo (1V·1s/1A).

1.3 CONVERSIONI

Storicamente sono esistite e vengono ancora utilizzate altre unità di misura, diverse da quelle definite nel sistema internazionale. Ancor oggi nel misurare i diametri dei tubi viene utilizzato il pollice inglese, per i frigoriferi o i climatizzatori si utilizza il btu (british termal unit), per decine di anni le equazioni della fisica dell'elettromagnetismo sono state scritte nel sistema ESU, detto anche cgs elettrostatico (centimetro, grammo, secondo, franklin), in marina ancora si parla di miglia nautiche (1 miglio nautico = 1' meridiano terrestre), in chimica le dimensioni degli atomi si misurano in Å, ... in base al tipo di problema, certe unità di misura sono più comode di altre. Nella tabella 5 ho dato un elenco delle equivalenze più diffuse riferite al S.I..

Proviamo a capire meglio come affrontare il problema del cambiamento delle unità di misura, o quelle che alla scuola elementare venivano chiamate col termine "equivalenze", stabilendo un metodo generale di svolgimento.

Supponiamo di voler convertire la velocità di una automobile da m/s a km/h. Anzitutto occorre scrivere le conversioni base di ciascuna grandezza:

Quantità	S	Valore		ε_{rel}
Carica elementare	e	$1.60217653(14) \cdot 10^{-19}$	C	$8.5 \cdot 10^{-8}$
Costante gravitazionale	G	$6.6742(10) \cdot 10^{-11}$	$\frac{m^3}{Kgs^2}$	10^{-4}
Costante dei gas perfetti	R	$8.314472(15)$	$\frac{J}{mol\,K^2}$	$1.7 \cdot 10^{-6}$
Numero di Avogadro	N	$6.0221415(10) \cdot 10^{23}$	$\frac{1}{mol}$	$1.7 \cdot 10^{-7}$
Massa a riposo elettrone	m_e	$9.1093826(16) \cdot 10^{-31}$	kg	$1.7 \cdot 10^{-7}$
Massa a riposo protone	m_p	$1.67262171(29) \cdot 10^{-27}$	kg	$1.7 \cdot 10^{-7}$
Massa a riposo neutrone	m_n	$1.67492728(29) \cdot 10^{-27}$	kg	$1.7 \cdot 10^{-7}$
Unità di massa atomica	u	$1.66053886(28) \cdot 10^{-27}$	kg	$1.7 \cdot 10^{-7}$
Cost. di Plank	h	$6.6260693(11) \cdot 10^{-34}$	$\frac{J}{Hz}$	$1.7 \cdot 10^{-7}$
Cost. di Faraday	F	$96485.3383(83)$	$\frac{C}{mol}$	$8.6 \cdot 10^{-8}$
Cost. di Boltzmann	k	$1.3806505(24) \cdot 10^{-23}$	$\frac{J}{K}$	$1.8 \cdot 10^{-6}$
C. di Stefan-Boltzmann	σ	$5.670400(40) \cdot 10^{-8}$	$\frac{W}{m^2K^4}$	$7 \cdot 10^{-6}$
Cost. di Wien	b	$2.8977685(51) \cdot 10^{-3}$	$m\,K$	$1.7 \cdot 10^{-6}$

Tabella 4: Costanti fisiche. (Handbook of chemistry and physics 87th edition - CRC press,inc.)

$$1000 \text{ m} = 1 \text{ Km}$$

$$1 \text{ h} = 60 \text{ min} = 60(60 \text{ s}) = 3600 \text{ s}$$

Date queste informazioni avremo:

$$1 \text{ km/h} = 1\frac{1000 \text{ m}}{3600 \text{ s}} = \frac{5 \text{ m}}{18 \text{ s}}$$

Quindi se una automobile viaggia a 120 km/h:

$$120 \text{ km/h} = 120 \left(\frac{5 \text{ m}}{18 \text{ s}}\right) = 33.3 \text{ m/s}$$

Facciamo un altro esempio. Proviamo a convertire la densità di 13.5 gr/cm^3 in kg/m^3.

$$13.5 \text{ gr/cm}^3 = 13.5 \left(1\frac{\text{gr}}{\text{cm}^3}\right) = 13.5 \left(1\frac{\text{gr}}{1} \cdot \frac{1}{(\text{cm})^3}\right) =$$

$$= 13.5 \left(1\frac{\text{kg}}{1000} \cdot \frac{1}{\frac{\text{m}^3}{100^3}}\right) = 13500 \text{ kg/m}^3$$

1.4 ESERCIZI

1. Una nave da crociera viaggia alla velocità di 12 nodi. Determina la velocità della nave in km/h.

2. Una pistola spara un proiettile alla velocità di 700 mila metri orari. Determinate il valore corrispondente in km/h.

Spazio

1 pollice (inch in) = $2.54 \cdot 10^{-2}$ m	1 piede (foot ft) = 0.3048 m
1 miglio marino = 1852 m	1 miglio (mile mil) = 1609 m
1 angstrom (Å) = 10^{-10} m	1 yard (y) = 0.9143992 m
1 fermi (fe) = 10^{-15} m	1 anno luce (al) = $9.46 \cdot 10^{15}$ m
1 parsec (pc) = $3.84 \cdot 10^{16}$ m	1 unità astronomica (UA) = $1.49599 \cdot 10^{11}$ m
1 mil = 2.5410^{-5} m	1 braccio (fathom) = 1.8287984 m ??
1 ettaro (h) = 10^4 m²	1 ara (a) = 10^2 m²
1 centiara = 1 m²	1 acro = 4050.5725 m²
1 litro = 10^{-3} m³	1 barn (b) = 10^{-28} m²

Tempo

1 secolo = $3.15576 \ 10^9$ s	1 lustro = $1.57788 \ 10^8$ s
1 anno = $3.11558 \ 10^7$ s	1 giorno = 86400 s
1 ora = 3600 s	1 minuto = 60 s

Massa

1 slug = 14.59 Kg	1 uma (u) = $1.66 \ 10^{-27}$ Kg
1 pound (libbra lb) = 0.45359237 Kg	1 ton = 907.2 Kg
1 oncia (oz) = $2.835 \ 10^{-2}$ Kg	1 dram = $1.7719 \ 10^{-3}$ Kg
1 grain = $6.48 \ 10^{-5}$ Kg	

Velocità

1 nodo = 0.5144 m/s

Temperatura

1 reamur (°R) = 0.8 °C	1 farenheit (°F) = $32+1.8$ °C

Forza

1 dyne (dyn) = 10^{-5} N	1 libbra (lb) = 4.4482216 N
1 poundal (pdl) = 0.1383 N	1 chilogrammo forza = 9.80665 N

Pressione

1 atmosfera (atm) = 101325 pa	1 metro d'acqua a 4 °C = 9807 pa
1 torricelli (torr mmHg) = 133.3 pa	1 baria (bar) = 10^5 pa

Resistenza Elettrica

1 abOhm (abΩ) = 10^5 Ω	1 statOhm (statΩ) = $8.987 \ 10^{11}$ Ω

Capacità Elettrica

1 abfarad (abF) = 10^9 F	1 statfarad (statF) = $1.113 \ 10^{-12} - 21$ F

Induttanza Elettrica

1 abhenry (abH) = 10^{-5} H	1 stathenry (statH) = $8.987 \ 10^{11}$ H

Carica Elettrica

1 abcoulomb (abC) = $2.778 \ 10^{-3}$ C	1 franklin (Fr) = $3.335641 \ 10^{-10}$ C

Corrente Elettrica

1 abampere (abA) = 10 A	1 statampere (statA) = $3.335641 \ 10^{-10}$ A

Potenziale Elettrico

1 abvolt (abV) = 10^{-8} V	1 statvolt (statV) = 299.8 V

Energia

1 british termal unit (btu) = 1055 J	1 erg = 10^{-7} J
1 caloria (cal) = 4.186 J	1 elettronvolt (eV) = $1.602 \ 10^{-19}$ J

Potenza

1 cavallo vapore (CV) = 735.498 W	1 cavallo vapore eng (Hp) = 745.7 W

Campo Magnetico

1 oesterd (Oe) = $\frac{1}{4\pi} 10^3$ T	1 gauss 10^{-4} T

Flusso Magnetico

1 maxwell (Mx) = 10^{-8} Wb

Tabella 5: Conversione unità di misura riferite al S.I.

n	Pianeta	Distanza dal sole in Km
1	Mercurio	$5.8 \cdot 10^7$
2	Venere	$1.08 \cdot 10^8$
3	Terra	$1.49 \cdot 10^8$
4	Marte	$2.28 \cdot 10^8$
5	Giove	$7.78 \cdot 10^8$
6	Saturno	$1.427 \cdot 10^9$
7	Urano	$2.87 \cdot 10^9$
8	Nettuno	$4.5 \cdot 10^9$

Tabella 6: Parametri caratteristici dei pianeti del nostro sistema solare.

3. Data la distanza media dei pianeti (vedi tabella 6), convertila in secondi-luce, minuti-luce, ore-luce: dove i secondi-luce, o le ore-luce, sono i secondi, o le ore, necessarie alla luce per percorrere la suddetta distanza.

4. Ancora oggi, in idraulica, i diametri delle condutture, degli attacchi e dei raccordi, viene espressa in pollici o frazioni di pollice. Le unità più diffuse in un impianto idraulico sono il quarto di pollice e il mezzo pollice. Quanto vale in cm il diametro di queste condutture? quanto vale la sezione in cm²?

5. Determinate la distanza in UA di Mercurio e Nettuno dal sole.

6. Quante volte la circonferenza della terra ($4 \cdot 10^7$ m) corrisponde la distanza minima terra-saturno?

7. Un chimico sa che le dimensioni di un atomo sono dell'ordine di alcuni Å. Determina a quanto corrisponde, in m e nm, una molecola le cui dimensioni sono di 12.32 Å.

8. Una piscina circolare, profonda 170 cm e di diametro pari a 4 m deve essere riempita d'acqua. Quanti litri d'acqua occorrono?

9. Un archeologo scopre una strana piramide a forma di cono. La distanza tra il vertice e la base, geometricamente detta apotema, risulta di 250 m, mentre la circonferenza alla base è di 1 km. Sapresti calcolare l'altezza della piramide?

10. Quanto deve essere alto un contenitore cilindrico, del diametro di 35 cm, per contenere 50 litri di latte?

11. Un aereo percorre la distanza di 10^6 m in 1.5 ore. Sapendo che la circonferenza della terra è circa $4 \cdot 10^7$ m, quanto tempo impiegherebbe lo stesso aereo a compiere il giro della terra?

12. Il campo magnetico terrestre è dell'ordine di 3-7 gauss. Determina il corrispondente valore in Tesla. Qual è il prefisso più opportuno per evitare l'uso della potenza di 10?

13. Una stufa ha un potere calorico di 3.6 Mcal/h. Determina il corrispondente valore in Kwatt.

14. Ho deciso di acquistare un climatizzatore domestico. Tra le caratteristiche il tecnico pone in risalto il potere refrigerante pari a 12000 btu/h. Converti questa quantità in kcal/h e in kW. Osservando le caratteristiche tecniche dell'apparecchio noto che il consumo di energia elettrica è di 4kW. Determina il rendimento effettivo di questo condizionatore, ovvero il rapporto tra la quantità di calore assorbito dall'ambiente ed il consumo di energia elettrica.

15. La dimensione dello schermo di un televisore è il valore in pollici della diagonale. Esistono due formati dei video, 4:3 e 16:9, dove questa proporzione identifica il rapporto tra la dimensione orizzontale e quella verticale dello schermo. Dato uno schermo da 26″, determina quanto valgono in ciascun caso le dimensioni lineari, in cm, dei lati dello schermo e la superficie in cm^2. A parità di pollici è maggiore la superficie in un 4:3 o in un 16:9? Calcola, inserendo nei calcoli una diagonale generica pari a d, il rapporto tra le superfici nei casi: 4:3, 16:9 e in generale a:b.

16. Il comandante di una nave leggendo la carta nautica si accorge che poco più avanti c'è una secca sabbiosa profonda 10 braccia. Sapendo che la parte immersa della nave è di 15 metri, determina se la nave oltrepasserà la secca senza incagliarsi.

17. Una coppia si accinge a partire per il viaggio di nozze in California, negli Stati Uniti d'America, e prima di decidere cosa mettere in valigia, cerca di ottenere informazioni attraverso internet sulle previsioni meteorologiche fornite dalla CNN. La temperatura prevista in California sarà compresa tra i 102 °F e i 65 °F. Converti questo intervallo di temperature in °C. La coppia dovrà mettere dentro la valigia capi pesanti o un abbigliamento leggero? Se la scuola dispone di una connessione internet vai al sito http://www.weatherlet.com/

    Controlla la temperatura a New York e convertila in °C.

18. Un astronomo comunica alla comunità scientifica di aver osservato una particolare stella, detta nana bruna, a 3 pc dal sole. Converti questa distanza in metri (elimina la potenza di 10 usando il prefisso che ritieni più adatto), e in anni-luce.

19. Una antica pergamena riporta le informazioni per ritrovare una città Incas. La pergamena è stata scritta da marinai spagnoli che hanno riportato le seguenti informazioni: partendo dall'Islas San Galláno, o de Sangayan, procedete per 184 e 1/4 miglia marine verso est, quindi 61 e 3/4 miglia marine verso nord-est e troverete la città del cielo. Sapresti individuare su una cartina geografica del Perù come si chiama oggi la città a cui si riferisce la mappa?

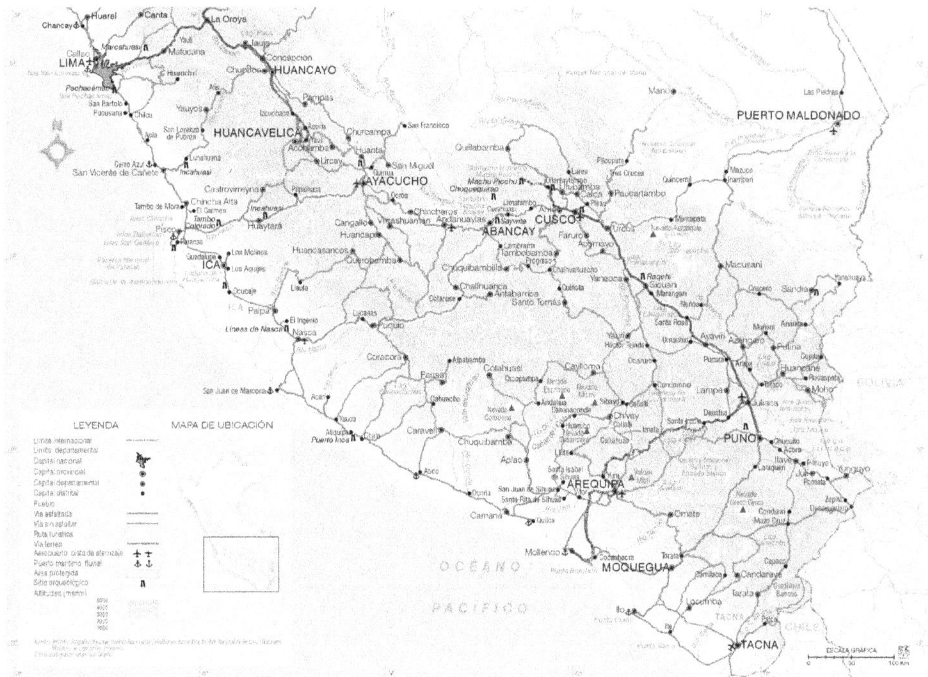

20. Un fisico nel suo laboratorio compie degli esperimenti di elettrostatica. Lo scienziato a fini pratici utilizza, per misurare la carica, il franklin. Nel sistema internazionale la forza di interazione tra cariche è data dalla seguente legge:

$$F = 9 \cdot 10^9 \cdot \frac{\text{carica}_1 \cdot \text{carica}_2}{(\text{distanza})^2}$$

detta legge di Coulomb. Determina la forza che risentono 2 cariche di 10 franklin poste alla distanza di 1 cm nel sistema internazionale (newton) e nel sistema cgs (dyne). Esprimi la legge di Coulomb nel sistema cgs elettrostatico (centimetro-grammo-secondo-franklin)

2 | TEORIA DEGLI ERRORI

È naturale sottolineare l'importanza dell'acquisizione della misura e la valutazione dell'incertezza associata. Lo strumento che effettua la misura di una data grandezza, riveste, ai fini della corretta interpretazione dei fenomeni, un'importanza strategica, ma l'esperienza insegna che non è sempre possibile valutare esattamente l'errore fornito dallo strumento di misura o eventuali malfunzionamenti dello stesso. Per errore non si deve intendere un errore dovuto al malfunzionamento oppure ad un uso improprio dello strumento, ma l'indeterminazione sulla misura dovuta ai componenti dello strumento. Si deve comunque, per ragioni pratiche, fare affidamento al valore ottenuto dallo strumento. A titolo di esempio si provi a confrontare alcuni righelli di diversa qualità. Si può osservare che alcuni di essi non sovrappongono esattamente le tacche malgrado riportino le stesse unità di misura. È buona consuetudine fare affidamento a strumenti di buona qualità, corredati, quando necessario, di una scheda che ne riporti le caratteristiche.

Uno strumento di misura è fondamentalmente caratterizzato dai seguenti parametri:

- *La portata* : è la massima quantità misurabile dallo strumento.

- *La prontezza*: ovvero il tempo che impiega lo strumento a fornire il valore corretto;

- *La sensibilità*: che rappresenta la minima quantità apprezzabile dallo strumento;

- *La precisione o esattezza*: dipende dalle caratteristiche costruttive dello strumento (dalla tolleranza dei componenti, dallo spessore della scala graduata o dal numero di cifre date).

La precisione e la sensibilità permettono di valutare quello che viene denominato incertezza sperimentale.

Esistono due tipologie di strumenti:

- *analogico*: possiede una scala graduata il cui indicatore si sposta con continuità.

- *digitale*: possiede un "display digitale" (visualizzatore con cifre) in cui leggere le misure.

Se ripetendo la misura della stessa grandezza, ottengo valori diversi e lo strumento funziona in modo corretto, vuol dire che la misura dipende da altri fattori, esterni allo strumento di misura. Lo studio della distribuzione dei dati fornisce importanti informazioni sul perché le misure non sono le stesse. Per distribuzione di dati, o istogramma, intenderemo un grafico a barre in cui in ascissa posizioneremo degli intervalli di valori e in ordinata il numero di misure, denominate anche frequenze, che rientrano in quel dato intervallo.

Definiamo vari tipi di errore:

- *Errore di sensibilità*: è dato dal valore minimo misurabile da uno strumento. Se lo strumento è analogico allora si tratta del valore misurato tra una tacca e la tacca successiva; se le tacche dello strumento sono ben leggibili allora si può considerare pari alla metà del valore precedente. Se lo strumento è digitale allora dato dal valore misurato dall'ultima cifra stabile fornito dallo strumento.

- *Errore sistematico*: è un errore dovuto a un metodo di misura non corretto. L'errore sistematico è eliminabile, in quanto conoscendo l'errata metodologia usata è possibile correggere le misure. Un errore sistematico è l'errore parallattico dovuto alla posizione dell'osservatore che effettua una misura con uno strumento analogico. Se viene registrata la posizione dell'occhio e conoscendo la distanza tra la lancetta dello strumento la scala graduata è possibile correggere le misure come se fossero state raccolte frontalmente. Un altro errore sistematico è dovuto alla cattiva taratura dello strumento. I valori sono sistematicamente alterati, ma conoscendo la differenza numerica necessaria per tarare lo strumento è possibile correggere anche i dati misurati. Se ad esempio in un termometro analogico la scala di temperature posta dietro lo strumento viene spostata le misure raccolte sono errate. Dopo aver controllato lo spostamento della scala dello strumento è possibile correggere tutte le misure raccolte.

- *Errore assoluto*: $\Delta x_i = |x - x_i|$, è lo scarto tra il valore vero x e il valore misurato x_i.

- *Errore massimo*: è l'intervallo all'interno del quale si collocano tutte le misure effettuate.

- *Errore relativo*: $\varepsilon = \Delta x / x$, è il rapporto tra l'errore e la misura.

Al fine di comprendere meglio quanto detto prima, passiamo ad un esempio concreto.

2.1 LA MISURA

Immaginiamo di voler misurare la circonferenza di una bottiglia di forma cilindrica in vetro. L'unico strumento di cui disponiamo è una riga e disponiamo di alcuni fogli di carta e di una taglierina.

Tagliamo una strisciolina di carta e l'avvolgiamo attorno alla bottiglia e con la taglierina eliminiamo la parte eccedente in modo che i due lembi di carta coincidano.

Prendiamo la riga e misuriamo la lunghezza della carta come illustrato.

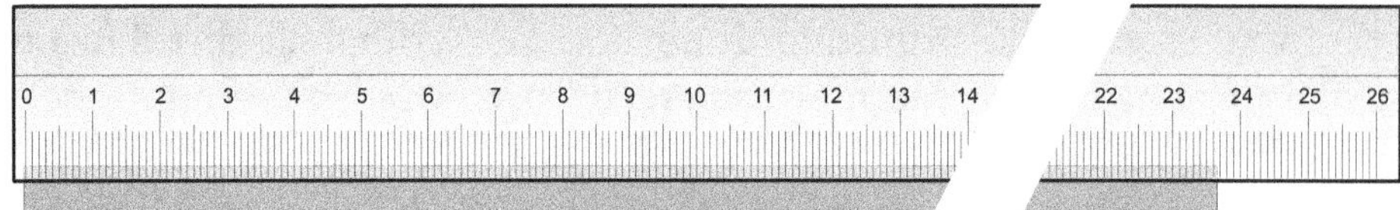

Stabilire la lunghezza della striscia di carta sembra inizialmente una operazione elementare. Il valore fornito dalla riga è: 23 cm e 6 mm, ovvero 23.6 cm, però guardando con maggiore attenzione mi accorgo che la parte terminale della strisciolina non coincide con la tacchetta corrispondente al 23.6 cm ma l'oltrepassa di poco.

Mi pongo alcune domande: perché allora non ho detto 23.7 cm? che grado di certezza ho che la misura sia realmente 23.6 cm e non 23.7 cm?

È chiaro che lo strumento non è infinitamente preciso. Riportare un valore matematico in questo contesto non ha senso. La conclusione più ragionevole è assumere che la misura sia certamente compresa tra 23.6 cm e 23.7 cm. Scrivo quindi nel foglio in cui ho deciso di riportare questo valore: 23.65 ± 0.05

Ho pensato quindi di ottenere il valore centrale all'intervallo 23.6 e 23.7, il quale è dato dalla media aritmetica, ovvero dalla semisomma, dei due valori estremi. L'indeterminazione è data dalla semidifferenza tra due valori contigui, cosi che ho la possibilità di esprimere in modo analitico il fatto che la misura "vera" risulta compresa tra 23.6 cm e 23.7 cm.

Il tipo di errore associato alla sensibilità dello strumento di misura viene chiamato "errore di sensibilità". Questa indeterminazione dipende dallo strumento utilizzato, nel caso specifico si tratta di un riga dove occorre prendere in esame l'errore associato alla lettura. Nel caso in cui lo strumento presenti delle tacche poco leggibili, o piuttosto grossolane, é naturale porre l'errore alla differenza tra i due valori contigui.

L'errore di lettura, per strumenti analogici, può essere soggetto a un "errore di parallasse" dovuto alla posizione dell'osservatore rispetto alla scala dello strumento. Se l'osservatore osserva frontalmente il righello registra un valore diverso da quello registrato quando si mette in posizione laterale. La misura corretta viene effettuata quando l'osservatore pone l'occhio frontalmente allo strumento.

Adesso sono sicuro che il valore misurato in questo modo è quello corretto, chi può smentirmi? La fisica sperimentale in fondo non è poi così difficile!

Per confermare il principio di invarianza spazio-temporale [1] decido di ripetere la misurazione. Mi aspetto di ottenere lo stesso valore misurato in precedenza.

Ritaglio una nuova strisciolina di carta e ripeto la misura della circonferenza della stessa bottiglia. Ottengo un valore leggermente diverso da quello misurato precedentemente, e considerato l'errore sperimentale, la nuova misura è significativamente diversa dalla precedente: 23.70 ± 0.05.

Rifletto sulle cause che hanno potuto determinare questa differenza. Certamente non dipende dallo strumento, a meno che quest'ultimo non si sia deformato o non sia tarato[2] bene, ma se ciò non è accaduto bisogna prendere in esame altre possibili cause. Le cause possibili possono essere: la carta possiede una certa elasticità; l'aderenza alla bottiglia non è sempre perfetta; la taglierina nel recidere la carta non ha determinato un taglio netto e perpendicolare. Potrei a questo punto decidere di tenere conto di questi

---

1 Il risultato di una misura non può dipendere dal luogo e dal momento in cui decido di effettuare la misurazione.

2 La taratura consiste nel confrontare una serie di misure note con quelle fornite dallo strumento. Si lascia allo studente approfondire il significato di questa operazione.

23.65	23.70	23.55	23.65	23.65	23.55	23.55	23.80
23.50	23.75	23.55	23.65	23.65	23.55	23.70	23.55
23.50	23.75	23.70	23.55	23.60	23.60	23.60	23.55
23.65	23.55	23.65	23.70	23.65	23.70	23.60	23.65
23.55	23.65	23.65	23.60	23.60	23.60	23.70	23.70
23.60	23.65	23.60	23.65	23.75	23.55	23.75	23.55
23.65	23.60	23.60	23.50	23.60	23.70	23.65	23.60
23.60	23.70	23.70	23.60	23.60	23.70	23.60	23.50

Tabella 7: Misure sperimentali di lunghezze soggette a errori casuali. Ciascuna misura ottenuta con lo stesso strumento è soggetta allo stesso errore massimo: ± 0.05 cm.

fattori e aumentare l'indeterminazione associata alla precedente misura. Ma questa soluzione presenta subito un nuovo interrogativo. Di quale quantità arbitraria devo aumentare l'indeterminazione, per essere sicuro che tutte le misure rientrino in quell'intervallo?

Deduco che una sola misura o due non mi permette di poter fare nessuna affermazione certa. Non conosco come tutti i suddetti fattori possano influenzare la mia misura. Inizio quindi con il ritagliare una serie piuttosto congrua di striscioline di carta.

Ne faccio altre 62. Effettuo quindi altre 62 misure che riporto, aggiungendole alle prime due già effettuate, nella tabella 7.

Si tratta di ben 64 misure della stessa grandezza. Un modo sintetico per rappresentare questi valori, sono le cosiddette variabili indicizzate, che vengono anche denominate "vettori" o in inglese "arrays".

Indico la misura delle striscioline di carta con la seguente notazione: x_i con $i = 1 \ldots 64$. In tal modo, ho "etichettato" attraverso un numero intero i ciascuna strisciolina di carta. Posto tale numero come indice nella variabile x, ciascun valore riportato nella tabella 7 rappresenta la misura di ciascuna strisciolina di carta.

Decido di riportare questi dati in un grafico per visualizzare il loro comportamento. Genero un grafico dove in ascissa pongo il numero della misura i e in ordinata il valore misurato x_i con la relativa barra d'errore Δx_i.

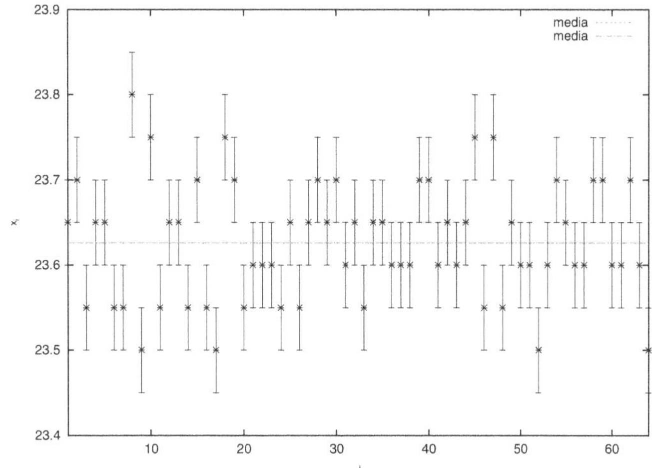

Ma questa rappresentazione dei dati $x_i(i)$, non risulta molto chiara.

Decido quindi di mettere i miei dati in un istogramma. Un istogramma è un grafico che in ascissa contiene degli intervalli, che in genere sono di ampiezza pari all'errore sperimentale (o due volte l'errore sperimentale, a seconda del numero di misure e dell'accuratezza dello strumento), e in ordinata il numero di misure che rientrano in quell'intervallo.

Ottengo il seguente grafico:

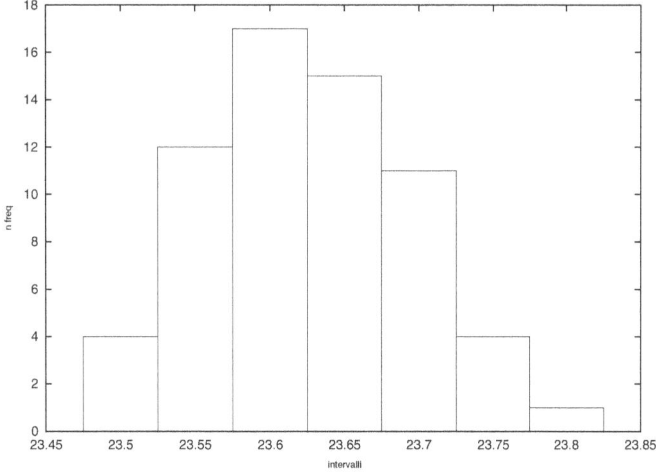

Se volessimo capire meglio il significato di un istogramma, è come se avessi tracciato, nel grafico delle misure, delle fasce di ampiezza pari all'errore sperimentale e avessi contato le misure comprese dentro ciascuna fascia. Per comprendere questo concetto, si osservi la seguente coppia di grafici:

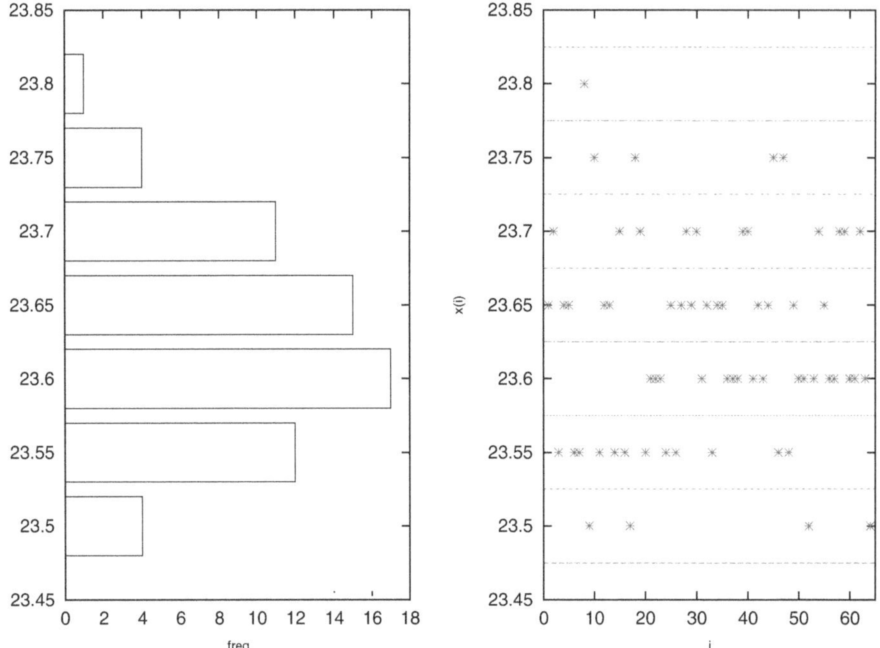

Tutte le misure effettuate si distribuiscono intorno ad un valore ben definito. Questo tipo di distribuzione viene detta normale o Gaussiana.

Mi rendo conto del fatto che le misure si concentrano attorno ad un valore che posso valutare in 26.6 cm circa.

Per determinare il valore matematicamente più attendibile, dobbiamo farci la seguente domanda: Qual è il valore che minimizza la distanza tra questi punti e la retta $x = \overline{x}$ nella rappresentazione grafica dei dati $x_i(i)$, ovvero del grafico dove in ascissa è posto il numero della misura e in ordinata il corrispondente valore della misura della circonferenza ossia la lunghezza della strisciolina?

Data una generica misura x_i e un certo valore $\overline{x}$, la differenza tra questi due valori $x_i - x$ mi definisce la variazione di x_i rispetto a $\overline{x}$. Questa differenza tanto più è grande tanti più il valore $\overline{x}$ si discosta dalla misura e può essere positiva, se $x_i > \overline{x}$, negativa, se $x_i < \overline{x}$, o zero, se $x_i = \overline{x}$.

Per risolvere il problema, sollevato con la precedente domanda, devo determinare la distanza esistente tra x_i e $\overline{x}$, quindi devo considerare il valore assoluto (o modulo) della differenza tra x_i e $\overline{x}$ il quale sarà sempre positivo.

Matematicamente la distanza tra x_i e $\overline{x}$ la posso scrivere:

$$d_i(\overline{x}) = |x_i - \overline{x}| = \sqrt{(x_i - \overline{x})^2}$$

La distanza quadratica sarà quindi data da:

$$d_i^2(\overline{x}) = (x_i - \overline{x})^2$$

Tenendo in conto le distanze di tutti i punti x_i da $\overline{x}$ avrò:

$$d^2(\overline{x}) = \sum_{i=1}^{N}(x_i - \overline{x})^2$$

Dove ho introdotto un simbolo nuovo: $\sum_{i=1}^{N}$

Questo simbolo viene chiamato "sommatoria", ovvero somma di tutti i termini indicizzati[3], il cui indice assume i valori che vanno da 1 a N, dove N nel caso dell'esempio specifico vale 64.

Ricordo alcune delle proprietà delle operazioni tra numeri reali estese con il simbolo di sommatoria diventano:

1. Proprietà commutativa della somma:

$$\sum_{i=1}^{N}(a_i + b_i) = \sum_{i=1}^{N}(b_i + a_i) \tag{1}$$

2. Proprietà commutativa del prodotto:

$$\sum_{i=1}^{N} a_i b_i = \sum_{i=1}^{N} b_i a_i \tag{2}$$

3. Proprietà associativa della somma:

$$\sum_{i=1}^{N}(a_i + b_i) = \sum_{i=1}^{N} a_i + \sum_{i=1}^{N} b_i \tag{3}$$

4. Proprietà distributiva del prodotto sulla somma:

$$\sum_{i=1}^{N} a \cdot b_i = a \sum_{i=1}^{N} b_i \tag{4}$$

Con metodi analitici determino per quale valore di $\overline{x}$ la funzione $d^2(x)$ presenta un minimo.

Trovo un risultato non del tutto nuovo per gli studenti: la media aritmetica.

$$\overline{x} = \frac{\sum_{i=1}^{N} x_i}{N} = 23.627$$

Dato il valor medio, la differenza tra x_i e $\overline{x}$ prende nome di residuo.

I grafici dei dati con il valore medio, dei residui e del quadrato dei residui sono di seguito qui rappresentati:

---

3 Un modo equivalente, ma non molto sintentico, per scrivere la precedente espressione sarebbe stato

$$d^2(\overline{x}) = (x_1 - \overline{x})^2 + (x_2 - \overline{x})^2 + (x_3 - \overline{x})^2 + \ldots + (x_{64} - \overline{x})^2$$

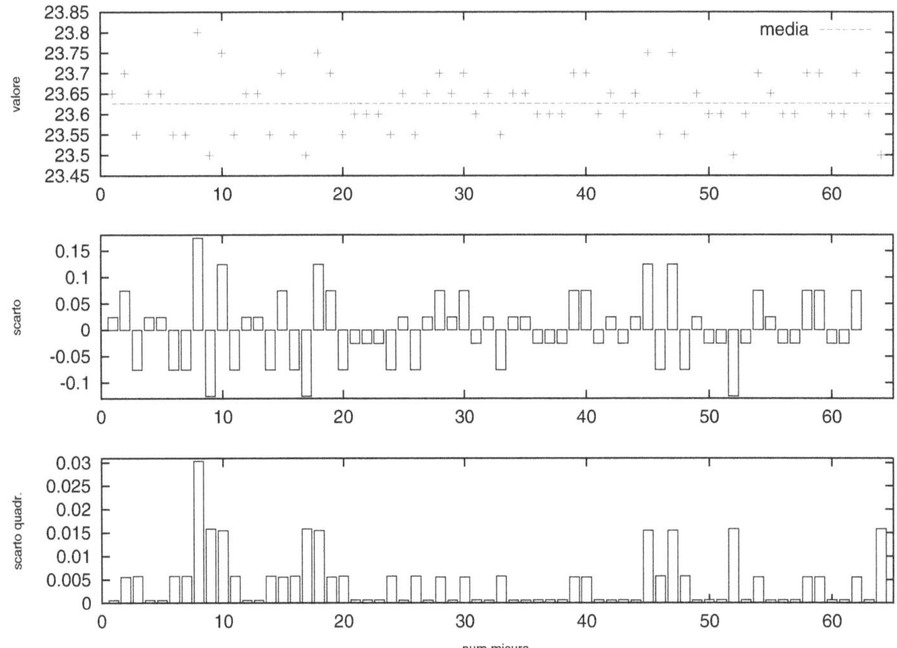

La somma delle distanze quadratiche tra il valor medio e le misure sperimentali viene chiamata scarto quadratico:

$$d^2(\overline{x}) = \sum_{i=1}^{N}(x_i - \overline{x})^2$$

Lo scarto quadratico è legato alla dispersione dei dati attorno al valore medio ed al numero di dati. Definisco σ_x *deviazione standard*:

$$\sigma_x = \sqrt{\frac{\sum_{i=1}^{N}(x_i - \overline{x})^2}{N-1}} = 0.05$$

Qualè il significato della deviazione standard?

La deviazione standard permette di valutare Qual è l'indeterminazione associata ad un insieme di misure ed in particolare, come viene descritto in statistica, rappresenta la probabilità del 68% che la misura appartenga all'intervallo $[\overline{x} - \sigma_x, \overline{x} + \sigma_x]$. In altri termini dato un insieme di misure, il 68% di esse si trovano all'interno dell'intervallo $[\overline{x} - \sigma_x, \overline{x} + \sigma_x]$.

Nella tabella 8 sono date le probabilità in funzione della larghezza dell'intervallo pari a $n \cdot \sigma_x$. Se come intervallo prendo la quantità: $3 \cdot \sigma_x$ allora la probabilità sale al 99%.

L'indeterminazione statistica associata al valor medio $\sigma_{\overline{x}}$, nota come *deviazione standard sul valor medio* è definita:

$$\sigma_{\overline{x}} = \frac{\sigma_x}{\sqrt{N}} = 0.007$$

Il significato della deviazione standard sul valor medio è analogo a quello di deviazione standard: ho il 68% di probabilità che il valore medio vero appartenga all'intervallo $[\overline{x} - \sigma_{\overline{x}}, \overline{x} + \sigma_{\overline{x}}]$.

Il grafico che visualizza i dati, il valor medio e la fascia di indeterminazione del valor medio, è il seguente:

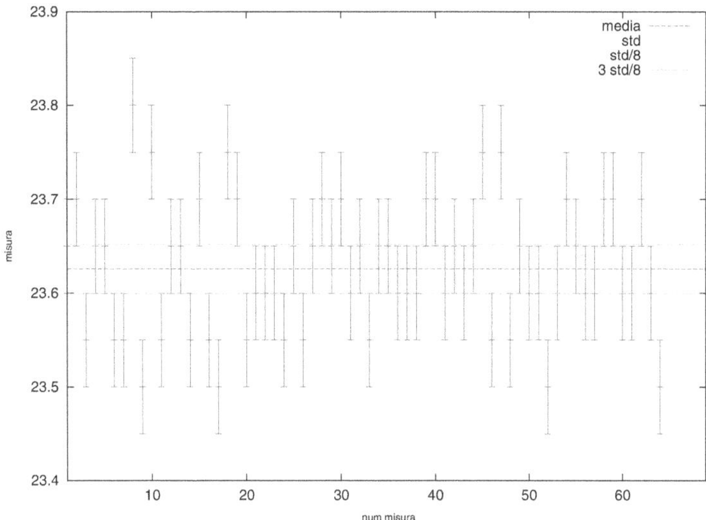

Ho il 68% di probabilità che il valore medio della circonferenza della bottiglia si trovi compreso tra: $C = \bar{x} \pm \sigma_{\bar{x}} = 23.627 \pm 0.006$; ed il 99% che sia compreso tra: $C = \bar{x} \pm 3\sigma_{\bar{x}} = 23.63 \pm 0.02$, mentre il 68% di misure appartiene all'intervallo $[23.57, 23.68]$.

Ci possiamo porre alcune importanti domande. Il valor medio rappresenta sempre il valore più attendibile? Per essere certi che il valor medio rappresenti il valore più attendibile tra tutte le misure fatte occorre posizionare le misure in un istogramma, e valutare la distribuzione dei dati. Se le misure ad esempio sono state raccolte in due momenti diversi e tra la prima serie di misure e la seconda serie la grandezza da misurare ha subito delle variazioni, allora mi aspetto un istogramma in cui la zona mediana non comprende nessuna misura e quindi il valor medio non descrive la grandezza più probabile. L'istogramma mostra la frequenza con la quale si distribuiscono i dati sperimentali evidenziando se la distribuzione ha una forma a campana, e quindi è possibile validare quanto detto in precedenza oppure avere una distribuzione a doppia campana e quindi mettere in luce che si tratta di due gruppi di dati sperimentali in cui il valor medio non rappresenta la migliore rappresentazione del valore misurato.

L'indeterminazione statistica può essere minore dell'incertezza sperimentale? In apparenza sembrerebbe così, ma non lo è oppure si rischia di incappare in un semplice paradosso. Supponiamo che tutte le misure di un campione diano tutte lo stesso valore. Il valore medio è pari al valore misurato, mentre la deviazione standard è nulla, quindi le misure sono soggette ad una indeterminazione nulla? La risposta chiaramente è no. L'indeterminazione è quella dello strumento. Dire che il 68% delle misure è compreso all'interno di un intervallo centrato sul valore medio e raggio pari alla deviazione standard è aleatorio, è giusto dire che tutte le misure rientrano all'interno dell'intervallo centrato sul valore misurato e raggio pari all'indeterminazione dello strumento.

Concludiamo cosí questo percorso, che attraverso l'uso di alcuni dati sperimentali, ha permesso di chiarire alcuni importanti passi sugli strumenti necessari all'elaborazione delle misure sperimentali. Da ora in poi diventa importante una sintetica trattazione teorica che, prescindendo dal suddetto esempio, schematizzi una raccolta di strumenti fondamentali per una analisi dei dati.

2.2 INCERTEZZA

Qualsiasi strumento di misura posto in modo corretto per effettuare una data misura, restituisce, dopo un tempo di accomodamento dello strumento, un valore numerico.

Se il valore numerico fornito dallo strumento è stabile (se non lo è, si considera l'ultima cifra stabile fornita dallo strumento) si considera l'errore di lettura (± 1 digit sulla cifra stabile se lo strumento è digitale, $\pm\frac{1}{2}$ dell'intervallo tra due tacche consecutive sulla lettura se è analogico) A questo tipo di errore errore deve essere sommato l'errore dovuto ai parametri costruttivi, fornito nel manuale dato con lo strumento (in genere si tratta di una certa percentuale sulla misura). L'incertezza sperimentale sul valore misurato, dovuta alla sensibilità dello strumento, prende nome di *errore massimo*.

Se da una serie di misure effettuate ricavo, entro il margine dell'errore massimo, praticamente lo stesso valore sperimentale (ovvero tutte le misure si collocano nello stesso canale dell'istogramma) allora l'indeterminazione associata alla misura si considera pari all'errore massimo, altrimenti è necessario effettuare due possibili processi.

Il primo, più esemplificativo, consiste nel determinare la semidispersione (Δx) ed il valore centrale (x_c).

La semidifferenza tra il massimo e il minimo dei valori misurati viene chiamata semidispersione:

$$\Delta x = \frac{\max(x_{i=1..N}) - \min(x_{i=1..N})}{2} \tag{5}$$

e viene posta come incertezza sperimentale, mentre il valore centrale, si ottiene attraverso la semisomma tra valore massimo e il valore minimo delle misure :

$$x_c = \frac{\max(x_{i=1..N}) + \min(x_{i=1..N})}{2} \tag{6}$$

Il valore attendibile della misura si scrive come:

$$x_c \pm \Delta x \tag{7}$$

Tutte le misure registrate sono comprese nell'intervallo $[x_c - \Delta x, x_c + \Delta x]$. Se nell'analisi del grafico dei residui si osservano alcune misure che si discostano in modo significativo dal valor medio è preferibile escluderle dall'analisi. Questa operazione riduce spesso notevolmente il valore della semidispersione o della deviazione standard, senza pregiudicare la correttezza delle misure.

Il secondo modo è quello di effettuare una analisi statistica sui dati sperimentali, più complessa dal punto di vista operativo, ma più corretta formalmente, in quanto tutte le misure vengono studiate in dettaglio eliminando se necessario quelle che a causa dell'instabilità del campione o per ragioni strumentali non sono affidabili. Approfondiamo come effettuare lo studio statistico dei dati sperimentali.

n	0.2	0.4	0.6	0.8	1.0	1.5	2.0	3.0
p	0.15	0.31	0.45	0.58	0.68	0.87	0.95	0.99

Tabella 8: Probabilità che la misura x si trovi nell'intervallo $[\overline{x} - n \cdot \sigma_x, \overline{x} + n \cdot \sigma_x]$.

2.3 GRANDEZZE STATISTICHE

Riepiloghiamo quanto affrontato nell'esempio precedente. Sia dato un insieme di N misure sperimentali x_i riferite alla stessa grandezza, ma che differiscano tra loro in modo significativo[4].

Dicesi valor medio:

$$\overline{x} = \frac{\sum_{i=1}^{N} x_i}{N} \tag{8}$$

Dato il valor medio la differenza tra x_i e $\overline{x}$ prende nome di residuo.

La somma delle distanze quadratiche tra il valor medio e le misure sperimentali viene chiamata scarto quadratico:

$$d^2(\overline{x}) = \sum_{i=1}^{N} (x_i - \overline{x})^2$$

La deviazione standard σ_x è definita:

$$\sigma_x = \sqrt{\frac{\sum_{i=1}^{N} (x_i - \overline{x})^2}{N - 1}} \tag{9}$$

La deviazione standard sul valor medio è definita:

$$\sigma_{\overline{x}} = \frac{\sigma_x}{\sqrt{N}} = \sqrt{\frac{\sum_{i=1}^{N} (x_i - \overline{x})^2}{N(N - 1)}} \tag{10}$$

La probabilità che la misura vera appartenga all'intervallo $[\overline{x} - n \cdot \sigma_x, \overline{x} + n \cdot \sigma_x]$, oppure che il valor medio appartenga all'intervallo $[\overline{x} - n \cdot \sigma_{\overline{x}}, \overline{x} + n \cdot \sigma_{\overline{x}}]$, è riportata nella tabella 8.

2.4 INCERTEZZE INDIRETTE

Si consideri il seguente problema: calcolare l'altezza raggiunta da 100 litri d'acqua all'interno di un contenitore cilindrico del diametro di 122.3 cm. La

---

4 Intenderemo per significativo che la differenza tra i valori misurati supera il doppio dell'errore massimo fornito dallo strumento, ovvero le misure sono realmente diverse a prescindere dalla precisione dello strumento.

misura del volume è soggette ad una incertezza di 1 litro, mentre il diametro è noto con una incertezza di 0.5 cm.

I dati del problema possono essere rappresentati: $V = (100 \pm 1)$ litri e $D = (122.3 \pm 0.5)$ cm

Prima di cominciare qualsiasi ragionamento è bene convertire le unità di misura in modo che le grandezze siano tra loro confrontabili.

$V = (100 \pm 1)$ dm^3

$D = (12.23 \pm 0.05)$ dm

Al fine di trovare l'altezza raggiunta e l'indeterminazione associata occorre rispondere a due domande:

1. come si propaga l'errore nel calcolo dell'area di base del cilindro conoscendo il diametro?

2. come si propaga l'errore nel calcolo dell'altezza dati il volume e l'area di base?

Per rispondere a queste domande dobbiamo aprire una parentesi matematica.

Quando due grandezze non sono tra loro indipendenti, ed in particolare al variare dell'una varia anche l'altra in modo univoco, allora si usa il termine matematico "funzione". Una funzione è una relazione che lega tra loro due grandezze, una indipendente e l'altra dipendente, tale che per ciascun valore della prima grandezza associo uno e un sol valore dell'altra. Ad esempio l'area di un quadrato è una funzione della lunghezza del lato, o l'area di un cerchio è funzione del raggio. Detta x la variabile indipendente e y la variabile dipendente indicherò con $y = f(x)$ una generica funzione, e dirò che y è funzione della x.

Una funzione si definisce monotona nell'intervallo I se rispetta le seguenti condizioni:

- *crescente*: dati due generici valori x_1 e x_2 appartenenti all'intervallo I, con $x_1 < x_2 \Rightarrow f(x_1) < f(x_2)$. Il simbolo $\Rightarrow$ si traduce col termine "implica", mentre il simbolo $\in$ col termine "appartiene".

- *non decrescente*: dati due generici valori x_1 e x_2 appartenenti all'intervallo I, con $x_1 < x_2 \Rightarrow f(x_1) \leq f(x_2)$

- *decrescente*: dati due generici valori x_1 e x_2 appartenenti all'intervallo I, con $x_1 < x_2 \Rightarrow f(x_1) < f(x_2)$

- *non decrescente*: dati due generici valori x_1 e x_2 appartenenti all'intervallo I, con $x_1 < x_2 \Rightarrow f(x_1) \geq f(x_2)$

Sia data una funzione monotona $y = f(x)$ e sia $\overline{x} \pm \Delta x$ il risultato di una misura, come si propaga l'errore su y?

Il valore della misura $x \in [x_m, x_M]$ dove i due estremi di tale intervallo sono:

$$\begin{cases} x_m = \overline{x} - \Delta x \\ x_M = \overline{x} + \Delta x \end{cases} \tag{11}$$

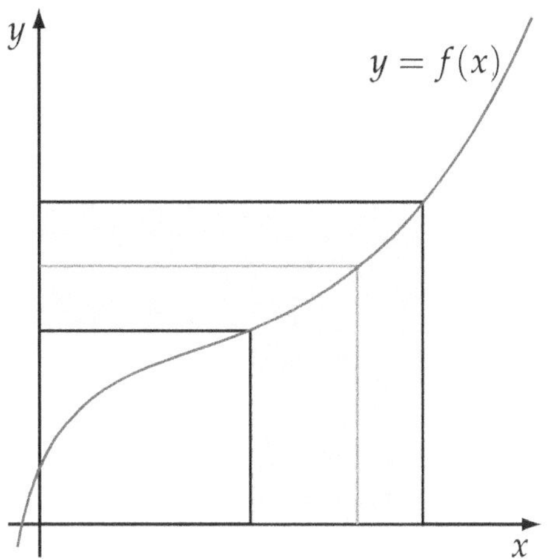

Invertendo queste relazioni ottengo:

$$\begin{cases} \overline{x} = \dfrac{x_M + x_m}{2} \\[2mm] \Delta x = \dfrac{x_M - x_m}{2} \end{cases} \tag{12}$$

Tradotto in parole:

il valore centrale, $\overline{x}$, è dato dalla semisomma dei due estremi; l'indeterminazione della x, Δx, è di ampiezza pari alla semidifferenza dei due estremi.

Calcolando i valori della funzione negli estremi dell'intervallo otterrò:

$y_M = f(x_M)$ e $y_m = f(x_m)$

analogamente a quanto fatto prima:

$$\begin{cases} \overline{y} = \dfrac{y_M + y_m}{2} \\[2mm] \Delta y = \dfrac{|y_M - y_m|}{2} \end{cases}$$

Riprendiamo quindi il problema precedente e cerchiamo la risposta alla prima domanda.

La funzione area del cerchio è data da:

$$A = \frac{\pi}{4} D^2$$

Tale funzione per valori positivi del diametro D risulta monotona crescente, ovvero aumentando il diametro aumenta l'area, ed è data da:

$$\begin{cases} D_m = D - \Delta D = 12.18 \ \text{dm} \\[2mm] D_M = D + \Delta D = 12.28 \ \text{dm} \end{cases} \tag{13}$$

sostituendo i valori del diametro nella funzione area del cerchio ottengo:

$$\begin{cases} A_m = \dfrac{\pi}{4} D_m^2 = 116.52 \ \text{dm}^2 \\[4mm] A_M = \dfrac{\pi}{4} D_M^2 = 118.44 \ \text{dm}^2 \end{cases}$$

da cui ricavo:

$$\begin{cases} \overline{A} = \dfrac{A_M + A_m}{2} = 117.48 \ \text{dm}^2 \\[2em] \Delta A = \dfrac{|A_M - A_m|}{2} = 0.96 \ \text{dm}^2 \end{cases}$$

Per rispondere alla seconda domanda, il problema è più complesso, in quanto la funzione altezza dipende da due variabili: il volume e l'area di base.

In questo caso si tratta di una funzione monotona rispetto ad entrambe le variabili. Rispetto al volume è una funzione monotona crescente: aumentando il volume a parità di area di base aumenta l'altezza; invece rispetto all'area di base una funzione decrescente, aumentando l'area di base a parità di volume diminuisce l'altezza.

Per cui dati:

$$V_m = V - \Delta V = 99 \ \text{dm}^3 \qquad V_M = V + \Delta V = 101 \ \text{dm}^3$$
$$A_m = A - \Delta A = 116.52 \ \text{dm}^2 \quad A_M = A + \Delta A = 118.44 \ \text{dm}^2$$

ottengo come estremi di h:

$$\begin{cases} h_m = \dfrac{V_m}{A_M} = 0.83 \ \text{dm} \\[2em] h_M = \dfrac{V_M}{A_m} = 0.87 \ \text{dm} \end{cases}$$

Si osservi che ho diviso il volume minimo per l'area di base massima, in modo da minimizzare l'altezza (in base alle precedenti condizioni di monotonia).

Quindi:

$$\begin{cases} \overline{h} = \dfrac{h_M + h_m}{2} = 0.85 \ \text{dm} \ = 8.5 \ \text{cm} \\[2em] \Delta h = \dfrac{|h_M - h_m|}{2} = 0.02 \ \text{dm} \ = 0.2 \ \text{cm} \end{cases}$$

Quanto detto è estendibile anche al caso di funzioni a più variabili. Facciamo un altro semplice esempio: dato un triangolo rettangolo, supponiamo di conoscere la misura dei cateti con la relativa indeterminazione (si tratta di due variabili indipendenti) e vogliamo conoscere l'ipotenusa con la relativa indeterminazione. La funzione da usare è data dal teorema di Pitagora:

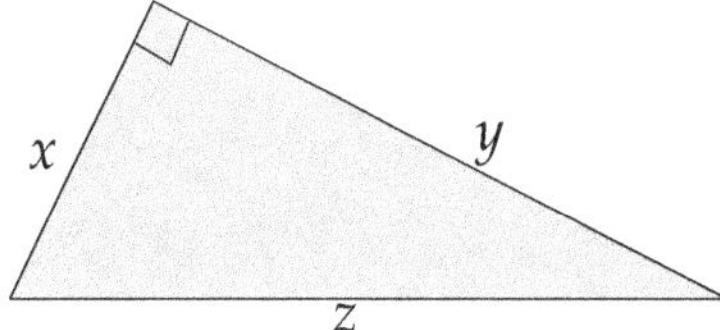

Se fisso y, $z = \sqrt{x^2 + y^2}$ è una funzione monotona crescente in x, e se fisso x, z è una funzione monotona crescente in y. Da cui dati:

$$\begin{cases} x = \overline{x} \pm \Delta x \\ y = \overline{y} \pm \Delta y \end{cases}$$

ho:

$$\begin{cases} x_m = \overline{x} - \Delta x \\ x_M = \overline{x} + \Delta x \\ y_m = \overline{y} - \Delta y \\ y_M = \overline{y} + \Delta y \end{cases}$$

e quindi:

$$\begin{cases} z_m = \sqrt{x_m^2 + y_m^2} \\ \\ z_M = \sqrt{x_M^2 + y_M^2} \end{cases}$$

e in base a quanto detto prima:

$$\begin{cases} \overline{z} = \dfrac{z_M + z_m}{2} \\ \\ \Delta z = \dfrac{|z_M - z_m|}{2} \end{cases}$$

In ogni caso è chiaro che prima di procedere alla propagazione degli errori bisogna assicurarsi che le proprietà di monotonia vengano rispettate, e individuarne il tipo: crescente o decrescente.

2.5 ERRORI RELATIVI

Per valutare l'entità dell'errore commesso nel ricavare una certa misura è utile confrontare l'errore con la misura stessa. Il rapporto tra l'errore e la misura stessa viene chiamato errore relativo. Esso può essere calcolato sia per gli errori massimi che per quelli statistici.

$$\epsilon_r = \frac{\Delta x}{x} \qquad \text{oppure} \qquad \epsilon_r = \frac{\sigma_x}{x}$$

2.6 ERRORI SISTEMATICI

Sono errori dovuti a una non corretta taratura dello strumento o da metodi errati di misura.

Supponiamo di avere una bilancia meccanica con meccanismo a molla, per cui ad una certa estensione della molla corrisponde una rotazione della scala graduata che indica il valore del peso. L'estensione di una molla non è esattamente lineare, ma il valore segnato dalla scala graduata dipende linearmente dall'estensione della molla. Ciò comporta la lettura di una misura che non è corretta. Utilizzando dei campioni esatti di peso è possibile trovare la differenza tra valore misurato e valore corretto, e correggere le misure ottenute dalla bilancia.

Si tratta quindi di errori che possono essere individuati ed eliminati. Errori di questo tipo si presentano con una certa frequenza, specie se lo strumento utilizzato non è tarato bene o se il sistema presenta delle variazioni prevedibili, per cui il valore misurato è riconducibile a quello "vero".

2.7 PROPAGAZIONE ERRORI

2.7.1 Errori sperimentali

Data una funzione $y = f(x_1, x_2, x_3, \ldots, x_n)$ monotona nell'intervallo $[a_i, b_i] = [x_i - \Delta x_i, x_i + \Delta x_i]$ con $i = 1 \ldots n$, l'indeterminazione associata alla funzione sarà data da:

$y_m = f(ab_1, ab_2, ab_3, \ldots, ab_n)$ dove con ab_i indico l'estremo[5] dell'intervallo i-esimo che mi rende minimo il valore della funzione y.

$y_M = f(ab_1, ab_2, ab_3, \ldots, ab_n)$ dove con ab_i indico l'estremo dell'intervallo i-esimo che mi rende massimo il valore della funzione y.

Analogamente alla rel. 12 qui posso scrivere le seguenti relazioni:

$$\begin{cases} \overline{y} = \dfrac{y_M + y_m}{2} \\[4mm] \Delta y = \dfrac{|y_M - y_m|}{2} \end{cases} \tag{14}$$

Un altro modo di propagare gli errori massimi è attraverso l'uso del differenziale[6], per i nostri scopi comunque è sufficiente sapere che le regole di propagazione degli errori per i casi più elementari sono le seguenti:

- Somma, sottrazione:

$$f(a, b) = a \pm b \Rightarrow \Delta f(a, b) = \Delta a + \Delta b \tag{15}$$

- Prodotto, quoto:

$$f(a, b) = a \cdot b \text{ oppure } f(a, b) = \frac{a}{b} \Rightarrow \frac{\Delta f(a, b)}{|f(a, b)|} = \frac{\Delta a}{|a|} + \frac{\Delta b}{|b|} \tag{16}$$

- Potenza:

$$f(a, b) = b^a \Rightarrow \frac{\Delta f(a, b)}{|f(a, b)|} = \Delta a |\ln b| + |a| \cdot \frac{\Delta b}{|b|} \tag{17}$$

- Esponenziale:

$$f(a, b) = b \cdot e^a \Rightarrow \frac{\Delta f(a, b)}{|f(a, b)|} = \Delta a + \frac{\Delta b}{|b|} \tag{18}$$

---

5 ab_i sarà pari ad a_i se la funzione cresce rispetto alla variabile i-esima, oppure a b_i se decresce
6 Vedi appendice per i dettagli.

* Logaritmo:

$$f(a,b) = b \cdot \ln a \Rightarrow \frac{\Delta f(a,b)}{|f(a,b)|} = \frac{\Delta a}{|a \ln a|} + \frac{\Delta b}{|b|} \tag{19}$$

Queste regole valgono nei casi in cui l'errore massimo è molto piccolo rispetto alla misura e la funzione non presenta un massimo o un minimo.

2.7.2 Errori statistici

Da un serie di analisi statistiche supponiamo di avere un certo numero di valori affetti da un errore statistico: $x_i \pm \sigma_i$.

Le regole di propagazione degli errori statistici per i casi più elementari sono le seguenti:

* Somma, sottrazione:

$$f(a,b) = a \pm b \Rightarrow \sigma_{f(a,b)} = \sqrt{\sigma_a^2 + \sigma_b^2} \tag{20}$$

* Prodotto, quoto:

$$f(a,b) = a \cdot b \text{ oppure } f(a,b) = \frac{a}{b} \Rightarrow \frac{\sigma_{f(a,b)}}{f(a,b)} = \sqrt{\left(\frac{\sigma_a}{a}\right)^2 + \left(\frac{\sigma_b}{b}\right)^2} \tag{21}$$

* Potenza:

$$f(a,b) = b^a \Rightarrow \frac{\sigma_{f(a,b)}}{f(a,b)} = \sqrt{(\sigma_a \ln b)^2 + \left(a\frac{\sigma_b}{b}\right)^2} \tag{22}$$

* Esponenziale:

$$f(a,b) = b \cdot e^a \Rightarrow \frac{\sigma_{f(a,b)}}{f(a,b)} = \sqrt{(\sigma_a)^2 + \left(\frac{\sigma_b}{b}\right)^2} \tag{23}$$

* Logaritmo:

$$f(a,b) = b \cdot \ln a \Rightarrow \frac{\sigma_{f(a,b)}}{f(a,b)} = \sqrt{\left(\frac{\sigma_a}{a \ln a}\right)^2 + \left(\frac{\sigma_b}{b}\right)^2} \tag{24}$$

Una misura ripetuta più volte può fornire sempre lo stesso valore. In tal caso una analisi statistica perde di significato, non deve essere effettuata, è necessario considerare soltanto l'errore associato alla misura: l'errore massimo.

Può capitare di dover combinare insieme errori massimi e errori statistici. In tal caso l'errore statistico moltiplicato per un fattore 3 viene, anche se in maniera impropria, "trasformato" in errore massimo. Si usa in quest'ultimo caso la regola di propagazione degli errori massimi.

2.8 CIFRE SIGNIFICATIVE

Ciascuna misura e qualsiasi risultato ottenuto da misure, ha valenza scientifica se viene chiaramente indicata l'indeterminazione associata. Per indeterminazione si intende l'errore massimo o l'errore statistico associato alla misura. Quando si deve indicare tale indeterminazione non ha senso utilizzare più di due cifre. Questo criterio si ripercuote nella rimozione delle cifre eccedenti alla grandezza misurata, o al risultato ottenuto. Spesso si arrotonda per eccesso le cifre significative[7] della misura, mentre l'errore viene arrotondato alla cifra successiva, cioè una incertezza sperimentale pari a 1.51 è equivalente a 1.6. Con il termine "cifre significative" s'intende il numero di cifre stabilite dall'errore associato alla misura.

Riepiloghiamo le regole basilari a cui attenersi per riportare in una relazione il valore di una misura. La scrittura $x = 2.34565456 \pm 0.0263$ non ha senso, è invece corretto scrivere $x = 2.346 \pm 0.027$ approssimando le cifre dove lo impone l'errore, oppure $x = 2.35 \pm 0.03$, lasciando una, o al più due, cifre significative per indicare l'incertezza sperimentale. Il numero di cifre significative della misura è legato alle cifre significative assegnate all'errore. È scorretto scrivere $x = 2.346 \pm 0.03$ come pure $x = 2.35 \pm 0.027$, le cifre sull'errore associato devono essere in corrispondenza con quelle della misura. È naturale chiedersi quale sia il criterio per riportare l'errore sperimentale con una o due cifre. Se ho un errore pari a 0.027 approssimare questo numero a 0.03 equivale a maggiorarlo di un buon 10%, la situazione sarebbe stata critica se il numero fosse stato 0.15 in tal caso scrivere l'errore come 0.2 avrebbe significato una maggiorazione dell'errore pari al 40%, o ancora peggio se l'errore fosse stato 0.14 scrivendo 0.1 l'avrei sottostimato del 40%. Viene quindi ragionevolmente stabilito il seguente criterio. L'errore viene riportato con due cifre se la cifra successiva a quella più significativa è compreso tra 2 e 6.

2.9 FUNZIONI SPERIMENTALI

Affrontiamo adesso il seguente problema: dobbiamo riempire una piscina di forma cilindrica con l'acqua proveniente da un tubo esterno. Vogliamo studiare come varia l'altezza dell'acqua in funzione del tempo.

Misuriamo l'altezza raggiunta dal liquido a vari tempi ottenendo come risultato i seguenti valori:

h (cm)	2.5	4.5	9.5	14.5	17.5	21.5	24.0
	25.5	33.5	35.5	45.0	47.0	56.0	
t (ks)	0.3	0.6	1.4	2.28	2.75	3.43	3.85
	4.05	5.40	5.78	7.30	7.68	9.17	

con un Δh (cm)=0.5, Δt (ks)=0.01

Rappresentando graficamente questi dati in un grafico mi accorgo che essi sembrano disposti su una retta. Se così fosse, potrei dedurre che il flusso dell'acqua è costante nel tempo.

---

7 Si noti che anche le costanti fisiche sono note con un numero di cifre significative.

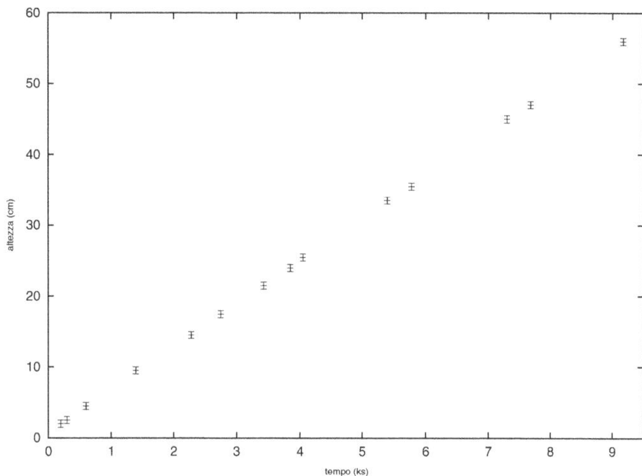

Come posso stabilire in modo analitico se si tratta realmente di una retta?
Per far ciò devo trovare il modo di determinare:

1. la retta che minimizza la distanza dai punti sperimentali;

2. l'indeterminazione sui coefficienti della retta;

3. un criterio per verificare se i dati realmente si "dispongono" lungo una retta.

1. Data la generica relazione lineare: $y = b \cdot x + a$. La somma degli scarti quadratici tra le y sperimentali e quelle della retta, con i 14 dati sperimentali a nostra disposizione, sono date dalla seguente relazione:

$$D(a,b) = \sum_{i=1}^{14} (y - y_i)^2 = \sum_{i=1}^{14} (b \cdot x_i + a - y_i)^2$$

questa funzione ammette un minimo quando risultano verificate le seguenti relazioni[8]:

$$\begin{cases} \displaystyle\sum_{i=1}^{14} (b \cdot x_i + a - y_i) = 0 \\ \displaystyle\sum_{i=1}^{14} (b \cdot x_i + a - y_i) \cdot x_i = 0 \end{cases}$$

dalla proprietà 3 delle sommatorie ottengo:

$$\begin{cases} \displaystyle\sum_{i=1}^{14} b \cdot x_i + \sum_{i=1}^{14} a - \sum_{i=1}^{14} y_i = 0 \\ \displaystyle\sum_{i=1}^{14} b \cdot x_i^2 + \sum_{i=1}^{14} a \cdot x_i - \sum_{i=1}^{14} y_i \cdot x_i = 0 \end{cases}$$

dalla proprietà 4 delle sommatorie ottengo:

---

8 Se lo studente ha già affrontato il calcolo delle derivate, queste due equazioni sono conseguenziali alla condizione che le derivate della funzione $D(a,b)$, sia rispetto alla variabile a che alla variabile b, siano nulle.

$$\begin{cases} b \cdot \sum_{i=1}^{14} x_i + a \sum_{i=1}^{14} 1 = \sum_{i=1}^{14} y_i \\ b \cdot \sum_{i=1}^{14} x_i^2 + a \cdot \sum_{i=1}^{14} x_i = \sum_{i=1}^{14} y_i \cdot x_i \end{cases} \tag{25}$$

Nel caso specifico dell'esempio in esame ho:

$$\sum_{i=1}^{14} 1 = 14 \qquad \sum_{i=1}^{14} x_i = 54.19 \qquad \sum_{i=1}^{14} y_i = 338.5$$

$$\sum_{i=1}^{14} y_i \cdot x_i = 1956.8 \qquad \sum_{i=1}^{14} x_i^2 = 317.13$$

Quindi:

$$\begin{cases} 54.19 \cdot b + 14 \cdot a = 338.5 \\ 317.13 \cdot b + 54.19 \cdot a = 1956.8 \end{cases}$$

Da queste due relazioni in cui sono presenti due quantità incognite, si risolve il sistema e si ricavano i valori di tali incognite: a e b.

$$\begin{cases} a = 0.8703 \\ b = 6.0217 \end{cases}$$

Analizziamo se, e in che modo, la retta trovata interpola i dati.

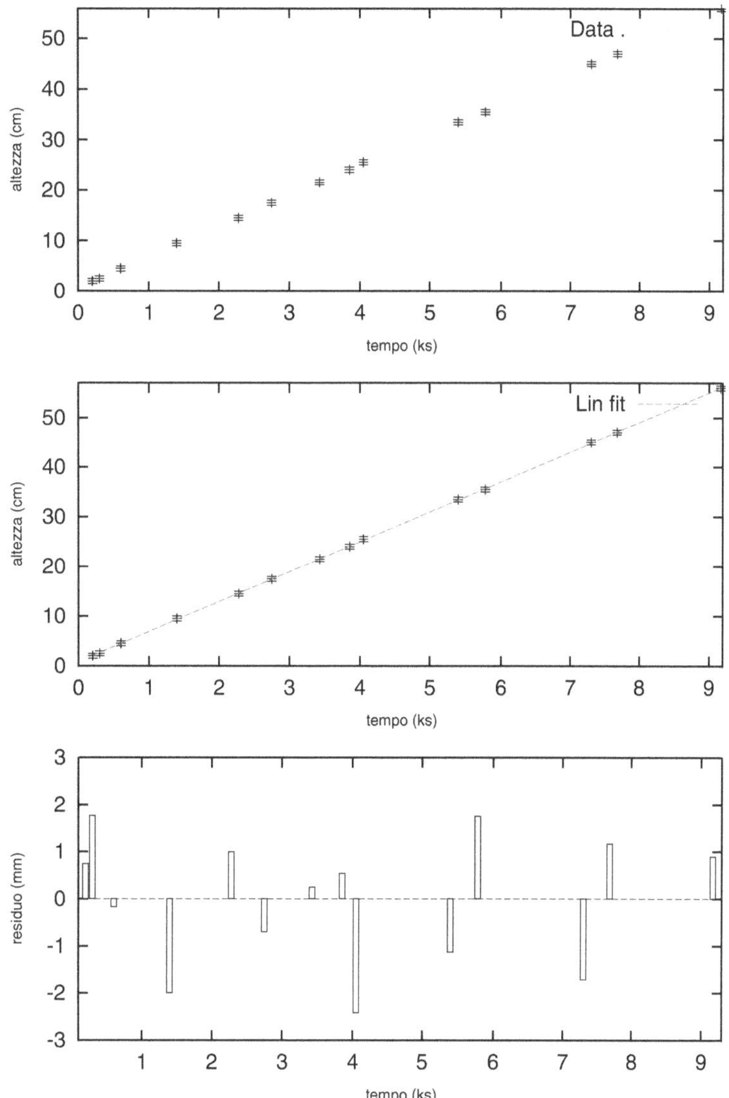

2. Il numero minimo di dati per effettuare una interpolazione lineare è pari a 2. Per valutare l'indeterminazione sui coefficienti occorre ricordare alcune cose sulla propagazione degli errori. In particolare l'indeterminazione statistica su un dato insieme di dati, ovvero la deviazione standard, sarà data da:

$$\sigma_y^2 = \frac{\displaystyle\sum_{i=1}^{14} (b \cdot x_i + a - y_i)^2}{14 - 2} = 0.020685$$

da cui risolvendo il sistema 25 e usando le regola di propagazione degli errori statistici tabulate nella precedente sezione ottengo:

$$\begin{cases} \sigma_a^2 = \sigma_y^2 \cdot \dfrac{\displaystyle\sum_{i=1}^{14} x_i^2}{14 \cdot \displaystyle\sum_{i=1}^{14} x_i^2 - \left(\displaystyle\sum_{i=1}^{14} x_i\right)^2} = 0.0043636 \\[4em] \sigma_b^2 = \sigma_y^2 \cdot \dfrac{14}{14 \cdot \displaystyle\sum_{i=1}^{14} x_i^2 - \left(\displaystyle\sum_{i=1}^{14} x_i\right)^2} = 0.00019264 \end{cases}$$

e quindi:

$$\begin{cases} \sigma_a = 0.067 \\[2em] \sigma_b = 0.014 \end{cases}$$

3. Abbiamo ipotizzato all'inizio di questo paragrafo che la relazione che legava la x_i e la y_i fosse lineare, ossia una retta. Ma Qual è il criterio per cui posso affermare che i dati sono realmente distribuiti lungo una retta?

Rispondere all'ultima domanda vuol dire prestare attenzione al grafico dei residui. In particolare assicurarsi che i dati si distribuiscano in modo da addensarsi "normalmente" attorno alla retta. Il grafico dei residui permette di evidenziare: quali, di quanto e come i dati sperimentali si discostino dalla curva teorica.

Se i dati si raccolgono intorno ad una retta allora deve verificarsi che la distribuzione dei residui deve essere una distribuzione normale.

Se si verifica questa condizione allora risulta soddisfatta la seguente relazione:

$$\left[\sum(x_i - \overline{x})(y_i - \overline{y})\right]^2 \simeq \sum(x_i - \overline{x})^2(y_i - \overline{y})^2$$

Infatti indicando con $\overline{x}$ e $\overline{y}$ i rispettivi valori centrali della distribuzione delle misure rispetto a x_i e y_i ho tante misure che statisticamente eccedono dal valor medio tante quante ne difettano, e quindi:

$$\sum_{i \neq j}(x_i - \overline{x})(y_j - \overline{y}) \simeq 0$$

Esiste un coefficiente, detto coefficiente di correlazione lineare, spesso indicato con r il cui valore prossimo all'unità mi assicura che non ho sbagliato a considerare lineare la dipendenza tra x_i e y_i, se è prossimo a 0 vuol dire che i dati non hanno nessuna correlazione.

Definisco termine di correlazione lineare:

$$r = \frac{\sum(x_i - \overline{x})(y_i - \overline{y})}{\sqrt{\sum(x_i - \overline{x})^2(y_i - \overline{y})^2}}$$

n	r=0	r=0.1	r=0.2	r=0.3	r=0.4	r=0.5	r=0.6	r=0.7	r=0.8	r=0.9
3	0	6	13	19	26	23	41	49	59	71
6	0	15	30	44	57	69	79	88	94	99
10	0	22	42	60	75	86	93	98	99.5	-
20	0	33	60	80	92	98	99.5	99.9	-	-
50	0	51	84	97	99.6	-	-	-	-	-

Tabella 9: Probabilità che N coppie di misure siano tra loro correlate. I valori con il segno "-" indicano probabilità maggiori del 99.95%.

in base a quanto detto precedentemente r risulta compreso tra -1 e +1.

Se i punti si distribuiscono secondo una statistica normale attorno alla retta $y = a + bx$, c'è la stessa probabilità di avere x_i prima o dopo $\overline{x}$, cosicché i termini della sommatoria $(x_i - \overline{x})(y_i - \overline{y})$ tenderanno ad annullarsi, oppure se giacciono esattamente sulla retta allora $y_i - \overline{y} = b(x_i - \overline{x})$ e quindi $r = \pm 1$,

Se invece questa condizione non viene verificata allora:

$$\left[\sum(x_i - \overline{x})(y_i - \overline{y})\right]^2 \ll \sum(x_i - \overline{x})^2(y_i - \overline{y})^2$$

e quindi $r \simeq 0$.

Nell'esempio precedente $r = 0.9997$ e in base alla tabella 9 la probabilità che la funzione sia una retta è oltre il 99%.

La tabella 9 permette di valutare come i dati si distribuiscono attorno alla retta dei minimi quadrati e Qual è la probabilità che la funzione interpolante sia realmente la retta imposta. Non ritengo abbia un senso spiegare come calcolare le probabilità della tabella 9, in quanto è facile capirne il significato e usarla in modo corretto.

2.10 REGRESSIONE LINEARE

Lo studio qui proposto generalizza i processi statistici affrontati nella sezione precedente. La conoscenza metodologica del come si giustifichi teoricamente il processo di "best fit" risulta importante ma non essenziale per la comprensione del suo utilizzo pratico. Lo studente non si terrorizzi guardando queste formule. Tutti i software per l'analisi dati eseguono in maniera automatica tutti i calcoli fornendo quasi immediatamente i risultati.

Le espressioni che seguiranno ad un primo sguardo possono sembrare piuttosto complesse, la completa comprensione di tutti gli aspetti teorici può in qualche passaggio richiedere un tempo maggiore oppure talvolta bisogna accettare quanto detto come vero in quanto ancora non si possiedono gli strumenti matematici adeguati, specie se lo studio delle derivate è ancora lontano, ma comprendere il percorso del processo che porta a queste conclusioni è importante. L'utilizzo di uno strumento informatico che introdotti dei dati restituisca dei risultati non è utile se non se ne comprende bene il funzionamento.

Data una serie di N di coppie di misure: x_i e y_i con $i = 1 \ldots N$ si rappresentino i valori di queste queste misure in un piano cartesiano, dove in ascissa mettiamo il set di misure con errore relativo minore. Supponiamo che queste due grandezze siano tra loro correlate da una legge lineare.

L'equazione di una retta presenta la forma: $y = a + bx$ dove a e b sono i due parametri che caratterizzano la retta, detti rispettivamente intercetta e coefficiente angolare, il numero di parametri incogniti è pari a due. La differenza tra il numero di misure e il numero di parametri ignoti viene chiamato "numero di gradi di libertà" del fit: $n_l = N - 2$.

I coefficienti di tale retta sono dati da[9]:

$$
\begin{cases}
a = \dfrac{\sum\limits_{i=1}^{N} y_i \cdot \sum\limits_{i=1}^{N} x_i^2 - \sum\limits_{i=1}^{N} x_i y_i \cdot \sum\limits_{i=1}^{N} x_i}{N \cdot \sum\limits_{i=1}^{N} x_i^2 - \left(\sum\limits_{i=1}^{N} x_i\right)^2} \\[2em]
b = \dfrac{N \cdot \sum\limits_{i=1}^{N} x_i y_i - \sum\limits_{i=1}^{N} y_i \cdot \sum\limits_{i=1}^{N} x_i}{N \cdot \sum\limits_{i=1}^{N} x_i^2 - \left(\sum\limits_{i=1}^{N} x_i\right)^2}
\end{cases}
\tag{26}
$$

L'incertezza associata a tali coefficienti sarà data da:

$$
\begin{cases}
\sigma_a^2 = \sigma_y^2 \cdot \dfrac{\sum\limits_{i=1}^{N} x_i^2}{N \cdot \sum\limits_{i=1}^{N} x_i^2 - \left(\sum\limits_{i=1}^{N} x_i\right)^2} \\[2em]
\sigma_b^2 = \sigma_y^2 \cdot \dfrac{N}{N \cdot \sum\limits_{i=1}^{N} x_i^2 - \left(\sum\limits_{i=1}^{N} x_i\right)^2}
\end{cases}
\tag{27}
$$

dove la deviazione standard è definita:

$$
\sigma_y = \sqrt{\frac{\sum\limits_{i=1}^{N} (a + b \cdot x_i - y_i)^2}{n_l}}
\tag{28}
$$

Il coefficiente di correlazione lineare, spesso indicato con r, il cui valore prossimo all'unità indica che la dipendenza tra x_i e y_i è lineare.

$$
r = \frac{\sum\limits_{i=1}^{N} (x_i - \overline{x}) \cdot (y_i - \overline{y})}{\sqrt{\sum\limits_{i=1}^{N} (x_i - \overline{x})^2 \cdot \sum\limits_{i=1}^{N} (y_i - \overline{y})^2}}
\tag{29}
$$

---

9 Vedi appendice per i dettagli.

Uno strumento utile, che si aggiunge al precedente, per capire se la retta sia la funzione che lega tra loro x_i e y_i, è il grafico dei residui.

Chiaramente il processo di media comporta una perdita di informazioni. Può verificarsi che un gruppo di misure si trova vicinissima alla funzione interpolante, e quindi contribuisce pochissimo alla somma, mentre un gruppo di misure invece se ne discosta significativamente. Affermare che i valori teorici si trovano entro i limiti sperimentali può risultare una affermazione falsa. È bene sempre utilizzare il grafico dei residui per controllare se è verificata una tale condizione.

2.11   GRAFICO DEI RESIDUI

Una volta ottenuta la retta, o il polinomio, che meglio interpola i dati sperimentali è utile creare un grafico $y = p(x_i) - y_i$, dove $p(x_i)$ è il valore della funzione interpolante calcolato nel punto x_i, mentre y_i è il valore sperimentale realmente misurato. In tal modo si evidenziano le differenze esistenti tra la funzione interpolante e i dati sperimentali.

Si riesce in tal modo ad evidenziare quanto bene la retta interpola i dati e se qualche punto sperimentale, o una serie di punti sperimentali, e quale tra essi non è in accordo con il procedimento effettuato.

2.12   REGRESSIONE NON LINEARE

Quando i dati sperimentali non si dispongono lungo una retta cosa fare? Se si conoscono le previsioni teoriche allora la legge da verificare è nota per cui si conosce la trasformazione da effettuare sui dati per rendere lineare la dipendenza tra i dati. Facciamo un esempio. Supponiamo di voler verificare la legge di Coulomb, per cui la forza di interazione tra due corpi elettrizzati è inversamente proporzionale al quadrato della distanza, ovvero è direttamente proporzionale all'inverso del quadrato della distanza.

$$F \propto \frac{1}{r^2} = r^{-2}$$

La relazione esistente tra forze e l'ulteriore colonna dei dati ottenuta ponendo l'inverso del quadrato della distanza è lineare. Una volta applicata la procedura di "fit", si antitrasforma la retta ottenuta ottenendo la curva che opera il "best fit" dei dati.

Se la legge sperimentale non è nota, ma occorre cercarla allora il problema è certamente più complesso. Occorre in tal caso individuare la trasformazione che "rettifica" i dati.

Le trasformazioni più diffuse sono quella logaritmica e quella esponenziale, in tal caso la base deve essere scelta per tentativi che facciano al caso in esame, o l'elevamento a potenza, in tal caso l'esponente deve essere scelto "ad hoc", anche negativo. Se l'esponente è negativo allora si parla di inversa proporzionalità.

In sintesi la strategia per "fittare" una serie di coppie di dati con una funzione non lineare ma dipendente da due parametri è quella di trasformare i dati al fine di rendere lineare la dipendenza e poi antitrasformare. Andiamo nel dettaglio per alcuni semplici casi:

2.12.1 Inversa proporzionalità

Nel caso di inversa propozionalità basta considerare che la relazione esistente tra x_i e $1/y_i$ è di diretta proporzionalità, e quindi lineare.

Posto $Y_i = 1/y_i$, conseguentemente per quanto detto nel paragrafo sulla propagazione degli errori nel caso di un rapporto o divisione l'errore associato alla trasformazione $Y(x)$ sarà: $\delta Y_i = \delta y_i / y_i^2$.

La funzione $Y(x)$ deve essere una retta se $y(x)$ è la funzione di inversa proporzionalità.

Nella trasformazione può accadere che gli errori associati risultino significativamente diversi tra loro, in tal caso l'interpolazione deve essere riproposta facendo in modo che abbiano maggior "peso" le misure con errori più piccoli.

Supponiamo di aver effettuato un esperimento misurando la forza di interazione f, in N, in funzione della distanza x, in cm. La misura di forza è soggetta ad un errore sperimentale pari ad ± 1 N, mentre la distanza di ± 1 cm:

x:	2	3	4	5	7	9	12	21	29
f:	31	19	15	13	8	7	5	3	2

Il grafico di questi dati con la relativa barra di incertezza è il seguente:

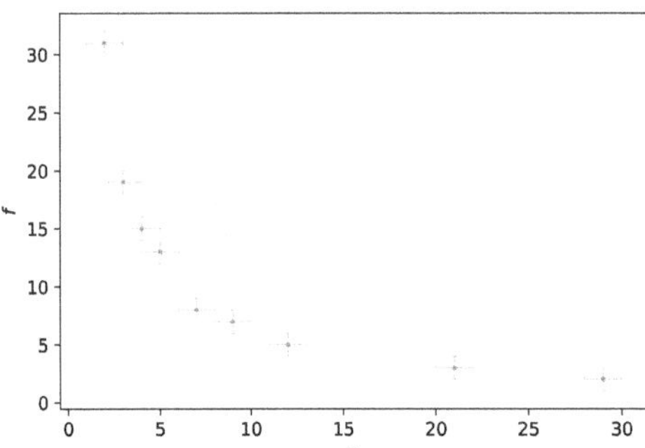

sembra si tratti di una relazione di inversa proporzionalità.

Per verificare questa ipotesi effettuo l'inverso dei dati relativi alla forza ovvero pongo:

$$F = \frac{1}{f} \qquad e \qquad \Delta F = \frac{\Delta f}{f^2}$$

La tabella dei dati diventa:

x:	2	3	4	5	7	9	12	21	29
F:	0.0323	0.0526	0.0667	0.0769	0.125	0.143	0.200	0.333	0.500
ΔF:	0.001	0.003	0.004	0.005	0.02	0.02	0.04	0.1	0.2

Il grafico dei dati opportunamente trasformati e dei rispettivi errori con la retta interpolante diventa:

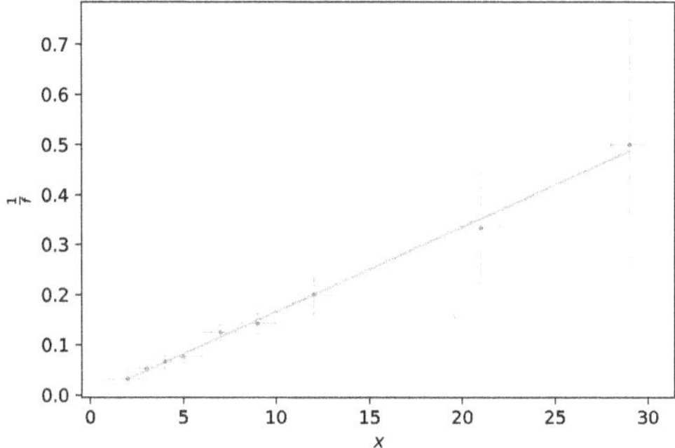

dove $a = 0.0169$ $b = -0.0025$ Il coefficiente di correlazione lineare: $r = 0.9$.

Una volta assicurati che si tratta di una retta, identifichiamo la funzione che lega $f(x)$.

$$F = \frac{1}{f} = a \cdot x + b$$

Per cui:

$$f(x) = \frac{1}{a \cdot x + b}$$

Il grafico sarà:

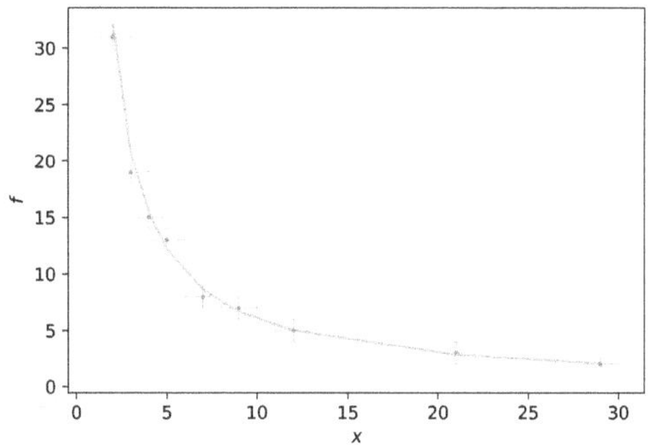

2.12.2 Esponenziale

Data una funzione esponenziale che dipenda da due parametri: T_c e η

$$T = T_a + T_c \cdot e^{-\frac{t}{\eta}}$$

passando ai logaritmi ho: $\ln(T - T_a) = \ln T_c - \dfrac{t}{\eta}$

definisco $X = t$; $Y = \ln(T - T_a)$.

L'equazione si trasforma nell'equazione di una retta.

$$Y = a_0 + a_1 \cdot X$$

dove a_0 è il termine noto e a_1 è il coefficiente angolare. Gli approfondimenti, necessari per uno studio completo di questo argomento, verranno affrontati dagli studenti durante gli eventuali successivi studi universitari.

2.13   ESERCIZI

1. Una piscina cilindrica, profonda 1.120 *m* e di diametro pari a 3.825 *m* deve essere riempita d'acqua. Lo strumento usato per compiere la misura è un doppio-metro per muratori, con una incertezza pari a 0.5 cm. Nel fare la misura del diametro il doppio-metro è stato usato due volte in successione. Quanti litri d'acqua, nella peggiore e nella migliore delle ipotesi, occorrono per riempirla completamente?

2. Quanto deve essere alto un contenitore cilindrico, del diametro di 35.3 ± 0.2 cm, per contenere (50 ± 1) litri di latte?

3. Un archeologo scopre una strana piramide a forma di cono. La distanza tra il vertice e la base. ovvero l'apotema, risulta di 250 m, mentre la circonferenza alla base è di 1000 metri. Per effettuare le misure l'archeologo dispone di un nastro telato di 50 metri complessivi e con una incertezza di 5 cm+0,2% del valore misurato. Sapresti calcolare l'altezza della piramide e l'indeterminazione associata?

4. Un aereo percorre la distanza di $10^6 \pm 10^4$ m in 1.5 ± 0.2 ore. Sapendo che la circonferenza della terra è $4 \cdot 10^7 \pm 10^5$ m, quanto tempo impiegherebbe lo stesso aereo a compiere il giro della terra? Qual è incertezza sperimentale sul valore ottenuto?

5. Una antica pergamena riporta le informazioni per ritrovare una città Inca. La pergamena è stata scritta da marinai spagnoli che hanno riportato le seguenti informazioni: partendo dall'Isla San Gallán, o Sangayan, procedete per 184 e 1/4 miglia marine verso est, quindi 61 e 3/4 miglia marine verso nord-est, troverete la città del cielo. Assumendo che queste informazioni siano soggette ad un errore del 5% (si trascuri l'incertezza sulla direzione), sapresti indicare le dimensioni e la forma, in km^2 dell'area in cui svolgere le ricerche.

6. Un archeologo trova in una antica tomba di una civiltà del centro America, nell'attuale regione posta a nord-ovest del Costa Rica, una iscrizione il cui significato può essere tradotto nella seguente maniera: «per andare nell'antica città dei nostri avi devi partire dal capo che guarda il mare del sud, camminare per 12 giorni verso nord, altri 7 giorni verso nord-est e infine 12 giorni verso nord»

L'archeologo prende una cartina dell'america centrale e traccia una linea come in figura.

Sapendo che un giorno di marcia corrisponde a 26 km e che questa quantità è ragionevolmente soggetta ad una incertezza del 7%. Determina le dimensioni e la forma dell'area in cui l'archeologo dovrà concentrare le sue ricerche.

Se la mappa avesse contenuto la seguente informazione: «poni il viso a nord, gira il viso di 0.027 parti di un giro verso est. Segui questa direzione per 29 giorni e mezzo questa direzione». Cosa sarebbe cambiato?

7. Una bilancia pesapersone analogica ha una portata di 120 Kg. La misura è viene letta mediante una lancetta fissa posta sopra una circonferenza rotante, ma il disco interno mostra non la suddivisione in Kg, ma un numero progressivo. La circonferenza è stata suddivisa in 720 parti, ciascuna delle quali è numerata a partire da 0. La circonferenza segna il valore di 720 dove c'è pure lo zero, quando un intero giro sappiamo equivale a misurare 120 Kg. Le tacche apposte sulla circonferenza sono ben definite e leggibili. All'errore di lettura occorre sommare un errore pari al 1% del valore fornito dallo strumento, dovuto a attriti, isteresi, non linearità della molla utilizzata nello strumento. Qual è il peso, e la sua incertezza, di 4 componenti familiari che avendo deciso di pesarsi osservano i seguenti valori: 528, 316, 251 e 151?

8. Le 4 persone dell'esercizio precedente decidono di ripetere la stessa misura su una bilancia digitale a 3 cifre ottenendo i seguenti valori: 88.0 − 52.7 − 41.8 − 25.2 All'errore di lettura sull'ultima cifra, occorre sommare il 1% del valore misurato. Qual è l'indeterminazione sul peso di 4 componenti familiari? È più precisa la strana bilancia analogica dell'esercizio precedente o la bilancia digitale?

9. Sette osservatori distribuiti uniformemente lungo lo stesso meridiano dal parallelo 41.5° N a 44.5° N asseriscono che un sisma avvenuto alle ore 12 locali del 3 Ottobre 2001 in Giappone è stato percepito alle 12 locali del 3 Ottobre 2001 in Italia. Considerati i fusi orari, e che gli osservatori utilizzano tutti lo stesso tipo di strumento, che errore

possiamo stimare stanno commettendo gli osservatori? Qual è il valore più attendibile del tempo impiegato dal segnale sismico, assumendo che si possa essere propagato in linea retta, ad arrivare in Italia ed essere percepito? Si assuma come raggio della sfera terrestre il valore pari a 6000 km, e che il Giappone si possa pensare essere sul punto diametralmente opposto a quello dell'osservatore posto posto sul parallelo 41.5 ° N.

10. In un laboratorio dei ragazzi decidono di misurare, con un cronometro analogico, il tempo necessario affinché un pendolo compia 30 oscillazioni complete. Lasciato partire il cronometro nel momento in cui il pendolo inizia a oscillare. L'osservatore posto a destra del cronometro asserisce che il pendolo ha impiegato 32 secondi mentre quello posto a sinistra asserisce che ha impiegato 28 secondi a compiere 30 oscillazioni. Chi dei due ha ragione? Non potendo rifare le misure, esiste una maniera per recuperare il valore vero, avendo a disposizione il cronometro e la posizione degli osservatori rispetto ad esso? Qual è in tal caso l'informazione necessaria? Fornisci un valore numerico all'informazione necessaria e calcola il valore vero.

11. Una ditta riceve la commessa di dover misurare il peso di un campione di 2000 persone, in 10 città italiane. La ditta acquista 5 bilance e le numera con cinque numeri progressivi, 6,7,8,9,10. Non disponendo delle bilance necessarie la ditta acquista altre 5 bilance in un secondo momento e le numera con altri cinque numeri progressivi: 1,2,3,4,5. Le bilance hanno le stesse caratteristiche di quelle in possesso, portata di 300 Kg e una incertezza associata alla misura di $\pm(0.2kg + 1\%)$, e spedisce quindi una bilancia per ciascuna sede cittadina. Gli operatori svolgono le misure e spediscono i dati e restituiscono le bilance alla sede centrale dela ditta. Il responsabile dell'analisi dei dati decide di analizzare i dati provenienti da ciascuna città, e attraverso le curve di distribuzione o istogrammi, si accorge di un fatto strano, i dati raccolti con le nuove bilance sembrano essere mediamente maggiorati rispetto a quelli raccolti dalle vecchie bilance. Le medie ricavate sono le seguenti:

1	2	3	4	5	6	7	8	9	10
75.4	73.2	74.9	73.8	74.5	71.3	70.5	70.8	69.9	71.7

dove le prime 5 misure sono quelle che provengono dalle bilance nuove.

Decide quindi di fare quello che doveva essere fatto prima di iniziare lo studio, ma per motivi di tempo non era stato possibile: controllare le bilance. Prende 200 pesi da 1 Kg ciascuno; prova ciascuna bilancia aumentando progressivamente il peso e poi diminuendo il peso raggiunto togliendo progressivamente i pesi. Si accorge che le vecchie bilance in possesso forniscono delle misure inferiori pari a (2 kg $\pm$ 2% della lettura) mentre quelle nuove forniscono un valore in eccesso pari a (1 kg $\pm$ 1% della lettura).

Riscrivi la precedente tabella con le misure corrette. E specifica per quali misure ti aspetti una maggiore dispersione, e per quali una indeterminazione maggiore.

12. Nel 1989 venne lanciato dall'ESA il satellite "Hipparcos" per misurare la parallasse di migliaia di stelle, a causa di un problema tecnico venne messo in un'orbita diversa da quella prevista, inoltre a causa delle variazioni conosciute di temperatura della strumentazione le misure erano soggette a un errore sistematico. Cerca in internet informazioni sul satellite "Hypparcos", e cerca di comprendere il perché molti supercalcolatori abbiano lavorato sui dati "particolari" forniti da questo satellite.

13. mettere esercizi con legge nota e legge da individuare.

3 | L'ELABORAZIONE DEI DATI

La scelta di uno strumento informatico adatto alle problematiche scientifiche, il più vicino a quello utilizzato negli ambiti tecnico-scientifici e nel contempo un software opensource, ha portato ad una soluzione, trovata in "Octave" un software opensource, molto simile a Matlab$^©$ e IDL$^©$, spesso utilizzati in molti centri di ricerca. Octave è un ambiente nel quale è possibile, attraverso un linguaggio interpretato, interfacciarsi a codici scritti e compilati in C, C++ e Fortran. Gli impieghi prevalenti sono nel campo dell'ingegneria, della fisica, della chimica, della matematica. In particolare: Algebra lineare, Equazioni non lineari, Quadrature, Equazioni differenziali, Ottimizzazione, Statistica, Funzioni finanziarie, Insiemistica, Manipolazioni Polinomiali, Teoria di controlli, Elaborazione di Segnali, Elaborazione di Immagini, Elaborazione Audio, Quaternioni. Gli ambiti di utilizzo con le nuove implementazioni si stanno estendendo alla grafica e alla musica. Una appendice è stata dedicata invece allo stesso codice in octave riscritto in Python.

I sorgenti e il codice è per unix. Implementazioni al sistema windows$^©$ permettono la portabilità anche a questo sistema operativo. La versione di Octave cui faremo riferimento è la 3, per unix, o osx, mentre come editor di testo faremo riferimento ad Libreoffice o Libreoffice.

Questo manuale presenta le funzionalità di Octave attraverso degli esempi finalizzati al laboratorio di fisica, spiegando passo passo come fare per poter analizzare, rappresentare graficamente i dati sperimentali ed esportarli, verrà quindi proposto un glossario con la spiegazione dei comandi base.

3.1 PRIMI PASSI

Il primi passi da compiere sono i seguenti:

- Installare il software, secondo le modalità previste in ciascun sistema operativo. Per le versioni linux basta cercare il pacchetto attraverso il gestore delle installazioni, mentre per il sistema MacOsX occorre scaricare i pacchetti precompilati[1] e installarli.

- Eseguire il software octave digitandone il nome su un qualsiasi terminale di unix (se si utilizza la versione per windows eseguibile il binario octave.exe o doppio click sull'icona di norma presente sul Desktop). Come in unix anche nell'ambiente di Octave i caratteri minuscoli sono distinti da quelli maiuscoli.

---

1 Il software personalmente testato su un Mac Intel OsX 10.15.7 ha richiesto i seguenti binari:
   http://sourceforge.net/projects/octave/
   https://octave-app.org/
   Per il sistema windows$^©$:
   http://octave.sourceforge.net/
   Per il sistema linux si raccomanda l'utilizzo del gestore dei pacchetti associato al sistema.

- Avviato octave si apre l'ambiente dei comandi. Da questo punto in poi tutti i comandi a cui faremo riferimento dovranno essere eseguiti all'interno di tale ambiente.

- Per uscire dall'ambiente octave lanciate[2] il comando quit o exit.

Octave è in grado di elaborare le informazioni attraverso l'impiego di variabili.

- Lanciare il comando diary nomefile per salvare la lista comandi e delle uscite.

- Per memorizzare un certo valore in una variabile generica si usa la sintassi:
variabile=valore in cui "variabile" rappresenta il nome della variabile dove memorizzare il valore. Le variabili possono essere semplici (scalari) o indicizzate (array o vettori). Ad esempio per assegnare alla variabile a il valore intero 22 la sintassi è la seguente:

```
octave:1> a=22
```

per assegnare alla variabile b il valore reale 2.2 la sintassi è la seguente:

```
octave:1> b=2.2
```

per assegnare alla variabile c il valore stringa "Ciao" la sintassi è la seguente:

```
octave:1> c=''Ciao''
```

mentre per assegnare alla variabile indicizzata a, chiamata spesso con il termine tecnico "vettore" o "array", i valori 12, 22, 33, 23, 21, 23, 31, la sintassi è la seguente:

```
octave:1> a=[12,22,33,23,21,23,31]
```

Osserviamo che il separatore è la virgola (,) o il semplice spazio vuoto, il separatore punto e virgola (;) invece genera nuove righe al vettore che in tal caso prende nome di matrice. I numeri decimali possiedono come separatore il punto radice (.)

Con il precedente comando viene creata una variabile composta da 7 numeri interi (tutti gli elementi devono presentare lo stesso formato, a meno che non si voglia creare una "struttura"), il valore a_3, o gruppo di valori $a_{2,3,4,5}$, può essere richiamato con la sintassi:

```
octave:1> a(3)
```

```
octave:2> a(2:5)
```

- Scrivendo il comando:

---

2 Con i termine lanciare intenderemo le seguenti operazioni: digitare il comando all'interno dell'ambiente di octave e premere invio per confermare il comando.

```
octave:1> ata=[1:100]
```

si genera una variabile (ata) di tipo array (o vettoriale) intera contenente i valori che vanno da 1 a 100.

- Se invece avessimo scritto:

```
octave:1> ata=[2:2:200]
```

avremmo generato sempre un vettore costituito da 100 elementi, con valori progressivi da 2 a 200 con un incremento di 2 unità. I vettori cui si fa riferimento possono essere anche multidimensionali.

Scrivendo il comando:

```
octave:1> ata=[1,1,2;3,5,8;13,21,34]
```

si genera una variabile (ata) di tipo matriciale 3x3 intera del tipo:

$$ata = \begin{pmatrix} 1 & 1 & 2 \\ 3 & 5 & 8 \\ 13 & 21 & 24 \end{pmatrix}$$

a questo punto se vogliamo estrarre la seconda riga dalla matrice *ata* dobbiamo digitare

```
octave:2> ata(2,:)
```

se avessimo voluto estrarre la seconda e la terza riga allora avremmo dovuto scrivere il comando

```
octave:3> ata(2:3,:)
```

se invece mi interessa estrarre la prima colonna:

```
octave:4> ata(:,1)
```

o le prime due colonne:

```
octave:5> ata(:,1:2)
```

- Se digitate il comando:

```
octave:1> find(array == val)
```

vengono restituiti gli indici della matrice `array` relativi agli elementi con valore pari a `val`.

- Se digitate il comando:

```
octave:1> find(array > val)
```

vengono restituiti gli indici della matrice `array` relativi agli elementi con valore maggiore di `val`, per quelli minori occorre mettere il segno di <.

Scalari		Matrici	
		Operatori aritmetici	
addizione:	x+y	addizione elemento per elemento:	x.+y
sottrazione:	x-y	sottrazione elemento per elemento:	x.-y
moltiplicazione:	x*y	moltiplicazione elemento per elemento:	x.*y
divisione:	x/y	divisione destra elemento per elemento:	x./y
divisione sinistra:	x\y	divisione sinistra elemento per elemento:	x.\y
operatore esponenziale:	x^y x**y	operatore esponenziale elemento per elemento:	x.^y x.**y
negazione:	-x	negazione elemento per elemento:	-x
		trasposta:	x'
		coniugato di n complesso:	x' conj(x)
		Operatori di confronto	
minore:	x<y	minore elemento per elemento:	x<y
minore uguale:	x<=y	minore uguale elemento per elemento:	x<=y
maggiore:	x>y	maggiore elemento per elemento:	x>y
maggiore uguale:	x>=y	maggiore uguale elemento per elemento:	x>=y
uguale:	x==y	uguale elemento per elemento:	x==y
diverso:	x!=y x<>y	diverso elemento per elemento:	x!=y x<>y
		Operatori logici	
and:	&	and elemento per elemento:	&
and esclusivo:	&&	and esclusivo elemento per elemento:	&&
or:	|	or elemento per elemento:	|
or esclusivo:	||	or esclusivo elemento per elemento:	||
negazione:	! ,	negazione elemento per elemento:	! ,

Tabella 10: Nella seguente tabella vengono proposte le operazioni possibili tra scalari o matrici.

- Se si vuol conoscere quali variabili e funzioni sono state definite e le loro proprietà occorre digitare il comando:

```
octave:1> whos -variables
```

.

- Se digitate il comando:

```
octave:1> history
```

viene restituita la lista di tutti i comandi.

Nella sezione successiva verranno proposti dei problemi risolti.

Si suggerisce allo studente di rifarli al PC, controllando che i risultati corrispondano a quelli descritti nel testo, e di studiare attentamente la legenda che accompagna l'uso dei comandi. Alla fine di ogni esempio svolto, prima di passare all'esempio successivo, è consigliabile riavviare octave.

3.2 PROBLEMI RISOLTI

3.2.1 Memorizzazione di un set di dati

```
octave:1> a=[1,1,2,3,5,8,13,21,34]
octave:2> b=43
octave:3> save nomefile.dat a b
```

1. Assegna alla variabile indicizzata a i valori contenuti nella stringa racchiusa tra le parentesi quadre, i valori possono essere separati da una virgola o semplicemente da uno spazio, se i dati fossero decimali allora occorre usare il punto per separare la parte intera da quella decimale.

2. Viene assegnato il valore 43 alla variabile b.

3. il comando: save nomefile.dat a, salva i dati contenuti nel vettore a e nella variabile b.

3.2.2 Ripristino di un set di dati

```
octave:1> load nomefile.dat\\
octave:2> whos -variables\\
octave:3> a\\
octave:4> b
```

1. il comando load nomefile.dat ripristina i dati contenuti nel file *nomefile.dat*;

2. il comando whos -variables mostra le variabili definite all'interno dell'ambiente octave.

3. a mostra il contenuto della variabile denominata a.

4. b mostra il contenuto della variabile denominata b.

3.2.3 Determinazione del valor medio

```
octave:1> a=[1,1,2,3,5,8,13,21,34]
octave:2> mean(a)
octave:3> mean(a(3:6))
octave:4> b=[a(1:4),a(6:9)]
```

1. Assegna alla variabile indicizzata a i valori contenuti nella stringa racchiusa tra le parentesi quadre, i valori possono essere separati da una virgola o semplicemente da uno spazio.

2. la funzione mean elabora i valori contenuti nel vettore a e calcola il valor medio restituendolo in uscita: ans = 9.7778

3. la precedente funzione calcola il valor medio solo per i dati compresi tra la 3^a e 6^a posizione: ans = 4.5000

4. viene generata una variabile indicizzata b, in cui vengono assegnati i valori contenuti nella variabile a compresi tra la 1^a e la 4^a posizione e quelli compresi tra la 6^a e la 9^a posizione, ovvero viene generata una variabile indicizzata b, che contiene tutti i valori di a escluso il quinto elemento: b= ans = 1 1 2 3 8 13 21 34.

3.2.4 Rappresentazione grafica di due set di dati

Rappresentazione grafica di due set di dati a e b con errori massimi rispettivi e db pari al 10% e al 20% del valore della misura.

```
octave:1> a=[1,1,2,3,5,8,13,21,34]
octave:2> b=[2,2.2,3,4,4.2,5,7,7,9]
octave:3> da=a*0.1
octave:4> db=b*0.2
octave:5> errorbar(a,da,''\textasciitilde >'')
octave:6> hold on
octave:7> plot(a,"-")
octave:8> errorbar(b,db,''\textasciitilde >'')
octave:9> plot(b,"-")
```

1. Vengono immessi i valori da assegnare al vettore a

2. Vengono immessi i valori da assegnare al vettore b

3. Viene calcolato il 10% sui valori assegnati al vettore a

4. Viene calcolato il 20% sui valori assegnati al vettore b

5. Si apre il grafico con le barre degli errori di a (verticali)

6. Viene informato il sistema di mantenere il grafico aperto e di sovrapporre tutti i grafici successivi

7. Viene aggiunta la spezzata che unisce tutti i valori contenuti nel vettore a

8. Viene aggiunto il grafico con le barre degli errori di b (verticali)

9. Viene aggiunta la spezzata che unisce tutti i valori contenuti nel vettore b

viene generato un grafico analogo a questo:

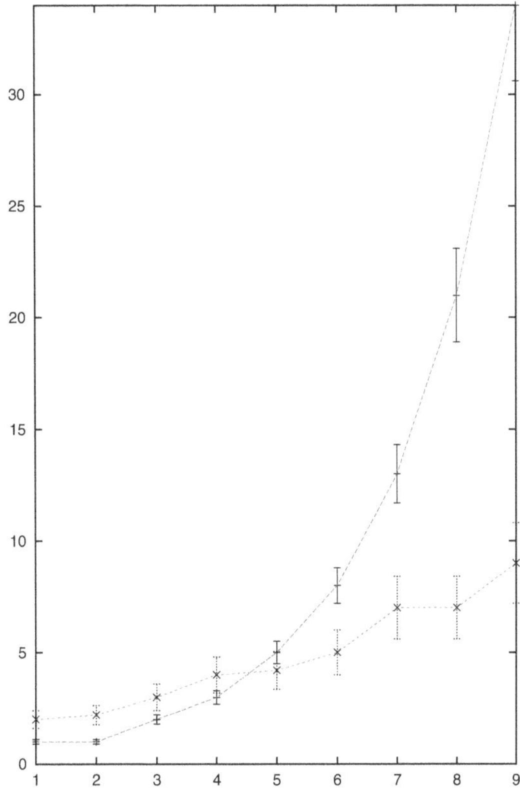

Se si vuole posizionare la barra dell'errore in orizzontale invece che in verticale occorre utilizzare nel comando errorbar l'opzione ">" con la seguente sintassi: errorbar(a,da,">"), se invece si vogliono visualizzare entrambe le barre l'opzione è "~>" da utilizzare con l'istruzione errorbar(x,y,dx,dx,dy,dy,"~>").

Nel caso di grafici di tipo più complesso: log, semilog, etc... si consiglia di consultare la guida.

3.2.5 Come personalizzare un grafico

Al fine di rendere più leggibile un grafico è necessario che le quantità proposte sugli assi ed il titolo del grafico vengano esplicitate. Inoltre la legenda associata a più grafici è indispensabile al fine di capirne il contenuto. Provate ad eseguire i seguenti comandi:

```
octave:1> plot([0:0.2:4].**2,'';linea bella;'')
octave:2> grid
octave:3> title(''Dammi un Titolo'')
octave:4> xlabel(''asse delle ascisse'')
octave:5> ylabel(''asse delle ordinate'')
octave:6> hold on
octave:7> plot([0:0.2:4].**2,''$\ast$12;punti belli;'')
```

1. vengono rappresentati graficamente i valori ottenuti moltiplicando per se stessi i numeri che vanno da 0 a 4 con passo 0.2 e si assegna al grafico la legenda in alto a destra "linea bella". Prima e dopo il ";"

possono essere indicate delle informazioni sul formato ed il colore del tratto (vedi guida);

2. viene inserita una griglia nel grafico;

3. viene inserito un titolo al grafico;

4. viene specificata la legenda per l'asse delle x;

5. viene specificata la legenda per l'asse delle y, nel caso di una matrice bidimensionale può essere utilizzato il comando `zlabel("string")` per specificare un nome da assegnare all'asse delle z;

6. mantiene il precedente plot e permette di aggiungere altri grafici;

7. vengono aggiunti i punti con il marcatore ∗, con il colore brown, e con la legenda "punti belli".

si otterrà il seguente grafico:

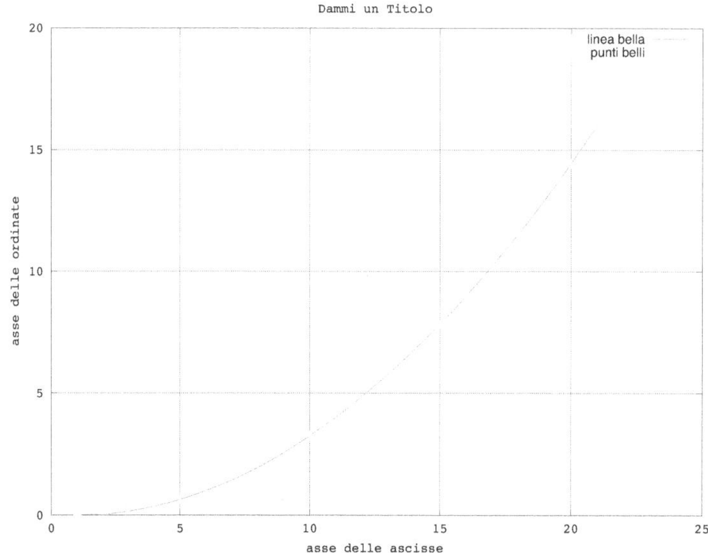

Altri tipi di marcatori per i dati sono: $"+" \Rightarrow "\times"$; $"*" \Rightarrow "o"$. Si possono utilizzare in seguito al simbolo:

simbolo	marcatore	numero	colore
∗	∗	1	red
+	+	2	green
o	△	3	blue
∧	×	4	magenta
−	line	5	cyan
v	□	6	white
h	∗	0	black

Per una lista più dettagliata delle opzioni e dei comandi si consiglia di consultare il manuale.

3.2.6 Inserimento di un grafico in un documento

Come inserire un grafico generato con octave all'interno di un documento OpenWriter.

Scrivendo i comandi:

```
octave:1> a=[1:10].*[1:10]
octave:2> plot(a)
octave:3> print -demf ''file.emf''
```

1. viene assegnato al vettore a i valori ottenuti moltiplicando per se stessi i primi 10 numeri naturali

2. viene rappresentata graficamente la spezzata che unisce i punti (j;a(j))

3. viene stabilito il formato e nome del file in uscita (per gli utenti windows il file viene memorizzato nella cartella c:\programmi\octave, per memorizzare il file in un'altra directory modificate il file di configurazione come specificato nella guida)

si ottiene il seguente grafico:

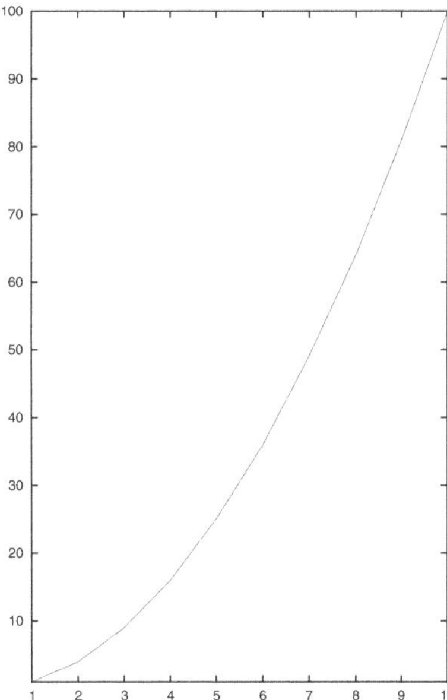

il file generato, ovvero file.emf, può essere inserito in un documento Libreoffice. Eseguite il pacchetto di videoscrittura di Libreoffice e cliccando sulla barra dei comandi:

$\boxed{inserisci} \rightarrow \boxed{immagine} \rightarrow \boxed{da\ file}$

selezionare il file dalla directory in cui è stato generato[3] selezionare il file e cliccare su ok.

Esistono vari formati di esportazione oltre il Microsoft Enhanced Metafile (emf), come il Postscript (ps), l'Encapsulated postscript (eps) e Scalable vector graphics (svg).

---

3 In unix la directory predefinita, in cui vengono riversate le immagini generate, è quella in cui si trovava la shell al momento del lancio del comando Octave, mentre in MS windows di default è c:\programmi\octave.

3.2.7 Generazione di un istogramma dato un set di dati

Un istogramma è uno strumento utilissimo in statistica quando si vuole osservare in che modo si distribuiscono una serie di misure. Un istogramma è un grafico che contiene nell'asse delle y il numero di misure che risultano avere valori compresi nell'intervallo $[x, x + \Delta x[$, mentre nell'asse delle x c'è il corrispondente intervallo $[x, x + \Delta x[$

```
octave:1> ata= [2,2.2,3,4,4.2,5,7,7,9,2,5,7,6,4,5,6,5]
octave:2> assex=[0:2:10]
octave:3> hist(ata,assex)
```

1.viene inizializzata la variabile ata contenente i dati sperimentali

2.vengono stabiliti 5 canali e quindi l'istogramma avrà una larghezza del canale pari a 2 unità

3.viene generato l'istogramma relativo ai dati.

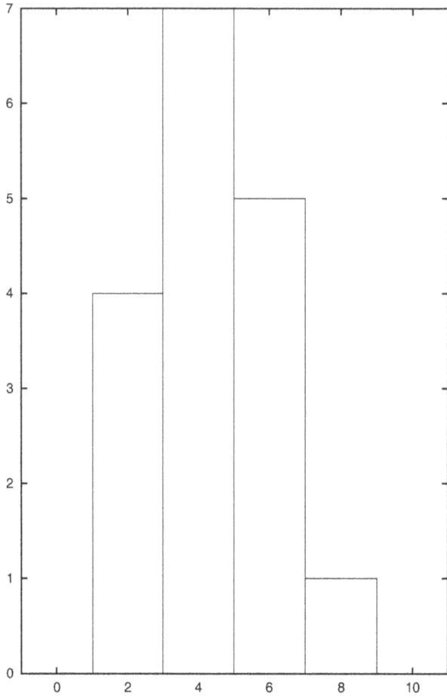

Aggiungendo i comandi

```
octave:4> set (gca(), ''xlim'', [0 , 10] )
octave:5> set (gca(), ''ylim'', [0 , 12] )
```

4.viene forzato l'intervallo delle x ai valori 0... 10

5.viene forzato l'intervallo delle y ai valori 0... 12

oppure con un unico comando

```
octave:4> set (gca(), ''xlim'', [0 , 10], ''ylim'', [0 , 12])
```

osservare i cambiamenti nel grafico...

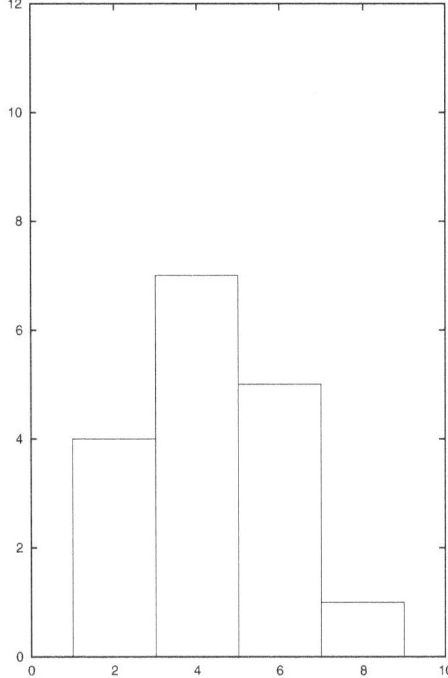

Se la chiamata alla funzione hist() è del tipo yh=hist(ata) viene restitui-
to l'array contente i valori che si collocano in ciascun canale. La rappresentazione grafica dell'istogramma si ottiene mediante il comando bar(yh).

La larghezza dei canali deve essere scelta in funzione dell'errore sperimentale.

3.2.8 Fit o regressione lineare di coppie dati sperimentali

Supponiamo aver raccolto una serie di N coppie di misure sperimentali x_i e
y_i con $i = 1 \ldots N$ e averle collocate in un grafico. È naturale cercare di capire
quale relazione lega gli elementi delle 2 coppie.

Uno strumento molto utile è la funzione polyfit.

Questa funzione restituisce i coefficienti del polinomio che minimizzano
la funzione:

$$\sum_{i=1}^{N} \left(p(x_i) - y_i\right)^2$$

ovvero la somma dei quadrati delle distanze tra i punti sperimentali ed il
polinomio:

$$p(x) = c_n \cdot x^n + c_{n-1} \cdot x^{n-1} + \ldots + c_0$$

Supponiamo ad esempio di aver raccolto una serie di dati sperimentali.
Attraverso la loro rappresentazione grafica la distribuzione dei dati sembra
lineare, ma se volessimo assicurarsene basta eseguire i seguenti comandi:

```
octave:1> x=[1 2.0 3.0 4.0 5.0 6.0 7.0 8.0 9.0]
octave:2> y=[1 2.1 2.9 3.8 5.1 6.2 7.0 8.1 8.9]
octave:3> n = 1
octave:4> [c,r]=polyfit(x,y,n)
```

1.viene inizializzata la variabile x contenente i dati sperimentali da porre
sull'asse delle x;

2.viene inizializzata la variabile y contenente i dati sperimentali da porre sull'asse delle y;

3.viene imposto che il polinomio abbia grado pari a 1, ovvero sia una retta;

4.vengono determinati i coefficienti della retta che meglio interpola i dati sperimentali.

Vengono restituiti i seguenti vettori:

c contiene i coefficienti del polinomio da quello di grado maggiore. Nel caso particolare si tratta del coefficiente della x e del termine noto: $y = 1.0033333 \cdot x - 0.0055556$

r si tratta di una struttura in cui sono contenuti alcuni parametri statistici tra cui: r.normr il cui valore prossimo a 1 garantisce che i dati sono realmente legati da una legge lineare; r.yf che contiene l'array dei valori teorici dati dal polinomio.

Il grafico che rappresenta i dati e la retta di interpolazione è il seguente:

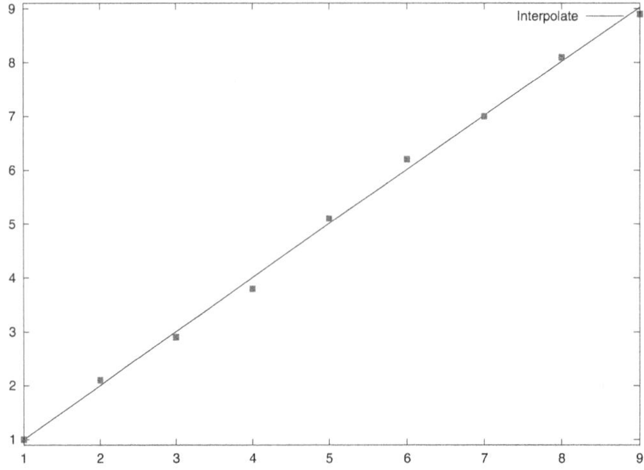

le istruzioni per rappresentarlo sono le seguenti:

```
octave:4> plot(x,y,''*'')
octave:5> hold on
octave:6> plot(x,r.yf,'';interpolate;'')
```

4. viene rappresentato il set dei dati, l'eventuale utilizzo dell'istruzione errorbar avrebbe permesso di visualizzare il margine di incertezza;

5. viene mantenuto il plot precedente;

6. viene aggiunto il grafico della funzione interpolante, la funzione precedente restituisce una struttura contenente il valore dei coefficienti del polinomio interpolante e la matrice dei valori interpolati;

Il grafico dei residui risulta:

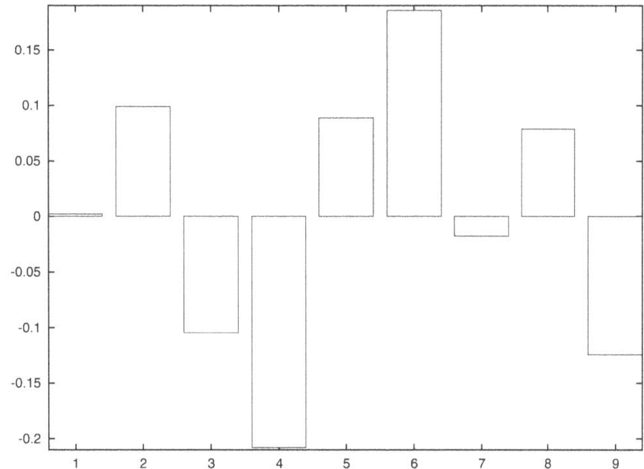

Questo grafico fornisce importanti informazioni sullo scarto esistente tra la funzione interpolata e i dati sperimentali, in particolare è possibile capire se i dati si distribuiscono casualmente intorno alla funzione interpolata o se esiste un altro effetto che si sovrappone a quello ipotizzato, oppure evidenziare se c'è qualche dato anomalo da scartare dall'analisi dati.

Le istruzioni da aggiungere sono le seguenti:

```
octave:7> hold off
octave:8> bar(x,y-r.yf,''w'')
```

7. viene data l'istruzione di eliminare il precedente plot;
8. viene rappresentato il plot dei residui senza riempimento (white).

3.2.9 Creazione della procedura per il fit lineare

Supponiamo che le librerie fornite da octave non ci soddisfino, e abbiamo la necessità di definire una funzione personalizzata, come ad esempio una funzione dedicata al fit lineare.

Deve trattarsi di una funzione che in ingresso prenda i valori contenuti nelle due variabili indicizzate x_i e y_i e restituisca in uscita un vettore con: il coefficiente angolare; l'intercetta; l'incertezza sul coefficiente angolare; l'incertezza sull'intercetta; il coefficiente di correlazione.

File testo da editare e salvare nella stessa directory di lavoro con nome: linfit.m è:

```
\% Questa funzione dati i due vettori x e y,
\% calcola i coefficienti della retta che minimizza
\% la distanza quadratica dai punti x y
\% x e y sono i vettori con le coordinate dei dati
\% b e a sono il coeff. della retta e intercetta
\% db e da le incertezze statistiche su b e a
\% r \'e il coefficiente di correlazione lineare
function [b,a,db,da,r]=linfit(x,y)
sx=size(x);
sy=size(y);
if (sx != sy) break; endif;
dn=sx(2)*sum(x.*x)-sum(x)*sum(x);
```

```
b=(sx(2)*sum(x.*y)-sum(y)*sum(x))/dn;
a=(sum(y)*sum(x.*x)-sum(x.*y)*sum(x))/dn;
s2=sum((a+b*x-y).*(a+b*x-y))/(sx(2)-2);
db=sqrt(s2*sx(2)/dn);
da=sqrt(s2*sum(x.*x)/dn);
r=sum((x-mean(x)).*(y-mean(y)))/sqrt(sum((x-mean(x)).*
(x-mean(x)))*sum((y-mean(y)).*(y-mean(y))));
endfunction
```

Ripetendo il fit dell'esempio precedente si ha la possibilità di valutare l'indeterminazione sui coefficienti. In appendice è stata estesa la precendente procedura, in modo da valutare analiticamente quali sono i punti che rispetto agli errori sperimentali risultano esterni al best fit.

```
octave:1> x=[1 2.0 3.0 4.0 5.0 6.0 7.0 8.0 9.0]
octave:2> y=[1 2.1 2.9 3.8 5.1 6.2 7.0 8.1 8.9]
octave:3> [b,a,db,da,r]=linfit(x,y)
octave:4> plot(x,x*b+a)
octave:5> hold on
octave:6> errorbar(x,y,y*.1)
```

1. Definisco i dati da porre in ascissa;

2. definisco quelli da porre in ordinata;

3. ottengo i coefficienti della retta e i parametri dell'interpolazione:

   $b = 1.00 \pm 0.02 \qquad a = 0.0 \pm 0.1$

   $r = 0.99894$.

4. rappresento la retta che interpola i dati sperimentali;

5. mantengo il precedente plot;

6. vi aggiungo i dati sperimentali ipotizzando per quelli delle ordinate un errore sperimentale del 10%.

Ottengo il seguente grafico:

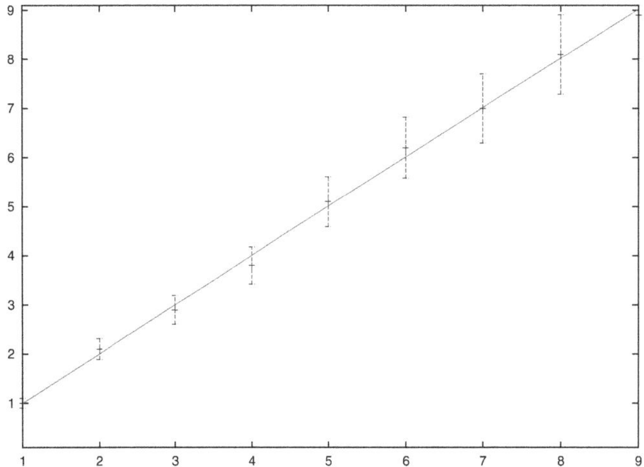

3.3 COMANDI E FUNZIONI FONDAMENTALI

Comandi base per l'ambiente octave:

history	`history -w nomefile`, permette di salvare la traccia di tutti i comandi editati. Se non viene impostato il "nomefile", la traccia dei comandi viene conservata in un file di default: .octave_hist. Il comando `history` n mi restituisce la lista degli ultimi n comandi eseguiti (se n non viene indicato viene restituita la lista degli ultimi 10 comandi).
diary	`diary on`, `off`, `nomefile`, permette di salvare la traccia di tutto quanto vedete nel vostro terminale.
more	`more on`, `off`. Di default è impostato su on, per disattivarlo occorre digitare `more off` e premere invio. Permette il paging dell'output che supera le dimensioni visibili nel terminale.
save	`save nomefile a b c`: le variabili a, b, e c vengono salvate nel file nomefile in formato binario.
load	`load nomefile`: carica in memoria le variabili conservate in un file binario chiamato nomefile. Se si dispone di dati registrati in un file testo, su n righe ed m colonne, l'istruzione `load nomefile.txt` genera la variabile matriciale "nomefile" di dimensioni $n \times m$.
whos	`whos.` restituisce le informazioni su tutte le variabili presenti in memoria (-variables) o sulle funzioni (-function).
exit	esce dal programma.

Funzioni elementari per vettori e matrici:

zeros	`zeros(n)` genera un array costituito da n elementi di default al valore 0.
ones	`ones(n)` genera un array costituito da n elementi di default tutti inizializzati al valore 1.
cat	`cat(nuovoarray,array1,array2,...)` concatena dei vettori.
+ .+ * .* / ./	operazioni algebriche tra array, o array e scalari ...
[n:m]	genera un array con valori compresi tra n e m
[n:step:m]	genera un array con valori compresi tra n e m con incremento step

Funzioni per la grafica:

title	`title(titolo)`: assegna un titolo al grafico
xlabel	`xlabel("etichetta")`: assegna una specifica all'asse delle x
ylabel	`xlabel("etichetta")`: assegna una specifica all'asse delle y

plot	`plot(a)`: genera un grafico in un piano x-y che rappresenta i ordinata i valori contenuti nel vettore a; `plot(b,a)` rappresenta un grafico con i ascissa i valori contenuti nel vettore b e in ordinata quelli contenuti nel vettore a; `plot(a,"r-")` rappresenta un grafico dove in ordinata sono contenuti i valori del vettore a e "r" genera il grafico di colore red e così "-" la linea di raccordo tra i punti sempre continua. I comandi `stairs` e `bar` generano un plot a barre.
contour	dato un vettore bidimensionale la funzione contour traccia delle linee di livello.
mesh	genera la rappresentazione grafica di una matrice bidimensionale
clearplot	pulisce la finestra grafica
closeplot	chiude la finestra grafica
set	forza dei parametri grafici. In particolare la chiamata effettuata con la seguente sintassi: `set (gca(), "xlim", [min , max] )` permette di variare la scala dei valori sull'asse delle x (analogamente sostituendo la x con y, o con z, forza la scala sull'asse y o sull'asse z).
hold on	stabilisce di conservare il plot precedente per sovrapporre i successivi plots.
hold off	stabilisce di cancellare il precedente plot con quelli successivi.

Comandi per l'esportazione dei grafici:

print	La chiamata al comando deve essere effettuata con la seguente sintassi: `print -dfmt nome.ext`. Dove fmt stabilisce il tipo di output grafico. Esistono i seguenti formati di esportazione: *emf* (importabile come disegno all'interno di una relazione scritta in Libreoffice); *cgm* (importabile come immagine all'interno di una relazione scritta in MsWord); *png* (importabile come immagine all'interno di una relazione scritta in MsWord); *eps*, per chi deve agganciarlo ad un documento generato con LaTex; *dxf* per autocad; *cdr*; supportato da CorelDraw; *gif* un formato di immagini tra i più diffusi; *ps* postscript; *svg* scalable vector graphics, un formato di disegno vettoriale utilizzabile nelle pagine web. mentre nome.ext definisce il nome del file grafico e la sua estensione. Si consiglia di aggiungere l'estensione pertinente al tipo di file generato

Funzioni statistiche:

statistics(a)	Si tratta di una funzione che dato il vettore a restituisce in uscita un altro vettore v.
	Da sottolineare i seguenti elementi di questo vettore:
	v(3) è la mediana;
	v(4) è il massimo valore;
	v(5) è il valore medio;
	v(6) è la deviazione standard.
	Ciascuno di questi valori è calcolabile richiamando le singole funzioni.
	Ad esempio *mean(a)* restituisce il valore medio.
polyfit(x,y,n)	La chiamata per questa funzione è la seguente: [c,r]=polyfit(x,y,n).
	Dati i vettori x,y ed il grado del polinomio, n, restituisce in uscita:
	c è un vettore contenente i coefficienti del polinomio di grado *n*;
	r è una struttura contenente i seguenti campi:
	R Il fattore di Cholesky della matrice di Vandermonde usata per calcolare i coefficienti del polinomio;
	X La matrice di Vandermonde usata per calcolare i coefficienti del polinomio;
	df il numero di gradi di libertà;
	normr la norma dei residui;
	yf i valori del polinomio per ciascun valore di x.
	Per l'utilizzo delle strutture si rimanda alle informazioni presenti nella guida

Nella passione per l'informatica, alcuni allievi potrebbero appassionarsi all'uso di questo software footnotetextSi lascia allo studente l'approfondimento autonomo, ed in particolare ricercare nel manuale allegato, i comandi e le funzioni indicate, al fine di comprendere meglio i margini di applicabilità., ma è importante sottolineare che il suo uso non costituisce il fine del lavoro, ma il mezzo per analizzare dei dati sperimentali, rappresentarli graficamente e facilitare la comprensione dei risultati ottenuti.

3.4 ALTRI UTILI STRUMENTI

Oltre ai citati Octave e Libreoffice esistono utili software per la sistemazione e l'organizzazione dei dati. Fornisco i nomi e una breve descrizione d'uso.

Xfig: Si tratta di un software per il disegno vettoriale. È utile per organizzare delle immagini o dei testi all'interno di diagrammi complessi. Nelle librerie sono contenuti dei grafici vuoti (charts) che stampati permettono di disporre di un diagramma in cui posizionare le misure sperimentali. Octave può stabilire l'output grafico fig[4], che è compatibile con questo software.

---

4 print -dfig nomefile.fig

Gimp: È un software dedicato all'elaborazione delle immagini. Possiede molti filtri e strumenti per manipolare le immagini. Nella sezione dedicata alle esperienze ne vedremo l'impiego per lo studio delle foto digitali di alcuni fenomeni fisici.

Avidemux: È un software che consente l'acquisizione video , il salvataggio di singoli fotogrammi e le relative informazioni sul tempo.

Draw: È uno dei pacchetti che compongono Libreoffice e permette la costruzione di ottimi disegni in grafica vettoriale esportabili in diversi formati.

calc: È uno dei pacchetti che compongono Libreoffice e permette di lavorare con fogli di calcolo.

3.5 ESERCIZI

1. Gli alunni della classe dicano la propria altezze (± 1.0cm) per coloro che non sapessero esattamente la propria altezza si confrontino con quelli di altezza nota e dicano la propria presunta altezza ($\pm 1\%$). Determinare l'altezza media degli alunni che compongono la classe. Rappresentare graficamente le altezze degli alunni secondo l'ordine del registro di classe. Rappresentare graficamente quanti hanno altezze comprese nei seguenti intervalli:

V	155-159	160-164	165-169	170-174	175-179	180-184	185-189
$\mathcal{F}$							

Provate a ricalcolare la media degli alunni utilizzando la media pesata con l'inverso dell'errore (ovvero dando maggiore peso alle misure con minore errore). Dicesi media pesata o ponderata:

$$\overline{x} = \frac{\sum_{i=1}^{N} x_i/(\delta x_i)^2}{\sum_{i=1}^{N} 1/(\delta x_i)^2}$$

2. Dato il vettore $V = [10, 9, 12, 9, 11, 11, 10, 10, 11, 9, 10, 10, 9, 8, 10, 10]$, con l'uso di octave determinare il valor medio, creare il grafico che contiene i valori di V con una barra di errore pari al 10% del valore misurato, salvare il grafico ottenuto nel formato emf, e inserirlo in un documento di testo vuoto generato da Libreoffice.

3. Utilizzando il vettore dell'esercizio precedente, con l'uso di octave, generate un istogramma in cui la larghezza dei canali sia pari a una unità. Salvate il grafico nel formato che ritenete più adeguato per l'invio attraverso posta elettronica. Spedite mediante email il file ottenuto all'indirizzo di posta elettronica del vostro docente.

4. Riprodurre, utilizzando octave e facendo ricorso all'ausilio della relativa guida in appendice , il seguente grafico

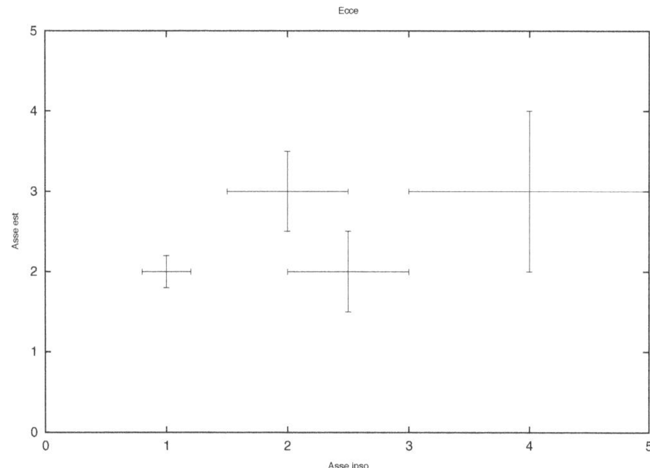

5. Data la seguente tabella di misure spazio-tempo effettuate da un osservatore e i relativi errori sperimentali associati alla misura:

n mis	1	2	3	4
s (km)	0.000±0.001	3.12±0,02	6.32±0,03	6.46±0,04
t (min)	0.000±0.001	1.12±0,03	2.26±0,05	3.03±0,03
n mis	5	6	7	8
s (km)	5.68±0,03	4.84±0,06	4.57±0,03	3.25±0,02
t (min)	3.81±0,02	4.54±0,02	5.75±0,01	6.52±0,01

Fate i seguenti grafici, con la relativa barra di errore:

a) in x il numero della misura e in y lo spazio

b) in x il numero della misura e in y il tempo

c) in x il numero della misura e in y lo spazio e la relativa barra di errore

d) in x il numero della misura e in y il tempo e la relativa barra di errore

e) in x il tempo e in y lo spazio

f) in x il tempo con la relativa barra di errore e in y lo spazio con la relativa barra di errore

g) in x il tempo in secondi e in y lo spazio in metri

h) in x il tempo in secondi con la relativa barra di errore e in y lo spazio in metri con la relativa barra di errore

6. Adelfio e Giasone, prima di cominciare una corsa, stanno misurando il percorso da compiere lungo una pista circolare. Ciascuno di loro indipendentemente esegue alcune misure del tragitto, percorrendolo alla stessa distanza dal bordo della pista, al fine di ottenere un valor medio che statisticamente meglio rappresenti la lunghezza effettiva della pista. Le misure vengono riportate nella medesima tabella e sono soggette allo stesso errore valutato in circa 25 m. Le misure in chilometri sono le seguenti:

10.06	10.21	10.41	10.47	10.19	10.49
10.22	10.37	10.12	10.14	10.16	10.54
10.51	10.26	10.58	10.17	10.18	10.48

a) Determinate la lunghezza media della pista

b) Adelfio decide di costruire da queste misure un istogramma con $x \in [10.05, 10.60]$ con $\Delta x = 0.05$ e si accorge di una stranezza. Quale?

c) I due ragazzi decidono quindi di ripercorrere insieme la pista per simulare un'altra misura e Adelfio e Giasone di cosa si accorgono?

7. Ad un artista viene commissionato il seguente lavoro: riprodurre sul pavimento di una delle sale di una villa un mosaico ispirato ad un'opera d'arte astratta nella quale sono utilizzati solo 4 colori: verde (g), giallo (y), rosso (r) e blu (b). L'artista al fine di determinare il preventivo migliore si affida a un tecnico. Il tecnico studiando l'opera si accorge che l'artista non ha lasciato nulla al caso, ciascun componente di colore occupa esattamente la seguente percentuale d'area: 15% (g), 35% (y), 40% (r), 10% (b). Da un sopralluogo effettuato ha ricavato, mediante un decametro (errore massimo 0.5 cm) che l'area rettangolare in cui rappresentare l'opera ha le seguenti misure: 4.215 x 3.133 metri. Ciascuna tessera colorata è realizzata con pietre piuttosto costose delle dimensioni esatte di 0.5 x 0.5 cm. Considerato il costo rilevante delle tessere del mosaico il preventivo dovrà contenere con la maggior esattezza possibile il numero di tessere. Non si può rischiare né l'esubero eccessivo, visto il costo del minerale, né il difetto di colore, in quanto ciascuna partita di minerale presenta delle variazioni cromatiche e un successivo ordine non garantirebbe lo stesso colore.

a) Determina quante tessere di ciascun colore sono necessarie nell'ipotesi migliore e in quella peggiore.

b) Scrivi la relazione che il tecnico dovrebbe consegnare all'artista.

8. Creare con xfig un chart lineare vuoto stamparlo e posizionare manualmente in ordinata le distanze dei pianeti e in ascissa il numero corrispondente al pianeta. Provare a ripetere lo stesso grafico dove l'ordinata è in scala log. Rifate lo stesso esercizio con octave e poi restituite l'output in formato fig e in emf.

La strumentazione necessaria a svolgere gli esperimenti di seguito proposti per il laboratorio è la seguente: personal computer, riga, calibro, cronometro, dinamometro, una bilancia da cucina, termometro, multimetro digitale; laser per presentazioni; una videocamera digitale e di una macchina fotografica digitale.

Il materiale necessario per svolgere le esperienze verrà indicato in dettaglio per ogni esperienza.

La strumentazione in genere è di facile reperimento. Esistono buone ed economiche alternative agli strumenti professionali che risultano altrettanto valide. In questo contesto è importante validare il metodo di lavoro. Per fare un paragone: non è necessario ed utile per imparare a guidare un'auto sportiva, per iniziare può bastare una semplice e vecchia utilitaria.

Il costo di questi strumenti e materiali, escludendo la videocamera, la macchina fotografica digitale e il PC, non dovrebbe superare i 100 €.

4.1 DESCRIZIONE DEGLI STRUMENTI

Gli strumenti di misura possono fornire due tipologie di informazioni: analogico e digitale.

Uno strumento analogico fornisce il valore della misura attraverso un puntatore posto su una scala graduata. L'errore di lettura è pari a $\pm$ metà del valore racchiuso tra due tacche adiacenti quando le due tacche sono ben leggibili e separate, in caso contrario l'errore di lettura viene assunto pari al valore compreso tra due tacche adiacenti, ovvero il doppio del precedente.

Uno strumento digitale fornisce il valore della misura attraverso un display costituito da un certo numero di cifre. L'errore di lettura, se non specificato diversamente, è pari a $\pm$ l'ultima cifra stabile fornita dallo strumento.

Gli strumenti di misura spesso vengono corredati da una scheda informativa che specifica come calcolare l'indeterminazione sulla misura.

4.1.1 La riga

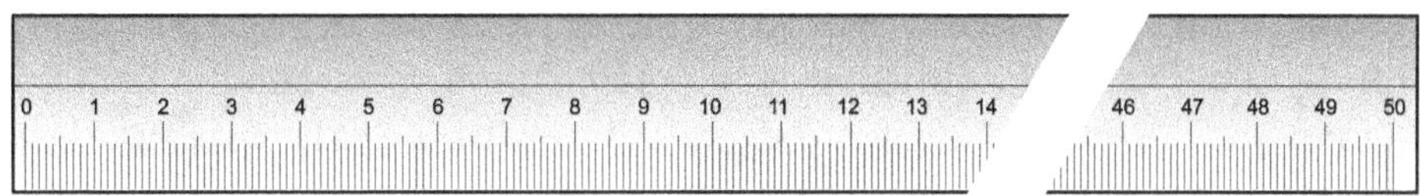

Una comune riga da 50 cm possiede un errore di lettura pari a $\pm$ 0.5 mm. L'errore massimo dello strumento è solo quello di lettura che si può assumere pari a metà della distanza tra due tacche contigue.

4.1.2 Il calibro

Il calibro è uno strumento che può essere schematizzato come in figura:

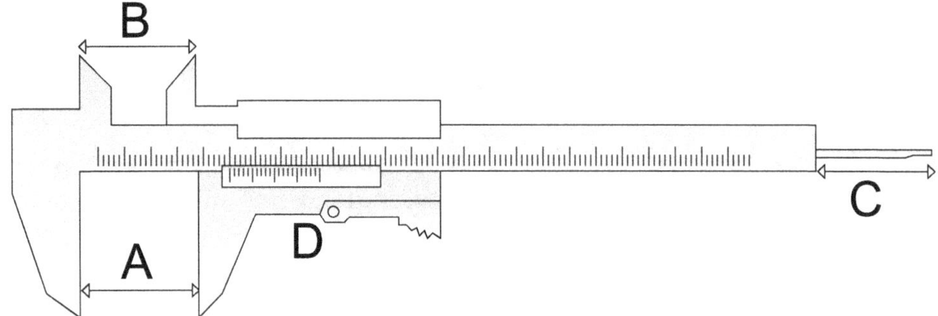

Esistono varie versioni di questo strumento. In commercio si trovano calibri con un display a lettura digitale. Noi ci limiteremo a spiegare il funzionamento di quello tradizionale, in quanto, a parità di costi, tra uno di scarsa qualità digitale e uno buono meccanico non ci sono dubbi sulla scelta di quest'ultimo.

Il calibro può fare 3 tipi di misure: esterne (A), interne (B) e di profondità (C) mediante il cursore mobile (D).

La lettura dello strumento viene effettuata attraverso il confronto dei due righelli contrapposti posti, uno nel cursore mobile e l'altro sull'asta fissa. In particolare il righello mobile, noto anche come "nonio", possiede 20 (o 10) tacche di ampiezza leggermente minore, 1/20 (o 1/10) di mm in meno, rispetto al righello fisso.

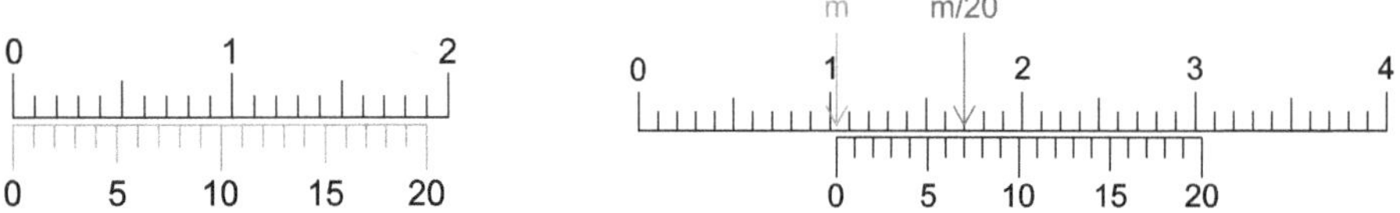

Quando vengono serrati gli estremi A, B o C, a seconda del tipo di misura da effettuare, la lettura del valore deve essere fatta nel seguente modo: leggere M, che è il valore letto sul righello fisso in corrispondenza dello zero del righello mobile senza decimali, e sommare m/20 letto nel righello mobile, dove m è il numero della tacca del righello mobile che coincide esattamente con quella del righello fisso.

Nella figura sopra, a sinistra, è illustrato il righello fisso e quello mobile quando il calibro è chiuso, mentre a destra stiamo effettuando una misura: M=1, quindi 1.0 cm, mentre m=6, quindi 6/20 mm. La misura vale: $x = (10$ mm $+6/20)$ $mm \pm 1/20$ $mm = 10.30 \pm 0.05$ mm

4.1.3 Cronometro

I tipi di cronometro più diffusi, e anche più economici, presenti in commercio sono quelli digitali. L'acquisto di un cronometro per gli scopi di questo libro mi sembra eccessiva. Per quanto richiesto dagli esperimenti illustrati in questo libro può essere sufficiente anche la funzione di cronometro inserita in alcuni orologi o anche in dei cellulari, l'unica cosa da accertarsi è la facilità di accesso per lo start o lo stop. L'errore commesso da questi strumenti è dato dall'errore di lettura sommato al tempo di risposta dell'osservatore, che può essere ragionevolmente valutato in 1/5 sec.

4.1.4 Il dinamometro

Il dinamometro è uno strumento costituito da una molla e da un indicatore. Viene utilizzato per misurare la forza, ma l'uso può essere esteso alla misura del peso, ovvero può essere usato in vece di bilancia.

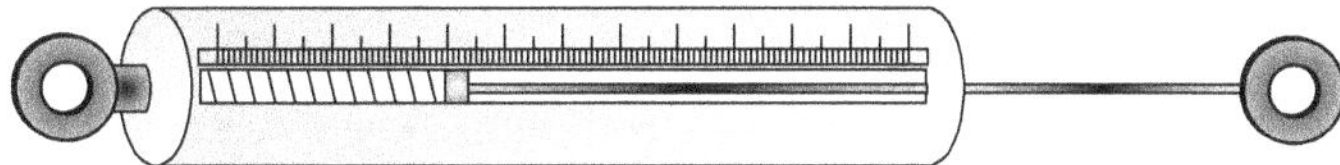

La misura è soggetta all'errore di lettura[1].

4.1.5 La bilancia

La bilancia è uno strumento di facile reperibilità. Serve a misurare una grandezza cui molto spesso facciamo riferimento: il peso. Esistono delle ottime bilance digitali con portata max 5kg e una sensibilità di 1 gr che possono essere acquistate con cifre relativamente modeste.

4.1.6 Il termometro

Esistono in commercio sia termometri digitali che termometri analogici. Per i nostri scopi può bastare un termometro che abbia una scala da 0 °C a 50 °C, con una sensibilità di 0.3 °C.

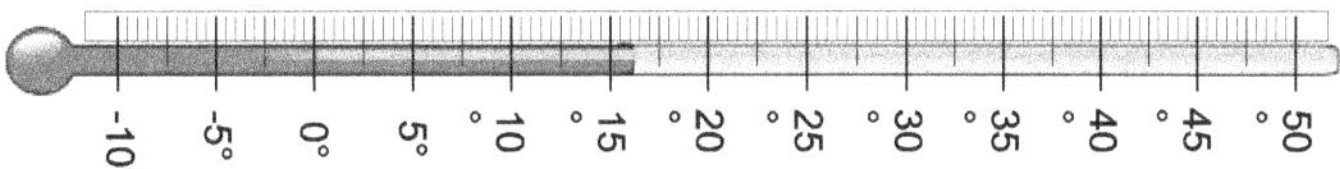

4.1.7 Il multimetro

I multimetri più economici e precisi sono quelli digitali. Ne esistono discreti al costo di pochi euro, per i nostri scopi basta uno strumento che misuri: resistenza, tensione e corrente, il resto delle possibili funzioni rappresenta un inutile aggravio nei costi di acquisto.

Un multimetro, come illustrato in figura, è costituito dalle seguenti parti:

---

1 Resta valido il discorso fatto a proposito della lettura della misura nella scala graduata di un righello.

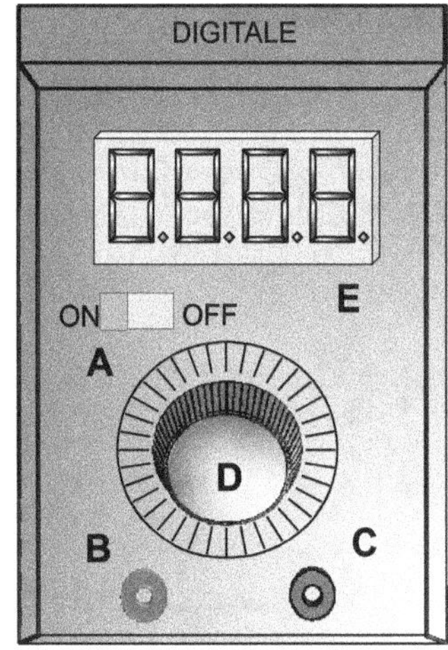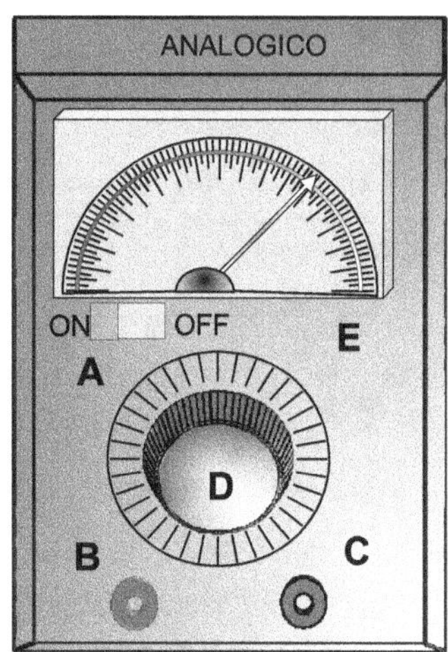

A pulsantino: accensione e spegnimento;

B, C connettori in cui inserire due cavi dello stesso colore (rosso=anodo, nero=catodo) con due terminali metallici, detti puntali, che vanno posti dove si vuole effettuare la misura;

D commutatore: stabilisce cosa misurare (volts, ampere, ohms) e la portata dello strumento.

E display: viene visualizzato il valore della misura. Dato uno strumento digitale, l'errore massimo è pari all'ultima cifra stabile fornita dallo strumento, mentre se ho uno strumento analogico l'errore massimo è pari l'errore di lettura.

4.1.8 La macchina fotografica

La macchina fotografica è uno strumento che, malgrado si pensi spesso all'uso ludico, da anni viene usato nel campo scientifico; basti pensare alle foto dei pianeti, alle tracce delle particelle nucleari ...

Si tratta di uno strumento relativamente costoso, ma attualmente anche i cellulari vengono corredati con ottime macchine fotografiche. Faccio notare che questo tipo di apparecchio permette di ottenere foto nitide se la scena in cui si svolge il fenomeno è bene illuminata. Per gli esperimenti da svolgere in laboratorio basta una macchina fotografica digitale da almeno 3Mpx. Le foto ottenute in formato digitale sono immediatamente visionabili.

4.1.9 La videocamera digitale

La videocamera digitale è uno dei prodotti tecnologici più utilizzati in campo domestico e familiare. Attualmente esistono anche dei buoni cellulari in grado si effettuare delle buone riprese.

Si tratta di un prodotto relativamente costoso che, oltre l'aspetto ludico, può essere utilizzato in molti campi della scienza e della ricerca. Le videocamere presenti in commercio sono in grado di registrare il video direttamente in formato digitale mediante un supporto flash, magnetico o ottico. In ogni casi deve essere possibile trasferire il filmato al PC. Attraverso quest'ultimo è possibile effettuare una analisi dettagliata dei fenomeni registrati. Faccio notare che questo tipo di apparecchio permette di ottenere fermi immagini nitide solo se la scena in cui si svolge il fenomeno è bene illuminata.

4.1.10 Il personal computer

Il personal computer o PC, malgrado sia praticamente indispensabile per l'analisi dei dati, non è necessario che sia l'ultimo ritrovato della tecnologia, basta un modesto pc; una porta USB libera; un disco fisso con spazio necessario per i seguenti pacchetti: Libreoffice, avidemux, gimp, Esistono anche degli ottimi ed economici portatili con queste caratteristiche.

Come sistema operativo, onde evitare difficoltà logistiche legate alle licenze del software, è consigliabile disporre di una qualsivoglia distribuzione di Linux. L'utilizzo di questo s.o. potrà lasciare perplessi i non addetti ai lavori, ma nei più importanti centri di ricerca, che impiegano grossi elaboratori, viene utilizzato come sistema operativo Unix (di cui Linux è una variante), inoltre l'uso di questo sistema permette l'utilizzo libero di alcuni software opensource come: octave, gimp, xine, avidemux, Libreoffice ...

L'impiego di software proprietari è subordinato all'acquisto di licenze, il cui costo spesso oltrepassa abbondantemente il costo dello stesso computer. Faccio osservare che obbligatoriamente ogni software installato sul PC, compreso il sistema operativo, deve essere fornito di relativa licenza. Anche il software fornito ad uso gratuito si attiene a dei termini di licenza: alcune distribuzioni di linux, Libreoffice, xine, gimp, avidemux e octave si attengono alla GNU Free Documentation License o alla GPL.

4.2 RELAZIONI DI LABORATORIO

In base al tipo di esperimento svolto la relazione potrà presentare parti più estese rispetto ad altre. È importante che invece sia chiaro e ben esplicitato il fine e il modo cui viene svolta ciascuna esperienza. La relazione finale sul lavoro svolto dovrà essere composta dalle seguenti sezioni:

1. **Premessa:** deve documentare in modo sintetico gli elementi teorici che giustificano l'esperimento.

2. **Titolo:** deve riassumere in forma molto sintetica l'obiettivo dell'esperimento.

3. **Obiettivo:** viene riassunto lo scopo e l'attesa dell'esperimento.

4. **Strumentazione:** devono essere descritti gli strumenti utilizzati e le relative caratteristiche.

5. **Materiali:** deve essere fornita una descrizione sui materiali utilizzati.

6. **Descrizione:** deve essere descritto dettagliatamente come è stato preparato e condotto l'esperimento, anche con l'ausilio di schemi, disegni e foto.

7. **Misure:** viene esplicitato come sono state ottenute le misure e le relative tabelle numeriche dei dati, che vanno sempre allegate alla relazione, in quanto costituiscono il punto di partenza dell'esperimento.

8. **Analisi dei dati:** vengono descritte le modalità di analisi dei dati. È necessario allegare anche il log ricavato da octave per comprendere in che modo è stata effettuata l'analisi dei dati e dove necessario aggiungere il relativo commento esplicativo.

9. **Risultato:** vengono commentati i risultati raggiunti e vengono proposte le ipotesi plausibili che siano conformi con i risultati ottenuti. Affinché un risultato sia accettabile occorre che la verifica sperimentale sia vera entro la barra d'errore, ovvero l'intervallo entro cui si trova il valore ottenuto $[v - \Delta v, v + \Delta v]$ confrontato quello del valore previsto $[p - \Delta p, p + \Delta p]$ diano una intersezione non nulla.

$$[v - \Delta v, v + \Delta v] \cap [p - \Delta p, p + \Delta p] \neq \varnothing$$

Tutte le bozze delle relazioni è auspicabile che siano in formato DIGITALE[2] al fine di poter operare le opportune correzioni ed eventualmente inserite in una piattaforma di rete o spedite via email, mentre nella forma definitiva è auspicabile una copia CARTACEA. È indispensabile disporre di un Personal Computer con installato Linux[3], un imac oppure windows e possibilmente disporre di una videocamera digitale, anche quella sullo smartphone va benissimo.

In base al tipo di esperimento svolto la relazione potrà presentare parti più estese rispetto ad altre. È importante che invece sia chiaro e ben esplicitato il fine di ciascun esperienza, le modalità di svolgimento, la modalità di valutazione degli errori sperimentali associati alle misure e il risultato ottenuto deve possedere i limiti sperimentali di verifica.

Alla fine del capitolo è proposto un possibile modello di relazione.

4.3 ESERCIZI

1. Prendete una riga e determinate la superficie occupata dalla copertina del vostro libro di testo.

2. Con un calibro misurate le dimensioni di una matita e calcolatene il volume.

3. Dato un calibro e una riga determinate il volume del ripiano del vostro banco. Quanti litri di acqua potrebbe contenere uno stesso volume?

4. Con un goniometro misurate l'angolo formato dall'ombra del vostro banco con il piano orizzontale.

---

2 deve essere consegnato su un supporto: un file .odt creato da Libreoffice contenente la relazione e i grafici; il file di log di octave che contiene le istruzioni date al software per analisi dei dati (vedi comando diary)

3 Esistono varie versioni di Linux, tra queste le più complete e aggiornate sono OpenSuse, Fedora, Debian e Ubuntu

5. Con un bilancia pesate il vostro libro di testo, con un righello determinate la dimensione dei lati, e quindi il volume. Trovate il peso specifico, dato dal rapporto tra peso e volume.

6. Con uno strumento in grado di effettuare delle foto digitali (macchina fotografica, cellulare, videocamera...) scattate la foto alla porta della vostra aula, avendo cura di porre in un punto qualsiasi della porta un riferimento di lunghezza nota (ad esempio un foglio di carta formato A4). Trasferite il file al PC e con l'aiuto di gimp determinate il rapporto tra le dimensioni dei lati della porta. Controllate il risultato con il rapporto dei lati misurato direttamente. Provate a effettuare la foto da angolazioni diverse. Conoscendo la posizione dello strumento rispetto alla porta possibile correggere l'errore sistematico?

7. Con una videocamera fissata in una data posizione, registrate un piccolo video in cui un vostro compagno muove una pallina tenuta in mano. Trasferite il filmato sul PC. Scegliendo alcuni fotogrammi, registrate le coordinate della posizione della pallina e il tempo, calcolate la distanza dall'origine delle coordinate del punto. Rappresentate graficamente la posizione relativa all'origine delle coordinate in funzione del tempo. Rappresentate la velocità media tra due rilevazioni della pallina in funzione del tempo e quindi l'accelerazione media in funzione del tempo.

8. Pesate oggetti di uso quotidiano con il dinamometro e la bilancia (se avete più strumenti usateli tutti, fin dove permesso la portata dello strumento, su oggetti diversi), verificate quali strumenti forniscono le migliori[4] stime.

---

[4] Con il minor errore relativo.

RELAZIONE DI LABORATORIO DI FISICA

Premesse teoriche necessarie:

Obiettivo dell'esperimento:

Materiali e strumentazione necessaria:

Schema dell'esperienza (e/o foto) con relativa descrizione:

Tabella/e delle misure:

Analisi dati (grafici, analisi statistica, propagazione degli errori...):

Valutazione dei risultati ottenuti e commenti:

Data ____/____/______   CLASSE ________

COMPONENTI DEL GRUPPO

____

____

____

____

5 |

ESPERIENZE PROPOSTE

Questo capitolo si propone di analizzare alcuni semplici fenomeni fisici, realizzabili con materiali di uso quotidiano e con strumentazione di facile reperimento. Le esperienze proposte hanno lo scopo di guidare il lavoro laboratoriale, ma non di forzarlo, anzi lo studio di altri fenomeni o le varianti di quelle proposte fatto in modo autonomo è certamente utile per ottimizzare l'apprendimento della fisica sperimentale. La maggior parte delle esperienze proposte può essere utilizzata nell'ambito di progetti in qualità di "didattica della scienza" a cui attualmente si cerca di dare maggior spazio nell'ambito scolastico. Le esperienze proposte, non sono ordinate per difficoltà di esecuzione e preparazione, ma sono suddivise per temi.

Ξ Misurazione:

1. Volume di un corpo di forma irregolare: attraverso l'immersione in un liquido. ($F.Mb.f.p_1s_1$)

2. Somma di grandezze vettoriali ($E.Mb.c.p_2s_1$).

3. Altezza del sole ($O.Ms.m.p_1s_1 \times n$).

4. Raggio della terra (Esperienza di Eratostene) ($F.Me.m.p_2s_1 \times n$).

5. Determinazione statistica di π ($E.Sb.f.p_1s_2$).

6. Grammatura delle pagine di un libro ($F.Ms.f.p_1s_2$).

Ξ Meccanica:

7. Pendolo galileiano I: determinazione dell'accelerazione di gravità ($E.Is.f.p_1s_2$).

8. Pendolo galileiano II: determinazione della legge sperimentale esistente tra periodo e lunghezza ($E.Is.f.p_1s_3$).

9. Moto parabolico di un proiettile lanciato con una data inclinazione verso l'alto ($O.Sa.m.p_1s_1$).

10. Molle: determinazione della costante elastica di una molla autocostruita ($O.Ms.c.p_3s_1$).

11. Oscillatore armonico: determinazione relazione periodo-massa ($O.Ms.m.p_1s_1$).

12. Attrito I: attrito radente. Verifica dell'indipendenza dell'attrito dall'estensione superficie di contatto ($O.Ms.c.p_3s_1$).

13. Attrito II: attrito viscoso ($O.Me.c.p_2s_1$).

Ξ Fluidi:

14. Spinta di Archimede ($O.Ms.c.p_2s_2$).

Ξ Termodinamica:

15. Equazione di stato dei gas perfetti: isocora ($O.Is.m.p_3s_1$).

16. Equazione di stato dei gas perfetti: isoterma ($O.Is.c.p_3s_1$).

17. Curva di raffreddamento ($O.Sc.m.p_1s_3$).

18. Calore specifico di un corpo solido ($O.Ms.m.p_3s_2$) .

19. Costruzione e taratura di un calorimetro non ideale ($O.Ia.m.p_1s_2$).

20. Calore specifico di un corpo mediante un calorimetro non ideale ($O.Ia.m.p_1s_3$).

Ξ Elettromagnetismo e ottica:

21. Caratteristica di un potenziometro tipo A e tipo B ($O.Ss.m.p_2s_2$).

22. Caratteristica di una lampadina ($O.Sc.m.p_2s_2$).

23. Resistività ($O.Mb.m.p_2s_1$).

24. Legge della rifrazione ($O.Is.m.p_1s_2$).

La dovuta importanza di mettere il massimo impegno e attenzione alla messa a punto delle esperienze, al fine di non invalidare il risultato, mi ha condotto a proporre uno schema in grado di guidare l'insegnante in quelle esperienze che meglio possano essere calibrate al tipo di gruppo classe di lavoro.

Nella precedente lista delle esperienze sono stati aggiunti degli indicatori per valutare le difficoltà intrinseche per la realizzazione dell'esperienza.

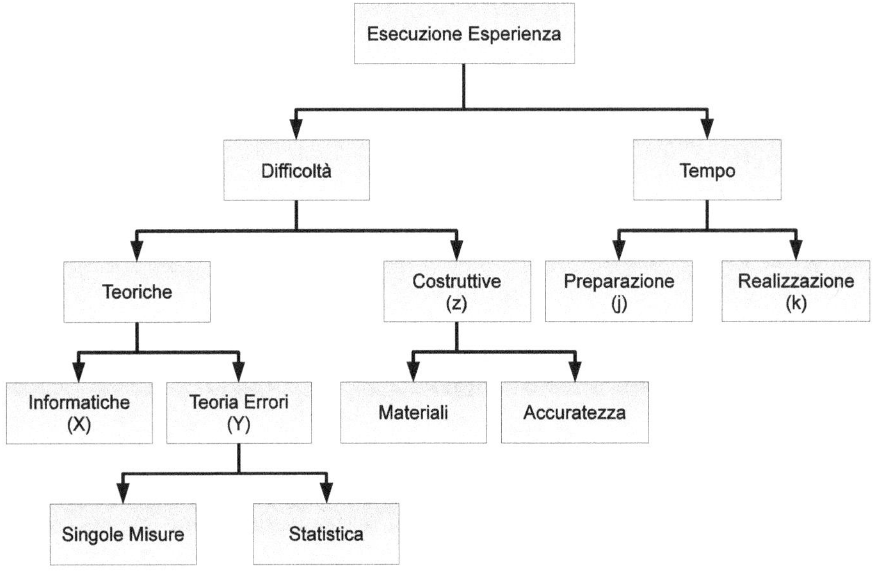

Figura 1: Diagramma di flusso indicatori

Ogni titolo viene corredato con una sigla del tipo: X.Yy.z.jk

Il significato di ciascun elemento della sigla si richiama al diagramma logico precedente. La legenda è la seguente:

X Software utilizzabile per l'analisi dei dati: può bastare un comune foglio di calcolo (F) oppure è richiesto octave (O).

Y Sono sufficienti le conoscenze relative alla propagazione errori massimi e relativa propagazione degli errori (M), o sono necessarie quelle di statistica e propagazione relativi errori (S) o entrambe le tipologie di errori (I);

y relativo livello di conoscenza e approfondimento della teoria degli errori: base (b); sufficiente (s); esperto (e); avanzato (a).

z Difficoltà intrinseche nella realizzazione e messa a punto dell'esperienza: facile (f); media (m); complessa (c).

j Tempo indicativo (in ore) richiesto per la preparazione dell'esperimento: da 0 a 1 ora, p_1; da 1 e 2 ore, p_2; da 2 a 3 ore, p_3.

k Tempo indicativo (in ore) richiesto per lo svolgimento dell'esperimento: da 0 a 1 ora, s_1; da 1 e 2 ore, s_2; da 2 a 3 ore, s_3.

5.1 VOLUME DI UN CORPO SOLIDO DI FORMA IRREGO-LARE

- **Obiettivo:** Determinare il volume fisico di un corpo solido di forma irregolare, che immerso in acqua non subisca delle trasformazioni chimiche o fisiche (sciogliersi, combinarsi ...)

- **Strumentazione:** Un calibro.

- **Materiali:** Un contenitore di vetro di forma cilindrica, un corpo di forma irregolare che possa essere introdotto nel cilindro, un pennarello a punta sottile che possa scrivere anche sul vetro e dell'acqua.

- **Descrizione:** Basandosi sull'apparente aumento di volume subito dall'acqua a causa dell'immersione del corpo ci proponiamo di misurare il volume del corpo. Prendiamo un corpo di forma irregolare e un cilindro di vetro che lo contenga. Valutiamo l'altezza che dovrà raggiungere il liquido e togliamo il corpo da contenitore. Mettiamo l'acqua fino a raggiungere un certo livello segniamo questo valore con un pennarello sottile.

  Per determinare il volume del corpo due misure: il diametro interno del cilindro e l'aumento apparente del livello del liquido subito a causa dell'immersione del corpo.

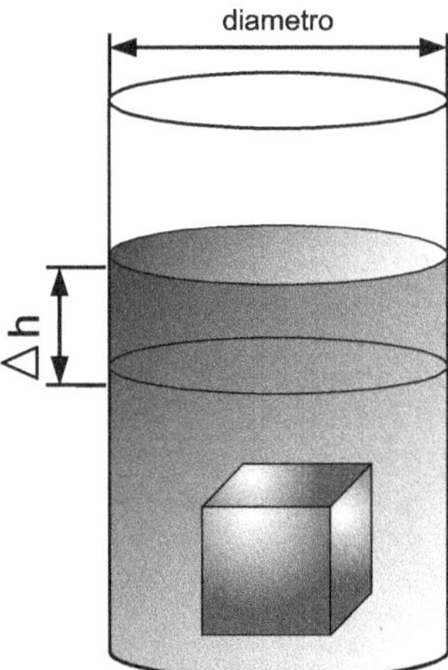

Figura 2: Variazione di livello di un liquido a causa dell'immersione di un corpo solido.

Preparate una tabella come segue:

Diametro Interno Cilindro =	$\pm$
Variazione di altezza liquido =	$\pm$

- **Misure:**

  - Misurate con il calibro le dimensioni interne del cilindro (D).

  - Riempite il cilindro fino ad una certa altezza, valutando che l'immersione del corpo non possa determinare il travaso dell'acqua e che si conservi la forma cilindrica del contenitore dove si misura l'aumento di altezza del livello dell'acqua.

- Segnate sulla superficie del cilindro di vetro, con un pennarello nero a punta sottile, il livello esatto dell'acqua.

- Immergete il corpo completamente nell'acqua.

- Segnate con il pennarello il nuovo livello raggiunto dall'acqua.

- Misurate con il calibro la differenza tra i due livelli, prima e dopo l'immersione. È ragionevole attribuire alla misura ottenuta con il calibro un errore sperimentale maggiore di quello teorico, raggiungibile dallo strumento. Lo spessore del bordo del liquido è almeno pari a 0.3 mm, quindi l'incertezza deve essere almeno valutata tale.

Analisi dei dati:

Determinate la variazione di volume del liquido (V) e l'incertezza sulla variazione di volume del liquido (ΔV) mediante una delle due regole di propagazione degli errori massimi:

$$V_m = \frac{\pi}{4}\left[(D - \Delta D)^2(h - \Delta h)\right]$$
$$V_M = \frac{\pi}{4}\left[(D + \Delta D)^2(h + \Delta h)\right]$$
$$V = \frac{V_M + V_m}{2}; \quad \Delta V = \frac{V_M - V_m}{2}$$

oppure:

$$V = D^2 \cdot h \cdot \pi/4$$
$$\Delta V = (2D\Delta D \cdot h + D \cdot \Delta h) \cdot \pi/4$$

Risultato:

Commentate il risultato ottenuto. Provate a trovare una maniera alternativa per determinare il volume del corpo, mostrate se questa informazione è congruente con quella ricavata prima, quale risultato è più preciso, e quali sono i limiti di applicabilità. È possibile estendere l'esperienza anche alla determinazione del peso specifico. Basta aggiungere l'informazione del peso del corpo immerso e la relativa incertezza sperimentale.

5.2 SOMMA VETTORIALE DI FORZE

- **Obiettivo:** Verificare che le forze si sommano rispettando la regola del parallelogramma.

- **Strumentazione:** Due righe (o in alternativa un goniometro).

- **Materiali:** Un filo di cotone, una serie di bulloni, tre carrucoline, un foglio di compensato.

- **Descrizione:** L'esperienza può essere realizzata mettendo a punto i materiali e lo strumento come illustrato nello schema di fugura 3:

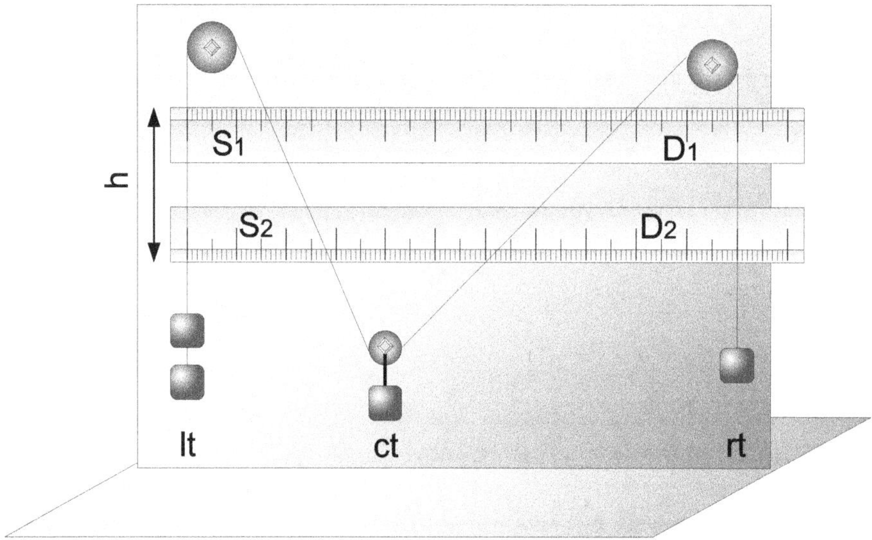

Figura 3: Diagramma vettoriale.

- **Misure:** Basta registrare le seguenti informazioni: la distanza del filo obliquo dal filo verticale adiacente per ciascun lato; il numero di bulloni a sinistra, al centro e a destra.

Inserite i dati nella seguente tabella, con le seguenti configurazioni:

h	P_{lt}	P_{ct}	P_{rt}	S_1	S_2	D_1	D_2
1	1	1	$\pm$	$\pm$	$\pm$	$\pm$
1	2	1	$\pm$	$\pm$	$\pm$	$\pm$
1	3	1	$\pm$	$\pm$	$\pm$	$\pm$
2	1	1	$\pm$	$\pm$	$\pm$	$\pm$
2	2	1	$\pm$	$\pm$	$\pm$	$\pm$
2	3	1	$\pm$	$\pm$	$\pm$	$\pm$
3	1	1	$\pm$	$\pm$	$\pm$	$\pm$
3	2	1	$\pm$	$\pm$	$\pm$	$\pm$
3	3	1	$\pm$	$\pm$	$\pm$	$\pm$

dove P contiene il numero di bulloncini da ciascun lato, mentre le distanze del filo obliquo da quello verticale, destro o sinistro, sono segnate a coppie con la rispettiva altezza.

- **Analisi dei dati:**

  - Avviare octave e lanciare il comando diary al fine di conservare i passi svolti e gli output ottenuti.

- – Memorizzare i valori, con le rispettive incertezze sperimentali, della tabella precedente in una serie di vettori e salvare le variabili definite con il comando save. Si consiglia di attribuire al file, che contiene le variabili, un nome che richiami l'esperienza svolta.

- – Determinate le tangenti degli angoli formati dal filo destro e da quello sinistro, rispetto la verticale, con la relativa incertezza.

- **Risultato:**

- Verificate che le tangenti degli angoli sono in relazione ai pesi destro e sinistro. Cosa vi suggerisce questo risultato? Come lo giustificate dal punto di vista teorico?

5.3   ALTEZZA DEL SOLE

- **Obiettivo:** Misurare l'angolo formato dal sole e la perpendicolare al piano dell'orizzonte e studiare il comportamento dell'altezza del sole in funzione del tempo.

- **Strumentazione:** Un goniometro, una riga e un doppio metro.

- **Materiali:** Un filo di cotone, un bullone e un foglio di cartone bianco.

- **Descrizione:** La misura dell'altezza del sole, può essere realizzata facilmente mettendo a punto i materiali e lo strumento come illustrato nella figura :

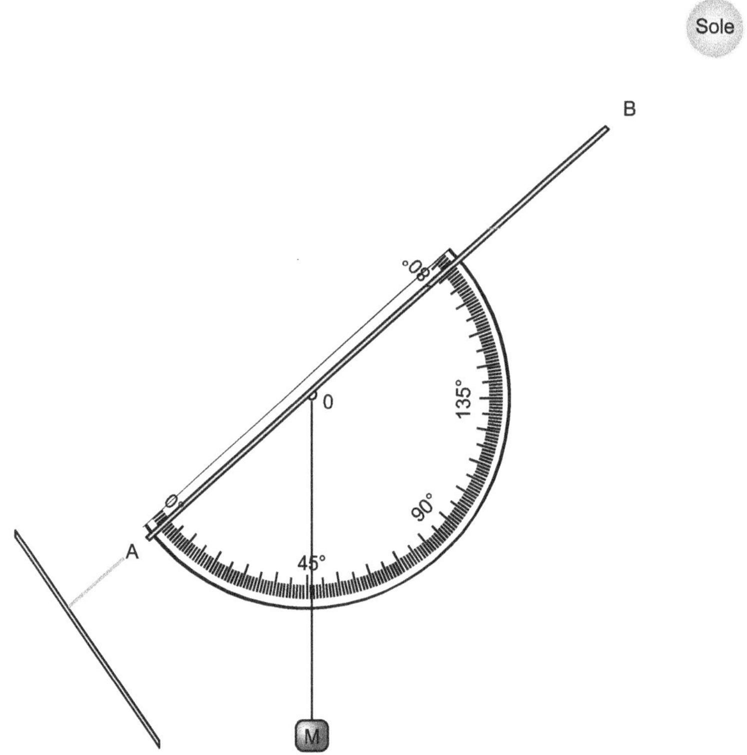

Figura 4: Strumento per misurare l'altezza del sole.

Nella congiungente 0°-180°è posta la riga AB. Il filo di cotone è collegato al centro del goniometro, con il bullone M posto all'estremità. La riga risulta diretta verso il sole, quando i raggi solari generano sul pannello A' l'ombra minima della riga stessa.

- **Misure:** Basta registrare due informazioni: l'angolo segnato dal filo di cotone, e l'errore di lettura sul goniometro, eventualmente maggiorato dell'errore di sensibilità.

Suggerisco di ripetere la misura alla stessa ora (secondo l'ora solare e secondo l'orario delle lezioni), una volta la settimana (ad esempio il mercoledì), in un arco di tempo che comprenda 6 mesi, secondo il seguente schema (è chiaro che alcune misure non saranno possibili a causa della nuvolosià in tal caso provare quando possibile avendo cura di annotare l'informazione temporale):

Settimana	9:00	10:00	11:00	12:00	13:00	14:00
01						
02						
03						
04						
05						
06						
07						
08						

Settimana	9:00	10:00	11:00	12:00	13:00	14:00
09						
10						
11						
12						
13						
14						
15						
16						

Settimana	9:00	10:00	11:00	12:00	13:00	14:00
17						
18						
19						
20						
21						
22						
23						
24						

Settimana	9:00	10:00	11:00	12:00	13:00	14:00
25						
26						
27						

- **Analisi dei dati:**

  - Avviare octave e quindi lanciare il comando diary al fine di conservare i passi svolti e gli output ottenuti.

  - Memorizzare i valori della tabella precedente in una matrice bidimensionale e salvare le variabili definite con il comando save. Si consiglia di attribuire al file, che contiene le variabili, un nome che richiami l'esperienza svolta.

  - Rappresentare graficamente le altezze del sole alle ore 9:00 in funzione del tempo. Sovrapporre i grafici delle altezze del sole alle 10:00, 11:00, 12:00, 13:00 e 14:00.

- **Risultato:** Che tipi di curve vi sembrano? Ripetendo una analisi approfondita è vero quello che pensavate? Come lo giustificate dal punto di vista teorico?

5.4 RAGGIO DELLA TERRA

- **Obiettivo:** Questa esperienza, svolta oltre duemila anni fa dal greco alessandrino Eratostene, ha come fine misurare il raggio del nostro pianeta, nell'ipotesi che il sole si trovi ad una distanza molto maggiore del raggio terrestre. Per svolgere questo esperimento è necessario sfruttare l'occasione di un viaggio d'istruzione ad una latitudine diversa dal luogo in cui si trova la scuola.

- **Strumentazione:** Un goniometro o un filo a piombo.

- **Materiali:** Un filo di cotone, un bullone, una riga e un foglio di cartone bianco.

- **Descrizione:** Abbiamo già visto precedentemente come sia possibile misurare l'altezza del sole. Se misuriamo l'altezza del sole, simultaneamente, da due luoghi posti a latitudine diversa, e conosciamo la distanza in direzione nord-sud tra questi due luoghi possiamo determinare il raggio della terra.

  Un altro modo per determinare l'altezza del sole è quello di sfruttare l'ombra creata da un filo a piombo di lunghezza nota.

  La misura dell'altezza del sole può essere realizzata come illustrato nello schema 5:

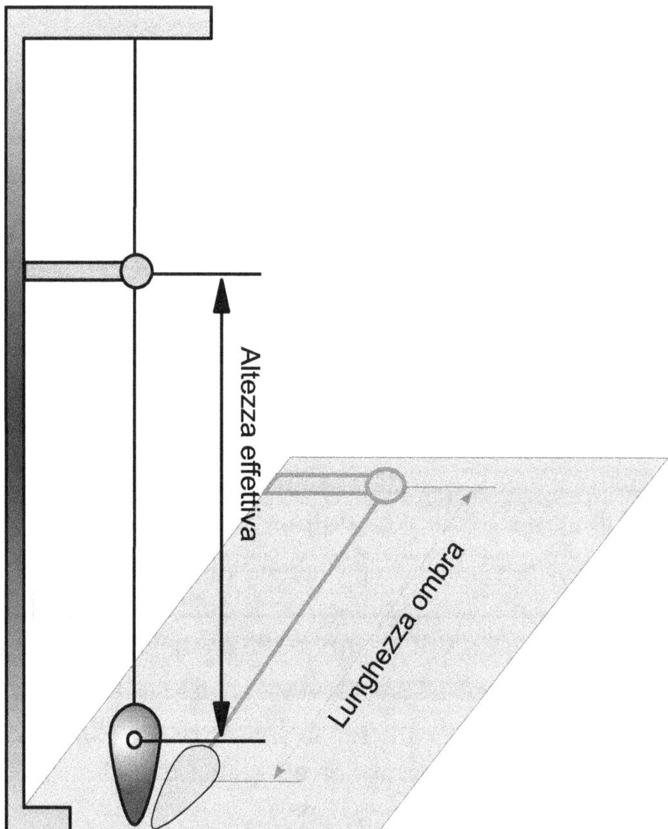

Figura 5: Determinazione dell'altezza solare

È necessario conoscere lunghezza dell'ombra generata da un filo a piombo (k) e la lunghezza effettiva del filo a piombo (l). Al fine aumentare la precisione delle misure è bene porre in prossimità della parte alta del filo un riferimento come illustrato in figura.

Queste due misure e le relative incertezze sperimentali dovranno essere svolte a mezzogiorno di uno stesso giorno, concordato tra due gruppi di studenti: quello che si è recato in viaggio di istruzione e quello che è rimasto a scuola, se ci si trova sullo stesso meridiano, per sincronizzare le misure basta una semplice telefonata.

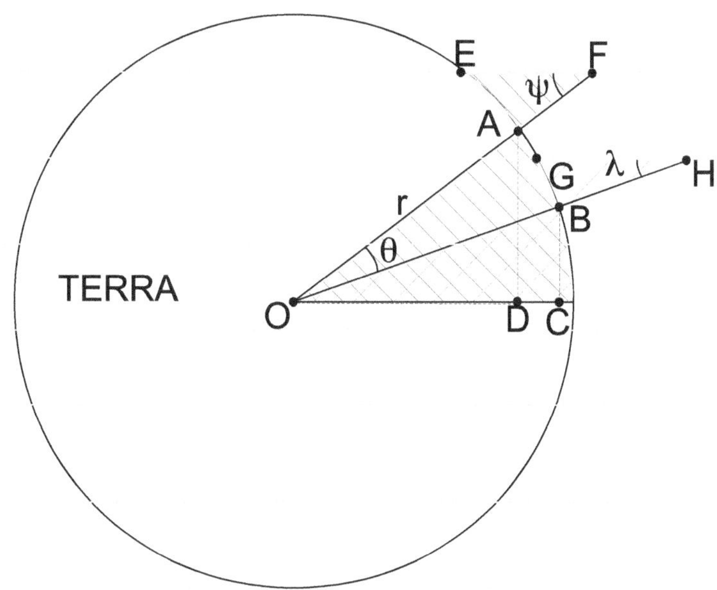

Figura 6: Eratostene.

Attraverso lo schema rappresentato nella suddetta figura comprendiamo che, per determinare il raggio della terra, è necessario risolvere il problema per via goniometrica.

L'angolo $\widehat{AOD} \simeq \widehat{AFE}$, e $\widehat{BOC} \simeq \widehat{BHG}$.

Quindi: $\theta = \widehat{AOB} = \widehat{AOD} - \widehat{BOC} = \widehat{AFE} - \widehat{BHG} = \psi - \lambda$

Conoscendo la distanza in direzione nord tra le due località, conosco la lunghezza dell'arco $d = \widehat{AB}$.

e quindi:

$$r = d \cdot \frac{\theta}{2\pi} = d \cdot \frac{\theta°}{360°}$$

Se optiamo per il primo metodo per determinare l'altezza del sole ci servirà una tabella del tipo:

N°	0	1	2	3	4	5	6	7	8	9
θ_{insede}										
$\Delta\theta_{insede}$										
$\theta_{fuorisede}$										
$\Delta\theta_{fuorisede}$										

altrimenti:

Misure in sede

N°	0	1	2	3	4	5	6	7	8	9
$H_{efficace}$										
$\Delta H_{efficace}$										
L_{Ombra}										
ΔL_{Ombra}										

Misure fuori sede

N°	0	1	2	3	4	5	6	7	8	9
$H_{efficace}$										
$\Delta H_{efficace}$										
L_{Ombra}										
ΔL_{Ombra}										

Da queste due tabelle usando i comandi octave descritti nella nota posso ricavare i valori dell'angolo e la sue indeterminazione

- **Misure:** A seconda della scelta di metodo fatta, riempite la tabella, o le tabelle, relative.

  Prendete un atlante geografico e con un righello, e l'informazione sul fattore di scala, ricavate la distanza in direzione nord-sud tra le due località e la relativa indeterminazione.

- **Analisi dei dati:**

  - Avviare octave.

  - Lanciare il comando diary al fine di conservare i passi svolti e gli output ottenuti.

  - Memorizzare i valori della tabella precedente in dei vettori

    `(thetain, dthetain thetaout e dthetaout)`

    salvare le variabili definite con il comando `save`. Si consiglia di attribuire al file, che contiene le variabili, un nome che richiami l'esperienza svolta.

  - Se optiamo per il secondo metodo per la determinazione dell'altezza del sole: l'angolo e la sua incertezza sono ricavabili, con le note formule goniometriche, dalle misure di $k \pm \Delta k$ e $l \pm \Delta l$.

    Fornisco i comandi da scrivere in octave per ottenere il valore dell'angolo e la sua indeterminazione:

    ```
    theta=0.5*(atan((k+Δk)./(l-Δl))+atan((k-Δk)./(l+Δl)))
    dtheta=0.5*(atan((k+Δk)./(l-Δl))-atan((k-Δk)./(l+Δl)))
    ```

  - Calcoliamo la differenza tra le due altezze:

    ```
    theta=thetaout-thetain
    dtheta=dthetaout+dthetain
    ```

  - Determinate il valor medio e l'errore sul valor medio di sulla serie di valori contenuti nella variabile `theta`

- **Risultato:** Provate a controllare il risultato con quello fornito nei testi.

  Dall'atlante geografico, o per altra via (internet, google earth, …) , ricavate la latitudine tra le due località (la sede della scuola e il luogo in cui è stato svolto il viaggio di istruzione), questa quantità è uguale, nei limiti degli errori sperimentali, alla differenza di altezze del sole misurate dagli alunni tra le due località? Se si, quale delle due informazioni fornisce il dato più attendibile? Inoltre, se la longitudine delle due località non è la stessa, come vanno sincronizzate le osservazioni?

5.5 MISURAZIONE DI π

- **Obiettivo:** Determinazione statistica del valore di π

- **Strumentazione:** Righello e calibro

- **Materiali:** Un bicchiere o una bottiglia di forma cilindrica e con un diametro di circa 8-9 cm, una serie di fogli di carta formato A4, una taglierina e una forbice, una penna e un foglio per appuntare le misure costituito da una tabella per 2 colonne.

- **Descrizione:** Si ottenga da ciascun foglio di carta una serie di strisce di carta ricavate dal lato più lungo. Si prepari un foglio con la seguente tabella:

Determinazione di π

Indeterminazione sulla misura del diametro del cilindro: _______ $\pm$ ___
Indeterminazione sulla misura delle strisce di carta: _______ $\pm$ ___

Diametro	Lunghezza	Diametro	Lunghezza	Diametro	Lunghezza

- **Misure:**

  - Avvolgere le strisce intorno al cilindro rigido in modo che aderiscano bene alla superficie. (La scelta di un cilindro rigido con diametro inferiore a 10 cm è dovuta alla necessità di avvolgerlo con delle striscie di carta ricavate da un foglio A4)

  - Fissare la striscia di carta con il calibro posto al suo esterno e si trascriva il valore stimato del diametro.

  - Tagliare la parte eccedente della striscia di carta, in modo che i due lembi coincidano.

  - Misurare la lunghezza della striscia di carta e riportare il valore ottenuto accanto al valore del diametro misurato in precedenza.

  - Ripetere questo procedimento fino a completare la precedente tabella.

- **Analisi dei dati:**

  - Avviare octave.

  - Lanciare il comando diary al fine di conservare i passi svolti e gli output ottenuti.

  - Memorizzare i valori corrispondenti di diametro e di lunghezza in due "arrays": diam e circ.

– Salvare le variabili definite con il comando `save`. Si consiglia di attribuire al file, che contiene le variabili, un nome che richiami l'esperienza svolta.

– Determiniamo i corrispondenti valori di π_{max} e π_{min}:

  ec=errore sperimentale sulla striscia di carta

  ed=errore sperimentale sul diametro del cilindro

  ```
  pimin=(circ-ec)/(diam+ed)
  ```

  ```
  pimax=(circ+ec)/(diam-ed)
  ```

– Valutiamo pigreco e l'errore associato per ciascuna misura:

  ```
  pi=(pimax+pmin)/2
  ```

  ```
  epi=(pimax-pmin)/2
  ```

– Adesso abbiamo due vettori: uno contenente i valori di pigreco e l'altro l'indeterminazione associata. Effettuiamo adesso una analisi statistica:

  ```
  statistics(pi)
  ```

  oppure in alternativa calcolate separatamente il valor medio e la deviazione standard.

– Calcolate l'errore statistico sul valore medio.

– Generate un istogramma delle misure di π.

- **Risultato:**

  – Aprite con un editor di testo qualsiasi il file «diary»

  – Sistemate le ultime righe dell'output relative alla funzione statistics che avrà fornito in uscita 9 valori. In particolare aggiungere le seguenti legende al terzo numero «mediana», al sesto «media e al settimo «deviazione standard».

  – Commentate il risultato ottenuto e stendete una relazione su quanto avete fatto.

5.6 GRAMMATURA DELLE PAGINE DI UN LIBRO

- **Obiettivo:** determinare il valore della densità superficiale della carta che compone un dato libro. Questo risultato espresso in gr/m^2 fornisce un valore, detto "grammatura". L'esperienza ripetuta con libri diversi tende a raccogliere alcune informazioni per rispondere alle seguenti domande: la densità della carta è una quantità costante? La grammatura di fogli di libri diversi cambia significativamente? la grammatura è legata allo spessore del foglio o dipende anche dalla tipologia di carta usata? Esistono degli standard per i vari tipi di carta?

- **Strumentazione:** dinamometro, bilancia, calibro, riga.

- **Materiali:** un libro e del nastro adesivo.

- **Descrizione:** un libro è costituito strutturalmente da 2 parti: la copertina e le pagine. Il nostro studio è rivolto alle pagine che lo compongono. Le misure saranno relative solo alla parte sulle pagine interne. Al fine di valutare il peso delle pagine interne dobbiamo effettuare due misure: pesare tutto il libro; pesare la copertina.

Per misurare il peso della copertina possiamo ricorrere ad un dinamometro che solleva leggermente la copertina il quale permette di valutare il semipeso della mezza copertina. C'è da tenere anche in conto che per la rilegatura del libro è stata utilizzata della colla, di cui trascureremo l'effetto sul peso (per valutare se è significativo, e di quanto, si può sfruttare il principio delle leve. Posizionare il libro su uno spigolo e verificare di quanto rispetto al punto medio si discosta il baricentro). Se trascuriamo la torsione dovuta al lembo incollato della copertina, e questo è trascurabile se si ha l'accortezza di non sollevare eccessivamente la copertina, allora il baricentro sarà in pratica posizionabile nella parte centrale del libro.

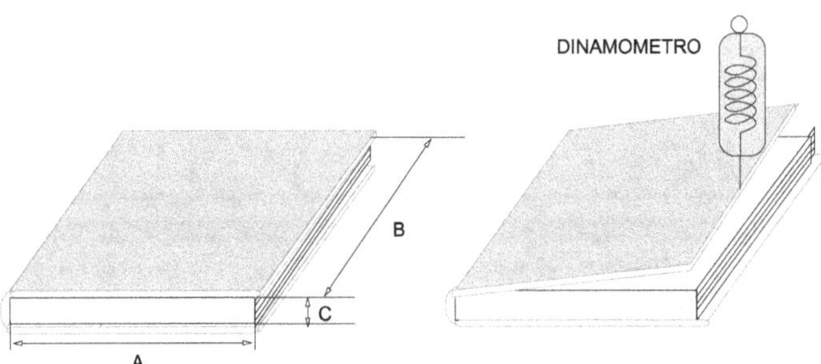

Figura 7: Determinazione della grammatura delle pagine di un libro.

Generate uno schema vuoto come il seguente:

Peso dell'intero libro (P_{bk} =_____ ± ___
Peso del lembo copertina (P_{cq}) =_____ ± ___
Dimensioni lineari ($A \times B$) =_____ ± ___ x _____ ± ___
Spessore (C =_____ ± ___
Numero di pagine (N) =_____

- **Misure:**

Riempite con le necessarie misure lo schema preparato in precedenza nel seguente modo:

- Pesate tutto il libro su una bilancia.

- Misurate il peso della copertina, come descritto prima.

- Determinate, utilizzando quello che ritenete possa essere il miglior strumento di misura, la lunghezza, la larghezza e lo spessore delle pagine del libro.

- Contate il numero di fogli che compongono il libro.

Analisi dei dati:

- Calcolate il peso netto delle pagine interne del libro (P_{pg}) calcolando la differenza tra il peso dell'intero libro (P_{bk}) e 4 volte il peso del lembo della copertina (P_{cq}): $P_{pg} = P_{bk} - 4 \cdot P_{cq}$ con $\Delta P_{pg} = \Delta P_{bk} + 4 \cdot \Delta P_{cq}$.

- Calcolate il volume delle pagine interne del libro:

$$\begin{cases} V_m = (A - \Delta A)(B - \Delta B)(C - \Delta C) \\ V_M = (A + \Delta A)(B + \Delta B)(C + \Delta C) \end{cases}$$

da cui:

$$\begin{cases} \overline{V} = \dfrac{V_M + V_m}{2} \\ \\ \Delta V = \dfrac{V_M - V_m}{2} \end{cases}$$

- Determinate la densità ($\rho = P_{pg}/V$) delle pagine del libro e il relativo errore associato.

- Determinate la grammatura delle pagine del libro come rapporto tra il peso di una pagina in grammi e l'estensione di una pagina in m^2.

Risultato:

- Rispondete alle domande poste nell'obiettivo dell'esperienza.

- Confrontate il risultato con quello ottenuto dagli altri gruppi di lavoro.

- Quali sono il valore minimo e il valore massimo di densità della carta?

- Esistono dei valori standard o no sia per la grammatura che per la densità?

- I fogli di carta patinata o lucida avranno densità diversa di quelli di carta s emplice o carta riciclata, sono secondo voi più o meno spessi a partità di grammatura?

5.7 PENDOLO GALILEIANO I

- **Obiettivo:** Determinazione dell'accelerazione di gravità e verifica sperimentale che il periodo di oscillazione è indipendente dalla massa. Assumendo valide le seguenti ipotesi: l'isocronia del periodo di oscillazione e la relazione teorica tra lunghezza del filo e periodo.

- **Strumentazione:** Un cronometro.

- **Materiali:** Tre fili a piombo per l'edilizia, dello spago e un sostegno .

- **Descrizione:** Premesso che la legge teorica vale nella condizione di piccole oscillazioni, ci proponiamo di studiare il fenomeno in questo caso. La lunghezza effettiva del pendolo è data dalla distanza tra il centro di massa del corpo di ottone e il punto di fissaggio.

  Posizionare il filo a piombo in modo che sia libero di oscillare e create la seguente tabella:

	$M_1 = $ _____ $\pm$ ___	$M_2 = $ _____ $\pm$ ___	$M_3 = $ _____ $\pm$ ___
Par t_0	_____ $\pm$ _____	_____ $\pm$ _____	_____ $\pm$ _____
Par t_1	_____ $\pm$ _____	_____ $\pm$ _____	_____ $\pm$ _____
Par t_2	_____ $\pm$ _____	_____ $\pm$ _____	_____ $\pm$ _____
Par t_3	_____ $\pm$ _____	_____ $\pm$ _____	_____ $\pm$ _____
Par t_4	_____ $\pm$ _____	_____ $\pm$ _____	_____ $\pm$ _____
Par t_5	_____ $\pm$ _____	_____ $\pm$ _____	_____ $\pm$ _____
Par t_6	_____ $\pm$ _____	_____ $\pm$ _____	_____ $\pm$ _____
Par t_7	_____ $\pm$ _____	_____ $\pm$ _____	_____ $\pm$ _____
Par t_8	_____ $\pm$ _____	_____ $\pm$ _____	_____ $\pm$ _____
Par t_9	_____ $\pm$ _____	_____ $\pm$ _____	_____ $\pm$ _____

- **Misure:**

  - Determinare in modo empirico il centro di massa del grave. A tal fine basta trovare in prima approssimazione il punto (normale all'asse del filo) in cui tale massa è in equilibrio[1].

  - Misurare la lunghezza del filo dal punto di aggancio al grave fino al punto fisso.

  - Mettere il pendolo in oscillazione, con la condizione che le oscillazioni si mantengano sotto i $10°$.

  - Misurare il tempo che impiega il pendolo a compiere il massimo numero di oscillazioni complete, misurando ogni 20 oscillazioni il tempo parziale trascorso.

---

1 Osserviamo che se la lunghezza del filo è molto maggiore delle dimensioni del grave, quest'ultimo può essere assunto puntiforme.

- Inserire un secondo grave agganciato col primo, assicurandosi che la lunghezza del filo sia rimasta la stessa.

- Ripetere le misure di tempo, come detto precedentemente

- Inserire un terzo grave agganciandolo con gli altri due, assicurandosi che la lunghezza del filo sia rimasta la stessa.

- Ripetere le misure di tempo, come detto precedentemente

- Riempite con i dati ottenuti la tabella creata in precedenza.

- **Analisi dei dati:**

  - Avviare octave.

  - Lanciare il comando diary al fine di conservare i passi svolti e gli output ottenuti.

  - Memorizzare nella matrice `ptim1`, `ptim2` e `ptim3`, le misure effettuate seguendo lo stesso criterio della tabella precedente.

  - Salvare le variabili definite con il comando `save`. Si consiglia di attribuire al file, che contiene le variabili, un nome che richiami l'esperienza svolta.

  - Rappresentare graficamente ptim1, ptim2 e ptim3 con le relative barre d'errore.

  - Determinate per ciascun gruppo dati il periodo di oscillazione.

  - Mediate ptim1, ptim2 e ptim3, in ptim e determinate l'incertezza associata. Sapendo che

  $$T^2 = \left(\frac{4\pi^2}{g}\right) l$$

  - Determinate data la lunghezza del pendolo e la sua indeterminazione e il periodo e la sua indeterminazione l'accelerazione di gravità e i limiti di validità nel posto in cui svolgete l'esperienza.

- **Risultato:** Commentate i risultati ottenuti e relazionate su quanto fatto, mettendo in evidenza i seguenti risultati: il periodo di oscillazione è indipendente dalla massa? L'accelerazione di gravità risulta essere conforme, entro i limiti sperimentali, ai valori forniti dai manuali?

5.8   PENDOLO GALILEIANO II

- **Obiettivo:** Verificare sperimentalmente la relazione conosciuta tra periodo e lunghezza, nel caso di piccole oscillazioni. Determinazione dell'accelerazione di gravità.

- **Strumentazione:** Un cronometro.

- **Materiali:** Un filo a piombo per l'edilizia e un sostegno .

- **Descrizione:** Differentemente da quanto fatto nella precedente esperienza, vogliamo verificare Qual è sperimentalmente la legge che lega periodo di oscillazione e lunghezza del filo, e se tale risultato è conforme a quanto previsto teoricamente. Ci troviamo nelle condizioni di dover ripetere l'esperienza precedente per una serie di 10 o più lunghezze diverse di filo. Ad esempio se disponiamo della possibilità di appendere la nostra "lenza" a 2 metri dal suolo allora è bene dividere i primi 150 cm a partire dall'alto in segmenti di 15 cm.

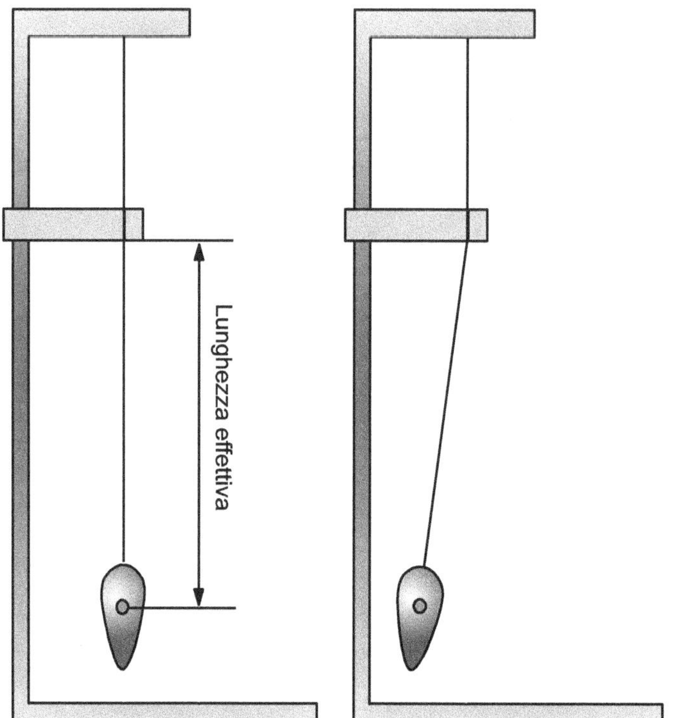

Figura 8: Pendolo galileiano.

Ripetendo l'esperimento precedente ogni volta che viene ridotta la lunghezza del filo di 15 cm, otterremo una serie di misure di periodo in funzione della lunghezza. Attraverso un fitting, che descriveremo in dettaglio nella sezione dedicata all'analisi dei dati, ci proponiamo di verificare che il quadrato del periodo di oscillazione è direttamente proporzionale alla lunghezza del filo e che la costante di proporzionalità dipende dall'accelerazione di gravità secondo la seguente legge:

$$T^2 = \left(\frac{4\pi^2}{g}\right) l$$

* **Misure:**

  – Preparare il filo a piombo in modo che quest'ultimo sia libero di oscillare.

  – Determinare in modo empirico il centro di massa del grave. A tal fine basta trovare in prima approssimazione la sezione (normale all'asse del filo) in cui tale massa è in equilibrio[2].

  – Misurare la lunghezza del filo dal punto di aggancio al grave fino al punto fisso.

  – Mettere il pendolo in oscillazione, con la condizione che le oscillazioni si mantengano sotto i 10°.

  – Misurare il tempo che impiega il pendolo a compiere duecento oscillazioni complete, misurando ogni 20 oscillazioni il tempo trascorso.

  – Accorciate il filo della quantità programmata (h).

  – Ripetere le misure di tempo, come detto precedentemente

  – Ripetere gli ultimi due passi, finché non sono state raccolte una serie di dieci gruppi di misure a lunghezze diverse.

Riempite la seguente tabella:

	t_0	t_1	t_2	t_3	t_4	t_5	t_6	t_7	t_8	t_9
L_0										
L_1										
L_2										
L_3										
L_4										
L_5										
L_6										
L_7										
L_8										
L_9										

Indeterminazione su:

$\Delta L =$ _____

Par $\Delta t =$ _____

Par $(t_i)_{i=0\dots9}$ sono i tempi parziali ogni 20 oscillazioni per un totale di 200 oscillazioni.

$(L_i)_{i=0\dots9}$ sono le lunghezze definite: $(L_i = L_{max} - h \cdot i)_{i=0\dots9}$.

---

2 Osserviamo che se la lunghezza del filo è molto maggiore delle dimensioni del grave, quest'ultimo può essere assunto puntiforme.

- **Analisi dei dati:**

  - Avviare octave.

  - Lanciare il comando diary al fine di conservare i passi svolti e gli output ottenuti.

  - Memorizzare nella matrice ltim le misure di tempo effettuate seguendo lo stesso criterio righe-colonne della tabella precedente.

  - Memorizzare nel vettore lung le lunghezze corrispondenti a ciascuna riga delle precedente matrice-tabella.

  - Memorizzare nel vettore dlun le indeterminazioni relative alle lunghezze corrispondenti agli elementi del vettore lung, inglobando in tale incertezza l'eventuale elasticità del filo.

  - Salvare le variabili definite con il comando save. Si consiglia di attribuire al file, che contiene le variabili, un nome che richiami l'esperienza svolta.

  - Determiniamo il periodo di una oscillazione: ptim=ltim/20.

  - Moltiplicare gli elementi della matrice ptim per se stessi: ptim2=ptim.*ptim[3].

  - Attraverso un ciclo iterativo determinare il vettore i cui elementi sono le medie delle righe della matrice ptim2.

  - Attraverso un ciclo iterativo determinare il vettore i cui elementi sono le deviazioni standard sulla media delle righe della matrice ptim2.

  - Generare i coefficienti della retta che interpola la funzione lung(ptim2).

  - Generare il grafico che contiene i punti: P(ptim2,lung); e le barre di errore di lung

  - Generare il grafico dei residui.

- **Risultato:**

  Si lascia allo studente la stesura della relazione e le relative considerazioni sul risultato conseguito.

---

3 Da qui in poi verrà lasciato il compito allo studente di trovare e lanciare i comandi appropriati per octave.

5.9 MOTO PARABOLICO

- **Obiettivo:** Determinare il tipo di traiettoria descritta da un grave.

- **Strumentazione:** Una videocamera digitale e un PC.

- **Materiali:** una pallina di gomma dura, un pallina da tennis.

- **Descrizione:** Posizionare la videocamera in modo che possa riprendere un eventuale oggetto lanciato verso l'alto, su un piano perpendicolare alla linea di vista, per tutto il suo percorso. Al fine di ottenere una buona ripresa del fenomeno è bene che l'ambiente possieda molta luce. Fissate la videocamera in modo che resti immobile.

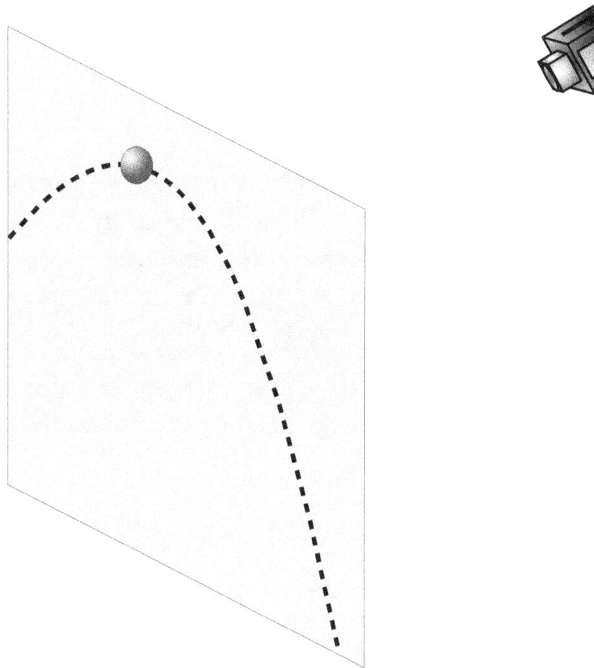

Figura 9: Moto parabolico di un proiettile.

Preparare la seguente tabella:

N.	01	02	03	04	05	06	07	08	09	10	11	12	13	14	15
t_1															
x_1 Δx_1															
y_1 Δy_1															
N.	51	52	53	54	55	56	57	58	59	60	61	62	63	64	65
t_2															
x_2 Δx_2															
y_2 Δy_2															

- **Misure:**

Illuminare bene la zona di ripresa. Premere REC sulla videocamera e quindi lanciare le due palline in modo che la loro traiettoria venga ripresa dalla videocamera,

- **Analisi dei dati:**

  - Trasferire il filmato digitale nel disco fisso del PC.

  - Se non installato, installare "avidemux" e mandarlo in esecuzione. Questo software fornisce tutti gli strumenti per isolare le informazioni che servono per la selezione e l'analisi dei dati (cattura dei singoli fotogrammi e registrazione dell'informazione temporale dello stesso).

  - Attraverso il precedente software, selezionate un gruppo di fotogrammi che rappresentino bene la traiettoria delle due palline. Ciascun fotogramma dovrà essere salvato con un nome che ricordi l'istante, preferibilmente in millisecondi, a cui si riferisce, in una directory di facile accesso.

  - Riempite quindi la prima parte della precedente tabella con i dati necessari.

  - Avviare "gimp".

  - Apriamo ciascun fotogramma annotando la x e la y in cui si trova la pallina. Si consiglia di marcare il punto in cui viene fatta la rilevazione con una x e salvare il fotogramma modificato con un altro nome (aggiungere ad esempio al nome una x. Ad esempio foto3 verrà salvato come foto3x).

  - Riempite quindi la seconda parte della precedente tabella con i dati necessari, aggiungendo l'errore sperimentale ($\pm$ il raggio apparente in px della pallina).

  - Avviare octave.

  - Lanciare il comando diary al fine di conservare i passi svolti e gli output ottenuti.

  - Memorizzare nelle variabili indicizzate, `t1, x1, y1, dx1, dy1, t2, x2, y2, dx2` e `dy2` i dati raccolti, secondo quanto riportato nella tabella precedente.

  - Salvare le variabili definite con il comando `save`. Si consiglia di attribuire al file, che contiene le variabili, un nome che richiami l'esperienza svolta.

  - Rappresentare i punti (`x1,y1`) e le loro relative barre di errore.

  - Verificare, attraverso un "best fit" di secondo grado, che si tratta di una parabola (`[c,r]=polyfit(x,y,2)`).

  - Mostrare come il "best fit" si sovrapponga alle misure sperimentali sovrapponendo il grafico ottenuto con l'immagine.

  - Rappresentare il grafico dei residui.

  - Ripetere anche il secondo gruppo di misure, quelle con l'altra pallina, quanto fatto precedentemente per il primo gruppo di dati.

- **Risultato:** Si lascia allo studente redigere la relazione sul risultato conseguito da questa esperienza. Affinché la relazione sia chiara è bene allegare anche i fotogrammi catturati e quelli marcati, con indicato esplicitamente il tempo di cattura. Controllare i grafici dei residui. In entrambi i casi l'aderenza ad una parabola è perfetta? Se no quale dei due gruppi di misure presenta incongruenze maggiori con la parabola? Si possono trarre altre considerazioni dall'informazione temporale (rappresentate graficamente le coppie (t_1,x_1), (t_1,y_1), (t_2,x_2) e (t_2,y_2))? Come pensate di giustificare questo risultato teoricamente?

5.10 ELASTICITÀ: LEGGE DI HOOKE

- **Obiettivo:** Determinare la legge esistente tra la forza applicata ad una molla e l'allungamento subito.

- **Strumentazione:** Un righello, una bilancia.

- **Materiali:** Del filo di acciaio del diametro di circa 0.3 mm, un sostegno verticale, una pinza, un cilindro del diametro di 6-10 mm, una serie di 30 bulloncini di acciaio.

- **Descrizione:**

  - Assicuratevi che un bullone sia in grado di piegare di un 10% il filo di metallo, ossia se pongo il bulloncino ad una distanza di circa 5 cm il filo si piega do 0.5 cm senza deformarsi.

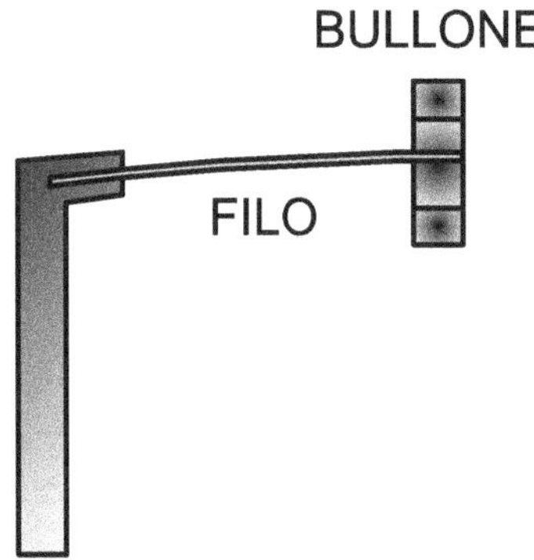

Figura 10: Costruzione di una molla: fase A

  - Piegate il filo di acciaio intorno al cilindro, generando 20-30 spire, calcolate che la lunghezza del filo dovrà essere di n_spire x 3,1416 x diametro.

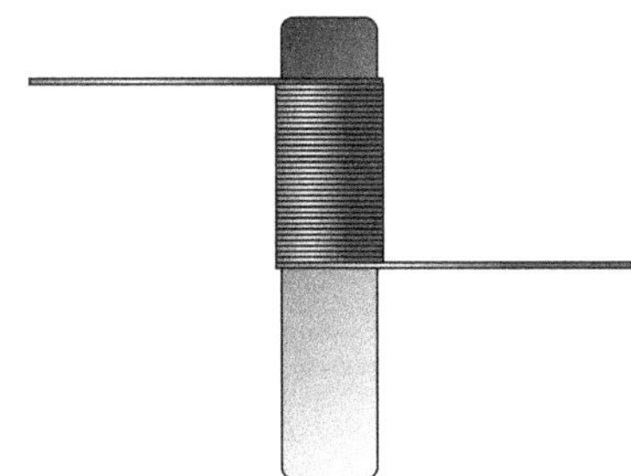

Figura 11: Costruzione di una molla: fase B

  - Estraete il cilindro interno e piegate gli estremi in modo da poter fissare la molla da un lato e agganciare i bulloncini dall'altro.

Figura 12: Costruzione di una molla: fase C

  - Create sulla molla, dalla parte in cui saranno posti i bulloncini, un filo orizzontale da usare come indicatore.

– Agganciate la molla al sostegno.

– Ponete come indicatore dell'estensione della molla il righello opportunamente fissato, come illustrato nello schema seguente.

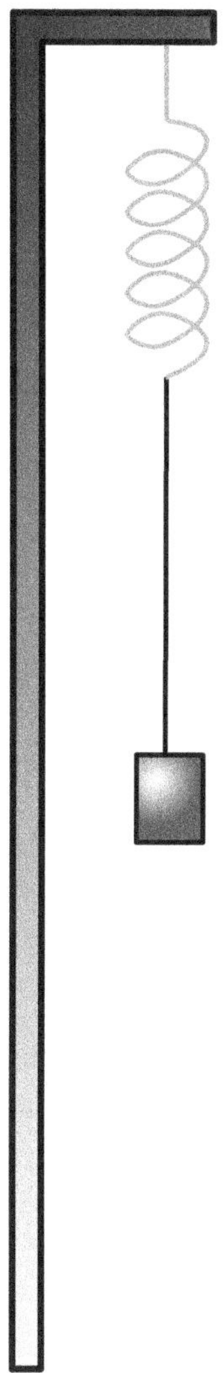

Figura 13: Costruzione di una molla: fase D

Create la seguente tabella per le misure:

N°	0	1	2	3	4	5	6	7	8	9
h										
Δ h										

N°	10	11	12	13	14	15	16	17	18	19
h										
Δ h										

N°	20	21	22	23	24	25	26	27	28	29
h										
Δ h										

Numero dei bulloncini: _;

Peso complessivo dei bulloncini:____ ± _

- **Misure:** Agganciate progressivamente i bulloncini all'estremità predisposta nella molla e registrate il valore segnato sul righello.

- **Analisi dei dati:**

  * Avviare octave.

  * Lanciare il comando diary al fine di conservare i passi svolti e gli output ottenuti.

  * Memorizzare nelle variabili indicizzate h e dh le misure effettuate, e i corrispondenti errori sperimentali, seguendo le righe della tabella precedente, e i valori di m, dm e n.

  * Salvare le variabili definite con il comando save. Si consiglia di attribuire al file, che contiene le variabili, un nome che richiami l'esperienza svolta.

  * Calcolate la massa di un singolo bulloncino mb=m./n e l'errore associato dmb=dm./n.

  * Calcolate l'allungamento rispetto alla posizione di equilibrio.

  * Calcolare la forza peso esercitata dai bulloncini [4].

  * Rappresentare in un grafico: in ascissa l'allungamento della molla x; in ordinata p.

  * Sovrapporre al grafico precedente le barre di errore

  * Eseguite un "best fit" lineare dei dati, rappresentare un grafico dei residui.

- **Risultato:** Commentare il risultato ottenuto, eventualmente restringendo il "best fit" solo a quei dati che sembrano rispettare una legge lineare. Concludo ponendo le seguenti domande: cosa rappresenta fisicamente il coefficiente angolare di questa retta? La molla perde di linearità? Se si, quando?

```
4 x=h(2:length(h))-h(1)
  dx=dh(1:length(h)-1)+dh(2:length(h))
  p=[1:n]*mb*g, dp=[1:n]*dmb*g
```

5.11 OSCILLATORE ARMONICO

- **Obiettivo:** Verificare la relazione esistente tra la massa legata alla molla ed il periodo di oscillazione di una molla.

- **Strumentazione:** Un cronometro, una bilancia.

- **Materiali:** Una molla di cui si conosce costante elastica k (vedi esperienza precedente), una serie di masse che possano determinare un allungamento della molla dal 10% al 50% del valore massimo (ovvero di non linearità).

- **Descrizione:**
    - Pesate le masse a vostra disposizione.
    - Dopo aver fissato la molla verticalmente per un estremo, collegate nell'altro estremo la massa.

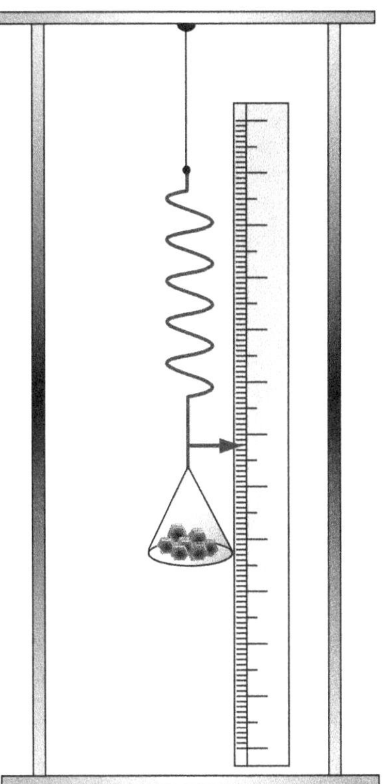

Figura 14: Oscillatore armonico.

Create la seguente tabella:

M	0	1	2	3	4	5
ΔM						
t_{oscill}						
Δt_{oscill}						
n_{oscill}						

- **Misure:**
    - Mettete in oscillazione la massa e simultaneamente fate partire il cronometro.

    – Fate compiere un dato numero di oscillazioni (20 o 30).

    – Bloccate il cronometro e inserite i dati nella precedente tabella.

    – Ripetere il procedimento per tutte le masse a disposizione.

- **Analisi dei dati:**

    – Avviare octave.

    – Lanciare il comando diary al fine di conservare i passi svolti e gli output ottenuti.

    – Memorizzare nelle variabili indicizzate n, t,dt, m e dm le misure effettuate seguendo lo stesso criterio della tabella precedente.

    – Calcolate il tempo di ciascuna oscillazione.

    – Salvare le variabili definite con il comando save. Si consiglia di attribuire al file, che contiene le variabili, un nome che richiami l'esperienza svolta.

    – Calcolate, con la propagazione degli errori, t^2 e il relativo errore.

    – Verificate, mediante un "best fit", che la relazione tra il quadrato del periodo e la massa è lineare.

    – Rappresentate graficamente i dati e le relative barre di errore.

- **Risultato:** Si lascia allo studente l'interpretazione dei dati e la relativa compilazione della relazione sui risultati conseguiti. Faccio notare che se si fosse disposto di una videocamera digitale, sarebbe stato possibile aggiungere, a completamento di questa esperienza, la verifica della legge goniometrica dell'ampiezza di oscillazione in funzione del tempo.

5.12   ATTRITO I: ATTRITO RADENTE STATICO

- **Obiettivo:** Relazione funzionale tra N e F_a

- **Strumentazione:** una bilancia

- **Materiali:** due scatole, un sacchettino di ghiaia, del filo, una carrucolina

- **Descrizione:**

Montiamo il seguente apparato sperimentale:

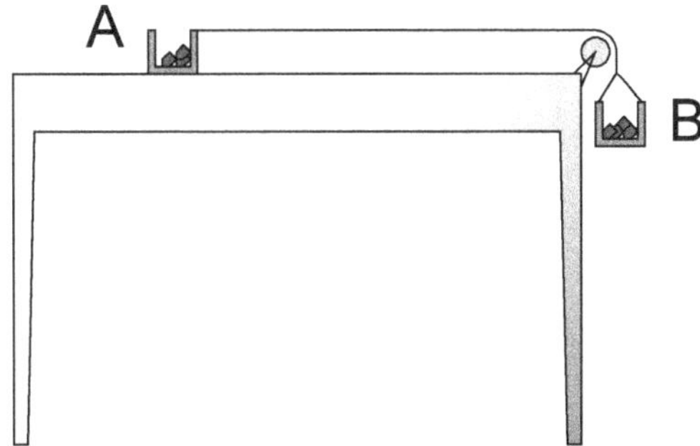

Figura 15: Attrito radente.

Aumentiamo progressivamente il peso della scatola A e quindi conseguentemente quello della scatola B per iniziare a mettere in moto il sistema. Le misure di peso di ghiaia rimasta nel sacchetto forniranno rispettivamente la forza d'attrito radente statico e la forza normale.

Prepariamo la seguente tabella per la raccolta delle misure (peso della ghiaia):

A	±	±	±	±	±	±	±
B	±	±	±	±	±	±	±

- **Misure:**

  - Pesate la scatola A e la scatola B quando sono vuote prima di iniziare l'esperimento.

  - Registrate i valori dei pesi delle scatole vuote A e B nella prima colonna della suddetta tabella.

  - Pesate il sacchettino di ghiaia registrate il valore ottenuto.

  - Se il sistema si mantiene fermo, allora registrate il peso di tutto il sacchettino di ghiaia nella posizione relativa alla precedente tabella (A1), in caso contrario accrescete il peso di A versandovi dentro della ghiaia finché il sistema non viene immobilizzato e registrate il peso del sacchettino dopo questa operazione nella posizione relativa alla precedente tabella (A1).

    - ⋆ Versate della ghiaia nella scatola B una quantità di ghiaia sufficiente a mettere il sistema appena in moto.

    - ⋆ Pesate la ghiaia rimasta e registrate il valore nella tabella (B, sotto il valore precedentemente inserito di A).

- $\star$ Riportate il sistema nella posizione iniziale e mettete un pò di ghiaia nella scatola A finché il sistema è di nuovo immobile.

- $\star$ Pesate la ghiaia rimasta e registrate il valore nella tabella (A).

- $\star$ Ripetete, finché possibile i passi contrassegnati con il simbolo "$\star$".

- **Analisi dei dati:**

  - Definite le variabili indicizzate A e B nell'ordine in cui i dati sono stati registrati nella suddetta tabella.

  - Determinate due variabili indicizzate P ed n contenenti rispettivamente il peso di ghiaia minimo necessario per mettere in moto il sistema (più il peso della scatola B), ovvero la forza di attrito radente statico, ed il peso complessivo normale al piano ovvero quello della ghiaia contenuta nella scatola A e quello della scatola stessa.

  - Effettuate il rapporto elemento a elemento dei vettori P e N

  - Rappresentate graficamente questo risultato.

- **Risultato:** Attraverso i grafici che ritenete più opportuni spiegate il comportamento del rapporto F_a e N. Commentate quanto ottenuto.

5.13 ATTRITO II: ATTRITO VISCOSO

- **Obiettivo:** Determinare la legge che lega la forza di attrito alla velocità e la relazione esistente tra la forza di attrito viscoso e la velocità limite.

- **Strumentazione:** Una videocamera digitale.

- **Materiali:** Un tubo trasparente di plastica[5], delle palline da ping pong, dei piccoli bulloncini di metallo o equivalentemente degli oggetti solidi, tra loro identici, di piccola massa.

- **Descrizione:**

  - Prendetene 5 palline da ping pong.

  - Foratele da un lato.

  - Riempitele d'acqua e mettete all'interno di ciascuna 1, 3, 5, 10, 30 bulloncini.

  - Riempite il tubo d'acqua.

  - Fissate la videocamera su un supporto fisso in modo che riprenda frontalmente il tubo e che la scena sia ben illuminata.

Preparate la seguente tabella:

N	$P_1(y,t)$	$P_3(y,t)$	$P_5(y,t)$	$P_{10}(y,t)$	$P_{30}(y,t)$
0y	$\pm$	$\pm$	$\pm$	$\pm$	$\pm$
t	$\pm$	$\pm$	$\pm$	$\pm$	$\pm$
1y	$\pm$	$\pm$	$\pm$	$\pm$	$\pm$
t	$\pm$	$\pm$	$\pm$	$\pm$	$\pm$
2y	$\pm$	$\pm$	$\pm$	$\pm$	$\pm$
t	$\pm$	$\pm$	$\pm$	$\pm$	$\pm$
3y	$\pm$	$\pm$	$\pm$	$\pm$	$\pm$
t	$\pm$	$\pm$	$\pm$	$\pm$	$\pm$
4y	$\pm$	$\pm$	$\pm$	$\pm$	$\pm$
t	$\pm$	$\pm$	$\pm$	$\pm$	$\pm$
5y	$\pm$	$\pm$	$\pm$	$\pm$	$\pm$
t	$\pm$	$\pm$	$\pm$	$\pm$	$\pm$
6y	$\pm$	$\pm$	$\pm$	$\pm$	$\pm$
t	$\pm$	$\pm$	$\pm$	$\pm$	$\pm$
7y	$\pm$	$\pm$	$\pm$	$\pm$	$\pm$
t	$\pm$	$\pm$	$\pm$	$\pm$	$\pm$
8y	$\pm$	$\pm$	$\pm$	$\pm$	$\pm$
t	$\pm$	$\pm$	$\pm$	$\pm$	$\pm$
9y	$\pm$	$\pm$	$\pm$	$\pm$	$\pm$
t	$\pm$	$\pm$	$\pm$	$\pm$	$\pm$

- **Misure:**

  - Avviate REC sulla videocamera.

---

5 Acquistabile presso dei negozi di idraulica.

- Immergete progressivamente le palline nel tubo di plastica e lasciatele cadere all'interno del liquido, quando una tocca il fondo rilasciate la pallina successiva.

- Mettete in STOP la videocamera.

- **Analisi dei dati:**

  - Trasferire il filmato digitale nel disco fisso del PC.

  - Lanciare "avidemux". Acquisite il filmato sul Pc.

  - Attraverso il precedente software, selezionate 5 gruppi (uno per ciascuna pallina) di 10 fotogrammi che rappresentino bene la traiettoria delle palline. Ciascun fotogramma dovrà essere salvato con un nome che ricordi l'istante, preferibilmente in millisecondi, a cui si riferisce. Il primo fotogramma sarà quello relativo all'istante in cui viene rilasciata la pallina.

  - Create una tabella dove posizionerete i vari fotogrammi (ordinati con lo stesso criterio della precedente tabella).

  - Avviate "gimp".

  - Aprite ciascun fotogramma annotando la y in cui si trova la pallina. Si consiglia di marcare il punto in cui viene fatta la rilevazione con una x e salvare il fotogramma modificato con un altro nome (aggiungere ad esempio al nome una x. Ad esempio foto3 verrà salvato come foto3x).

  - Create una tabella dove posizionerete i vari fotogrammi contrassegnati con una x (ordinati con lo stesso criterio della precedente tabella).

  - Riempite quindi la precedente tabella con i dati necessari, aggiungendo l'errore sperimentale (in base al centro apparente della pallina e alla nitidezza dei fotogrammi).

  - Avviare octave.

  - Lanciare il comando diary al fine di conservare i passi svolti e gli output ottenuti.

  - Memorizzare nelle variabili indicizzate i dati raccolti, secondo quanto riportato nella tabella precedente.

  - Salvare le variabili definite con il comando save. Si consiglia di attribuire al file, che contiene le variabili, un nome che richiami l'esperienza svolta.

  - Costruire un diagramma contenente i vari grafici (1, 3, 5, 10, 30 bulloncini) e le loro relative barre di errore, ponendo tutti i tempi di rilascio della pallina pari a a o.

- **Risultato:** Dal confronto delle misure che cosa deducete? Pensate che la rifrazione della luce possa aver alterato le misure? Esiste una velocità limite costante? Da quale punto in poi? Esiste una relazione tra la velocità limite e il peso delle palline? Provate a ripetere l'esperienza con le stesse palline ma con liquidi diversi (olio di semi, alcool ...).

5.14 SPINTA DI ARCHIMEDE

- **Obiettivo:** Verificare sperimentalmente la validità del principio di Archimede.

- **Strumentazione:** Una bilancia a bracci[6], una bilancia.

- **Materiali:** Un oggetto solido che affondi in acqua, una bacinella che lo possa contenere immerso, due bicchieri di plastica, una brocca d'acqua.

- **Descrizione:**

  - Assicuratevi che la vostra bilancia sia regolata bene.

  - Segnate con un pennarello sottile il livello dell'acqua.

  - Legate con un filo sottile l'oggetto ad una estremità di uno dei due piatti della bilancia e immergetelo nell'acqua della bacinella.

  - Ponete i bicchieri A e B, sull'altro piatto della bilancia.

  - Riempite il bicchiere A finché la bilancia non è in equilibrio (Fase I).

  - Togliete il corpo dalla bacinella, assicurandovi di tenere il contrappeso della bilancia, e asciugatelo leggermente.

  - Riempite il bicchiere B finché la bilancia non è nuovamente in equilibrio (Fase II). In questo caso l'acqua prelevatela dalla bacinella. Il peso del bicchiere B rappresenta la differenza di peso apparente del vostro oggetto immerso e non immerso.

  - Osservate che il livello dell'acqua torna ad essere quello iniziale quando i bracci sono nuovamente in equilibrio.

  - Pesate il bicchiere B.

  - Pesate il bicchiere A.

  - Pesate l'oggetto immerso.

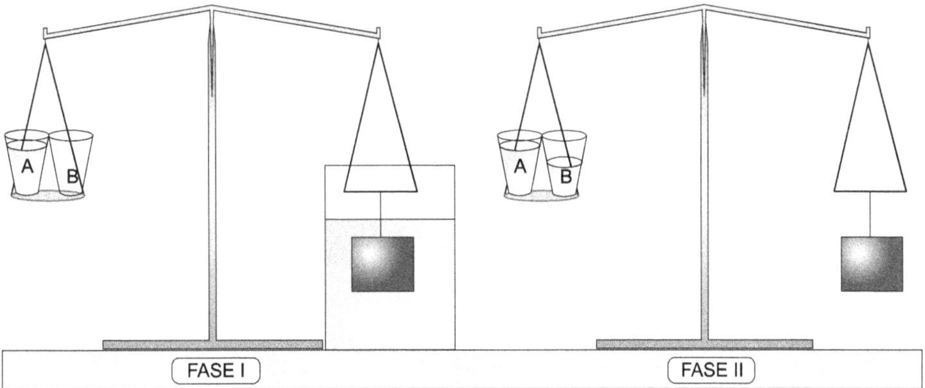

Figura 16: Principio di Archimede.

---

6 Ai fini dell'esperienza può anche essere autocostruita, basta un fulcro, due bracci rigidi, e due piatti collegabili alle estremità

$$
\begin{array}{lll}
h_{-grave} & \underline{\hspace{3cm}} & \pm \underline{\hspace{1.5cm}} \\
h_{+grave} & \underline{\hspace{3cm}} & \pm \underline{\hspace{1.5cm}} \\
P_{grave} & \underline{\hspace{3cm}} & \pm \underline{\hspace{1.5cm}} \\
P_{bicchA} & \underline{\hspace{3cm}} & \pm \underline{\hspace{1.5cm}} \\
P_{bicchB} & \underline{\hspace{3cm}} & \pm \underline{\hspace{1.5cm}}
\end{array}
$$

- **Misure:** Riportate i valori delle suddette misure e le relative incertezze.

- **Analisi dei dati:** Osservate se il bicchiere A ha un peso equivalente al corpo immerso in acqua. P_{bicchB} è pari al peso di acqua spostata dal corpo?

- **Risultato:** Si lascia allo studente la stesura della relazione relativa a questa esperienza e discutere quanto è stato verificato sperimentalmente.

5.15   EQUAZIONE DI STATO DEI GAS PERFETTI: ISOCORA

- **Obiettivo:** Determinare la validità della legge dei gas perfetti nel caso in cui viene mantenuto costante il volume del gas.

- **Strumentazione:** un termometro e un righello.

- **Materiali:** Una bottiglia di vetro o plastica rigida; un tappo a tenuta d'aria; un tubicino trasparente da 60 cm; dell'acqua colorata con dell'inchiostro blu o rosso; del silicone.

- **Descrizione:**

Per realizzare l'esperimento serve una bottiglia di vetro o plastica rigida (in modo che non si deformi) con un imboccatura abbastanza larga per poter introdurre un termometro e il tubicino in verticale, come illustrato nella figura sottostante.

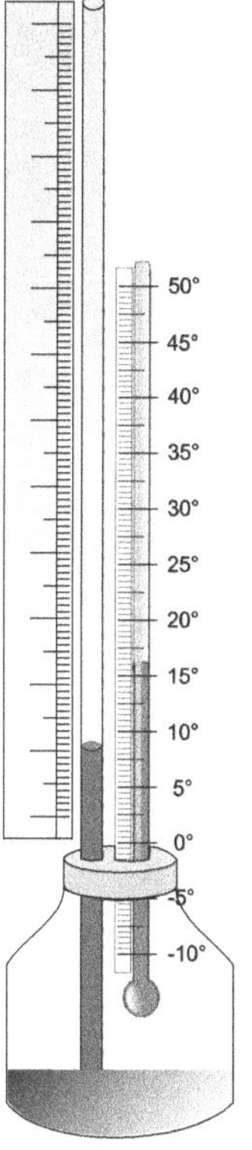

Figura 17: Isocora

Dentro la bottiglia inseriamo pochi centimetri d'acqua colorata con l'inchiostro. Infiliamo il tappo e assicuriamoci che il tubicino arrivi quasi a toccare il fondo della bottiglia. Inseriamo, adesso, dell'acqua colorata con inchiostro nel tubicino, fino a oltrepassare di qualche centimetro il bordo del tappo. Il nostro tubicino sarà il nostro barometro artigianale. Il dislivello del liquido (h in cm), misurabile con un righello, dipende dalla pressione secondo la legge: $P = 98 \cdot h$. Un po' di silicone risolve eventuali pericolose intercarpedini che, lasciando fuoriuscire il gas, falserebbero le misure. Si raccomanda di tener conto del fatto che dato un volume di circa 1 litro contiene 0.05 moli di aria, una variazione 10

°C gradi di temperatura dovrebbe comportare un aumento di pressione di 4000 pa, che porterebbe l'acqua colorata presente nel tubicino ad un dislivello di 30 cm. È consigliabile, se non si vuole che l'acqua con l'inchiostro non fuoriesca dal tubicino che la parte libera superiore sia almeno di 30 cm.

Affinché l'esperimento non sia falsato occorre: il termometro e il tubicino devono essere completamente sigillati alla bottiglia in modo e che non vi siano fuoriuscite di gas; la quantità di gas contenuta dentro la bottiglia dev'essere molto maggiore del volume del tubicino; il gradiente di temperatura non dev'essere eccessivo. Per verificare che non ci sono fuoriuscite di gas basta controllare che l'altezza dell'acqua colorata nel tubicino si mantiene la stessa. Affinché il sistema si termalizzi la variazione di temperatura non deve essere troppo rapida. Diciamo che sarebbe consigliabile che complessivamente 10 °C vengano variati in un'ora. In tal modo ogni 5 minuti la temperatura varia di circa 2 °C ed il gas ha il tempo di termalizzarsi con il sistema.

Costruite una tabella che contenga le seguenti informazioni:

$$\Delta T =$$
$$\Delta h =$$

Temp						
h						
Temp						
h						
Temp						
h						

- **Misure:** Registrate le misure di temperatura e altezza del liquido nel tubicino e riportatele nella precedente tabella.

- **Analisi dei dati:**

  - Avviare octave.

  - Lanciare il comando diary al fine di conservare i passi svolti e gli output ottenuti.

  - Memorizzare in due variabili indicizzate h e T le misure effettuate, secondo la tabella precedente.

  - Salvare le variabili definite con il comando save. Si consiglia di attribuire al file, che contiene le variabili, un nome che richiami l'esperienza svolta.

  - Convertite l'altezza del liquido, misurata rispetto alla sua superficie, in pressione: $\Delta P = 98 \cdot h$ con P in pascal h in cm.

  - Rappresentare graficamente i dati in un grafico T-P e le relative barre di errore.

  - Eseguire un "best fit" lineare e sovrapporre la retta ottenuta al grafico precedente.

  - Rappresentare un grafico dei residui.

- **Risultato:** Commentate il risultato ottenuto e le eventuali discrepanze dalle attese teoriche. Preparate una relazione che descriva quanto avete realizzato.

Provate a cambiare l'esperimento senza mettere acqua dentro la bottiglia, ma solo nel tubicino secondo il seguente schema:

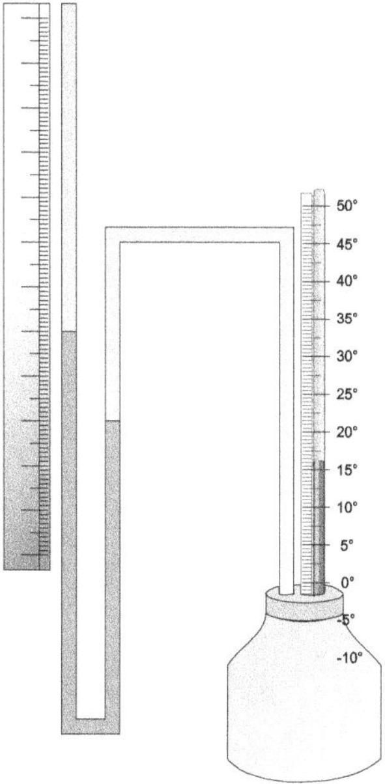

Figura 18: Isocora variante

che cosa vi aspettate di diverso?

Rifate l'esperienza precedente nelle condizioni suggerite in questo secondo schema e confrontate i risultati ottenuti.

5.16 EQUAZIONE DI STATO DEI GAS PERFETTI: ISOTER-MA

- **Obiettivo:** Verificare sperimentalmente la legge di Boyle e ottenere una stima della temperatura ambiente.

- **Strumentazione:** una riga.

- **Materiali:** Una bottiglia rigida trasparente di forma cilindrica, un tubo di gomma trasparente, del silicone, dell'acqua e un imbutino.

- **Descrizione:**

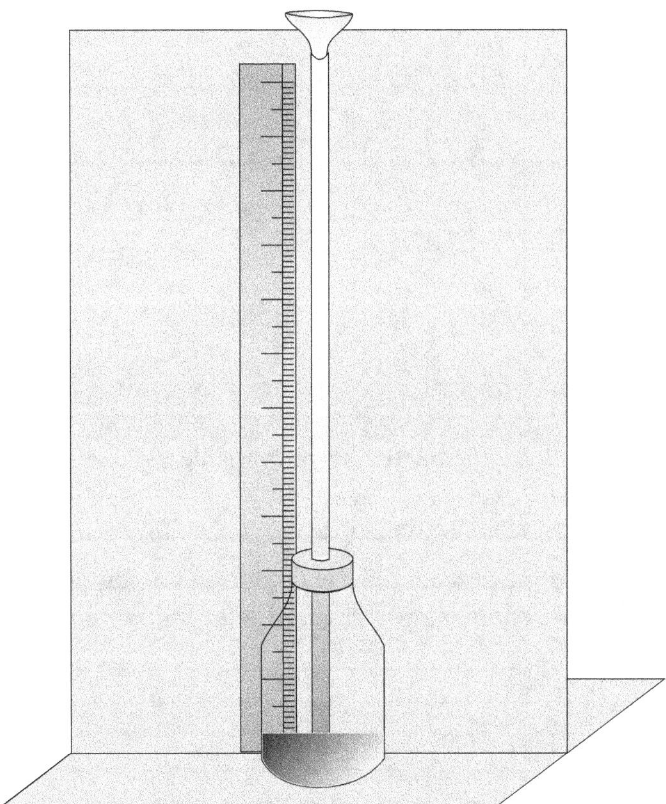

Figura 19: Legge di Boyle

Dopo aver preparato l'apparato sperimentale mostrato, come illustrato nel precedente schema, avendo l'accortezza di sigillare bene con del silicone il tubo di gomma con il tappo della bottiglia al fine di evitare perdite di gas, e inoltre, assicurandosi che l'estremo inferiore del tubo sia prossimo al fondo della bottiglia e sia in corrispondenza con lo 0 della riga, questo punto lo chiameremo livello 0.

Data una bottiglia da 2 litri, versando acqua nell'imbutino, ci aspettiamo che l'acqua inizialmente riempia la bottiglia, poi versando ancora acqua essa inizierà a salire nel tubo di gomma, aumentando la pressione all'interno della bottiglia. Se l'esperienza non viene svolta troppo rapidamente, la temperatura del gas all'interno della bottiglia si può assumere costante.

Ogni 10 cm di acqua riversati dentro il tubo dovrebbero determinare una riduzione dell'1% del volume del gas contenuto nella bottiglia.

Quindi se la bottiglia è alta 30 cm, riempire il tubo di gomma con 60 cm di acqua dovrebbe determinare una riduzione del volume del gas pari al 18%, tale variazione può essere stimata misurando la variazione del livello dell'acqua (H) all'interno della bottiglia rispetto al rispetto al livello 0, mentre la pressione interna è data dall'altezza dell'acqua (h) nel tubo rispetto al livello 0.

Preparate quindi la seguente tabella: dove le prime due colonne raccoglieranno i dati sperimentali, le altre verranno completate alla fine dell'analisi dei dati ottenuti.

h	H	$V = V_b$	$P = P_b + P_a$	$P \cdot V$

P_a è la pressione atmosferica, provate a cercarne il valore esatto in internet[7].

P_b è la pressione relativa dovuta alla colonna d'acqua $P_b = \rho \cdot g \cdot h$.

V è il volume di gas bloccato dentro la bottiglia. Detta S la sezione della bottiglia in cui varia il livello dell'acqua, avremo che: $V = V_0 - S \cdot H$.

- **Misure:** Versare progressivamente acqua nel tubicino, dal momento in cui l'estremo inferiore del tubo si trova sotto il livello dell'acqua, iniziare le misure, versando progressivamente acqua finché entrambe le grandezze h, e H, diventano significativamente diverse dalle precedenti, registrate entrambi i valori e continuate, finché possibile aggiungere acqua.

- **Analisi dei dati:**

  - Avviare octave.

  - Lanciare il comando diary al fine di conservare i passi svolti e gli output ottenuti.

  - Memorizzare nei vettori h, dh e H, dH le quantità misurate con le indeterminazioni associate.

  - Salvare le variabili definite con il comando save. Si consiglia di attribuire al file, che contiene le variabili, un nome che richiami l'esperienza svolta.

  - Determinare il volume effettivo e la pressione assoluta all'interno della bottiglia.

  - Calcolare il prodotto elemento per elemento delle grandezze calcolate nel punto precedente.

  - Rappresentare graficamente il risultato ottenuto con le relative barre di errore.

---

7 Ad esempio: http://www.wunderground.com/

- **Risultato:** Dite se ritenete utile il calcolo del valore medio e della semidispersione degli elementi del vettore dati $P \cdot V$. Come giustificate l'eventuale comportamento non rispondente alla legge di Boyle, si tratta per caso di pressioni relative? Valutando il numero di moli di gas contenuto nella bottiglia (a 25°C una mole di gas perfetto occupa un volume pari a 22.414 litri), è possibile stimare la temperatura ambiente?

5.17 CURVA DI RAFFREDDAMENTO DI UN LIQUIDO

- **Obiettivo:** Determinare la curva di raffreddamento di un liquido e la dipendenza di quest'ultima dalla massa d'acqua. L'esperimento viene svolto dai vari gruppi della classe e poi i risultati vengono confrontati insieme.

- **Premessa teorica:** Data una certa quantità di acqua a temperatura diversa da quella ambiente T_a, posta all'interno di un dato contenitore e opportunamente mescolata, dissiperà calore con l'ambiente attraverso un processo di conduzione di calore attraverso le pareti del contenitore. Indicheremo con la lettera T (maiuscolo) la temperatura mentre con la t (minuscolo) il tempo. Fissato il contenitore, il termometro interno, il mescolatore ovvero il calorimetro allora la legge che descrive il calore dissipato è:

$$\frac{Q(t)}{t} = \frac{T(t) - T_a}{\eta}$$

  Questa equazione descrive quanto calore per unità di tempo viene trasferito dal sistema verso l'ambiente esterno. Tanto più piccola è la differenza di temperatura $T - T_a$ tanto meno calore per unità di tempo verrà dissipato dal sistema verso l'ambiente esterno. È ragionevole pensare che dopo un tempo abbastanza lungo il sistema si termalizzerà raggiungendo la temperatura ambiente.

  La quantità di calore dissipata all'esterno del contenitore determina una variazione di temperatura nel tempo secondo la legge teorica:

$$T(t) - T_a = (T_0 - T_a) \cdot e^{-\frac{t}{\eta}}$$

- **Strumentazione:** Un termometro, una bilancia e un orologio.

- **Materiali:** Una serie di bacinelle trasparenti identiche e dell'acqua calda.

- **Descrizione:** Fate in modo che i vari componenti della classe utilizzino lo stesso contenitore ma quantità diverse di acqua.

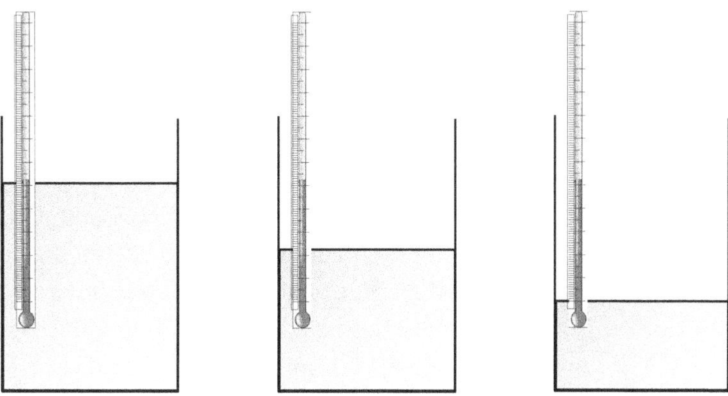

Figura 20: Raffreddamento di un liquido in funzione del tempo.

Attendere che la bacinella si termalizzi. Ciascuno gruppo passandosi lo stesso orologio registri l'informazione temporale e la temperatura dell'acqua. Queste misure devono essere registrate più frequentemente per quei gruppi che hanno meno acqua nella bacinella.

Per ciascun gruppo create la seguente tabella:

N	0	1	2	3	4	5	6	7	8	9
t	—	—	—	—	—	—	—	—	—	—
Δt	—	—	—	—	—	—	—	—	—	—
T°	—	—	—	—	—	—	—	—	—	—
ΔT°	—	—	—	—	—	—	—	—	—	—

dove con t (minuscolo) viene indicato il tempo e con T (maiuscolo) la temperatura.

Massa acqua: _____ $\pm$ __ gr.

- **Misure:** Riempite la tabella precedente raccogliendo le misure necessarie.

- **Analisi dei dati:**

  - Avviare octave.

  - Lanciare il comando diary al fine di conservare i passi svolti e gli output ottenuti.

  - Assegnato ad ogni gruppo di lavoro un numero progressivo (z) ciascun gruppo memorizzi i dati nelle variabili indicizzate t_z, T_z, dt_z e dT_z, e nelle due variabili m_z dm_z il valore della massa d'acqua impiegata. come disposto nella precedente tabella.

  - Salvare le variabili definite con il comando save. Si consiglia di attribuire al file, che contiene le variabili, un nome che richiami l'esperienza svolta.

  - Ciascun gruppo rappresenti graficamente $T(t)$ con le relative barre di errore.

  - Che tipo di curva vi sembra? Provate a rappresentare i dati in grafico speciale denominato semilog[8] Se i dati rispettano una legge di tipo esponenziale basta effettuare il $\ln(T(t) - T_a)$ dei dati. Come si trasforma la curva?

  - Raccogliete insieme i dati di tutti i gruppi.

  - Ciascun gruppo rappresenti nello stesso grafico tutte le curve al variare della quantità d'acqua.

- **Risultato:** Si lascia all'iniziativa degli studenti individuare quali sono e come interagiscono i parametri: quantità d'acqua, temperatura esterna. Con l'aiuto del vostro docente cercate di approfondire la spiegazione teorica al fenomeno osservato. Se questa esperienza viene svolta dagli alunni dell'ultimo anno, provate a effettuare il "best fit" della curva ottenuta. I dettagli su questo tipo di analisi sono forniti in appendice.

---

8 Vedi manuale: octave.pdf (fornito con il software).

5.18 DETERMINAZIONE DEL CALORE SPECIFICO DI UN CORPO I

- **Obiettivo:** Determinare il calore specifico di un corpo solido e tarare un calorimetro.

- **Strumentazione:** Una bilancia e un termometro.

- **Materiali:** Un contenitore di materiale termicamente isolante (una scatolina di polistirolo), un fornellino, un mescolatore e del ghiaccio.

- **Descrizione:**

  - Mettiamo il ghiaccio in acqua insieme con il nostro oggetto in modo che raggiunga 0 °C.

  - Riscaldiamo leggermente sul fornellino una certa quantità di acqua (40 °C - 50 °C).

  Prepariamo la seguente tabella:

m_1	$\pm$
T_1	$\pm$
m_2	$\pm$
T_2	$\pm$
m_3	$\pm$
T_3	$\pm$
m_4	$\pm$
T_4	$\pm$

- **Misure:**

  - Poniamo il contenitore vuoto, con il termometro e il mescolatore sopra la bilancia e registriamo le prime due misure: peso calorimetro (in grammi) e temperatura ambiente (celsius) (m_1, T_1).

Figura 21: Calore specifico: fase 1

  - Mettiamo nel contenitore l'acqua riscaldata (una quantità approssimativamente pari a metà del peso del corpo) mescolando, attendiamo alcune decine di secondi perché il sistema si termalizzi. Registriamo il peso del sistema (in grammi) e la temperatura dell'acqua (celsius) (m_2, T_2).

  - Aggiungiamo dell'acqua a 0 °C (una quantità pari a circa 1/4 del peso del corpo), mescoliamo per una decina di secondi. Registriamo il peso del sistema (in grammi) e la temperatura dell'acqua (celsius) m_3, T_3.

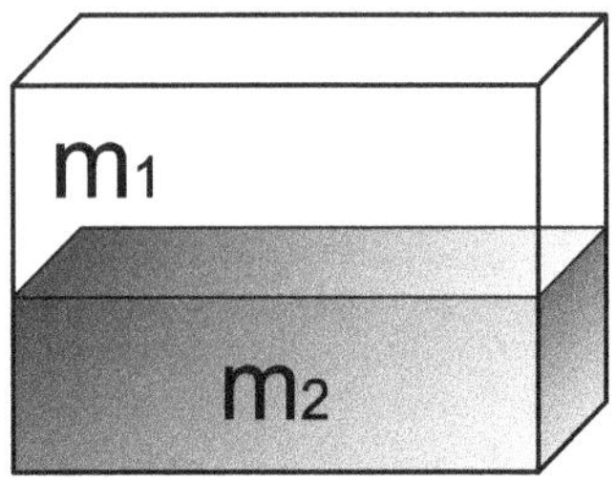

Figura 22: Calore specifico: fase 2

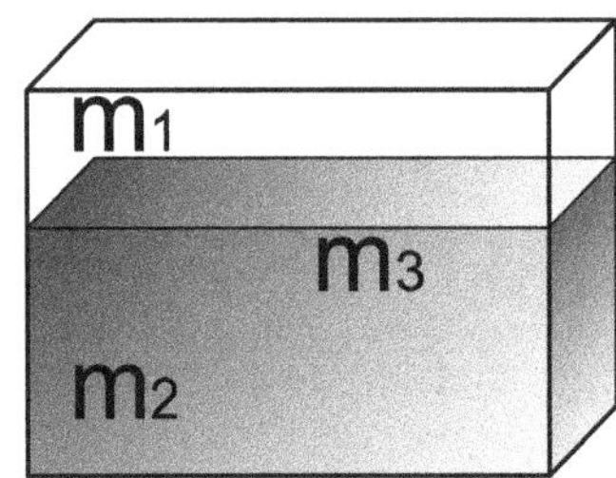

Figura 23: Calore specifico: fase 3

- Immettiamo nell'acqua il corpo che era stato immerso nel ghiaccio, attendiamo qualche minuto perché il sistema si termalizzi. Registriamo il peso del sistema (in grammi) e la temperatura dell'acqua (celsius) (m_4, T_4).

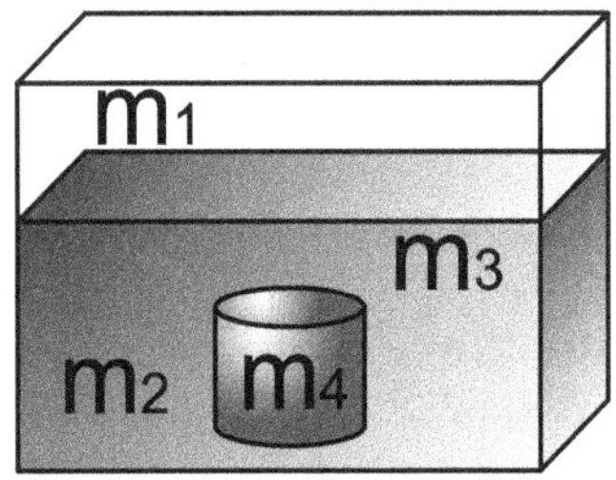

Figura 24: Calore specifico: fase 4

- **Analisi dei dati:** Visto l'esiguo numero di misure non è strettamente necessario l'uso di octave, in questo caso è sufficiente l'uso di una semplice calcolatrice o se si ha dimestichezza con i fogli di calcolo, Libreoffice ne dispone di uno ottimo. Lo studente scelga il modo con cui operare sui dati.

Per prima cosa è necessario individuare la massa equivalente del calorimetro. Ricordo dalla teoria che quando due sostanze a diversa temperatura, $T_a > T_b$ vengono messe in contatto si termalizzano e raggiungono una temperatura di equilibrio T_c. Trascuriamo la dispersione di calore nell'ambiente (questa è tanto minore tanto meno la temperatura dell'acqua si differenzia da quella ambiente e quanto meglio è isolato termicamente il contenitore) sappiamo che la quantità di calore assorbita dall'acqua a 0 °C è pari a quella ceduta dal calorimetro e dall'acqua calda[9]:

---

[9]

$$[m_e + (m_2 - m_1)] \cdot (T_2 - T_3) = (m_3 - m_2 - m_1) \cdot (T_3 - 0)$$

Determiniamo la capacità termica, e l'incertezza associata, del contenitore-termometro misurando la variazione di temperatura subita dall'acqua calda $(T_2 - T_3)$ aggiungendo acqua a 0 °C $(T_b = T_3 - 0)$, quando questi vengono mescolati raggiungono la temperatura (T_3).

$$m_e = (m_3 - m_2 - m_1) \cdot \frac{T_3}{T_2 - T_3} + m_1 - m_2$$

Il calore specifico, data la massa equivalente e la sua indeterminazione[10], si trova

$$c_x = \frac{(m_e + m_3 - m_1) \cdot c_{H_2O}(T_3 - T_4)}{T_4(m_4 - m_3)}$$

- **Risultato:** Si lascia allo studente provare a ripetere la seguente esperienza con temperature dell'acqua diverse e vedere come la dispersione di calore nell'ambiente influenza il risultato ottenuto. Lo studente nella sua relazione dell'esperienza fatta cerchi una strategia per minimizzare gli effetti dispersivi o prevedere l'effetto sistematico per eliminarlo.

---

10 Calcolare il calore specifico, e l'incertezza associata, del corpo una volta immerso nel sistema risolvendo la seguente equazione:

$$(m_e + m_3 - m_1) \cdot c_{H_2O})(T_3 - T_4) = c_x \cdot (m_4 - m_3)T_4$$

5.19 COSTRUZIONE DI UN CALORIMETRO

Prima di iniziare questa importante esperienza è necessario fare alcune importanti considerazioni, conseguenziali alle informazioni apprese nella precedente esperienza.

5.19.1 Premesse teoriche

Calorimetro ideale

Un calorimetro ideale è costituito da un contenitore isolato termicamente dall'ambiente esterno, dove all'interno vengono inseriti un termometro e un mescolatore. Un calorimetro prima di essere utilizzato per misurare il calore specifico di una qualsiasi sostanza deve essere opportunamente tarato. Bisogna infatti tenere conto che una sostanza riscaldata e immersa in una quantità d'acqua nota all'interno di un calorimetro cede calore sia al contenitore, sia al termometro e sia al mescolatore.

Si chiama massa equivalente di un calorimetro la massa che il calorimetro avrebbe se fosse costituito da una certa quantità d'acqua nota m_e. Spesso si fornisce la capacità termica del calorimetro C_c come prodotto: $m_e \cdot c_a$, dove c_a è il calore specifico dell'acqua.

Calorimetro reale

Un calorimetro reale si differenzia da quello descritto in quanto il sistema termodinamico presenta anche una significativa dispersione di calore con l'ambiente esterno. Il calorimetro ideale non prende in esame le dispersioni di calore, ovvero queste dovrebbero essere trascurate, ma noi adesso ci proponiamo di usare un calorimetro non ideale in cui la dispersione di calore non sia affatto trascurabile. L'esperienza proposta è abbastanza semplice e prescinde dall'utilizzo di un calorimetro ideale, ma propone la possibilità di usare un calorimetro non ideale, ma idealizzabile, ovvero eliminare l'errore sistematico della dispersione di calore al fine di renderlo ideale.

Date le curve di raffreddamento di un sistema termodinamico è possibile verificare sperimentalmente quant'è la dispersione di calore subita da un fissato sistema termodinamico. È lecito quindi pensare di utilizzare questi dati ai fini del calcolo del calore specifico di una qualsiasi sostanza.

Occorre costruire il grafico della temperatura in funzione del tempo effettuando una campionatura temperatura-tempo tutte le volte che la variazione di temperatura del sistema diventa apprezzabile. Si prenda un contenitore vuoto con all'interno un termometro e un mescolatore. All'interno di questo contenitore si metta al tempo t_o una massa nota d'acqua fredda m_o, si aggiunga dopo un tempo t_a una massa pari a m_a di acqua calda alla temperatura T_a, si mescoli e si attenda un tempo t_b, dopo il quale si aggiunge nel contenitore un corpo di massa nota m_b a temperatura ambiente T_b di cui si vuole determinare il calore specifico.

Il grafico temperatura tempo sarà strutturato come mostrato in figura:

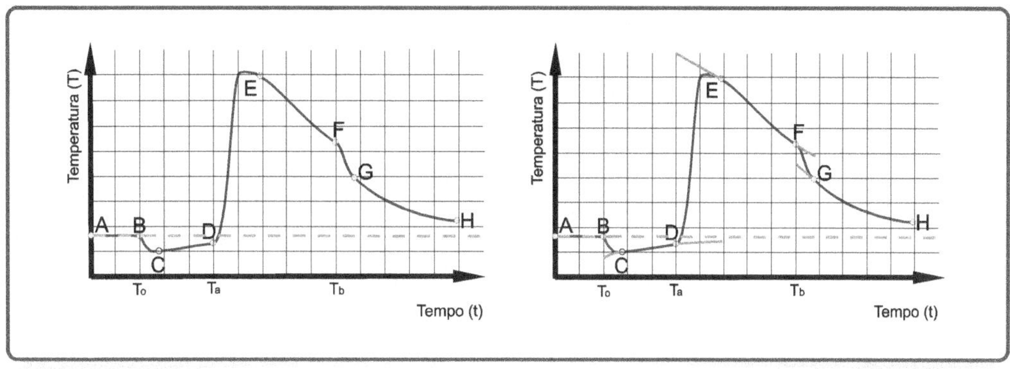

Figura 25: Grafico temperatura, tempo

Nel precedente grafico (a) è importante evidenziare le seguenti regioni:

AB Il termometro registra la temperatura ambiente (che si mantiene costante) all'interno del contenitore vuoto contenente inizialmente il termometro e il mescolatore;

BC in B (al tempo t_o) viene messa l'acqua fredda il sistema abbassa la temperatura fino a quella dell'acqua;

CD il sistema dopo essersi termalizzato, progressivamente tende a raggiungere la temperatura ambiente, secondo la legge esponenziale verificata nella precedente esperienza;

DE in D (al tempo t_a) viene aggiunta una quantità nota di acqua calda. Il sistema aumenta la sua temperatura raggiungendo un valore massimo (E), poi a causa della dispersione di calore la temperatura inizia a decrescere;

EF il sistema diminuisce progressivamente la sua temperatura tendendo a quella ambiente, secondo la precedente legge esponenziale di dispersione del calore.

FG in F (al tempo t_b) si aggiunge un corpo a temperatura ambiente e di massa nota di cui si vuole determinare il calore specifico, certamente maggiore di quello che ci si aspetterebbe a causa della dispersione. Il sistema subisce un rapido decremento della temperatura. Questa differenza è tanto maggiore tanto più significativo è il rapporto tra la massa del corpo e quella dell'acqua contenuta nel calorimetro.

GH la temperatura diminuisce progressivamente secondo la legge di dispersione del calore.

Da tutti questi dati è possibile ottenere sperimentalmente una serie di importanti informazioni: la massa equivalente del sistema termometro, mescolatore e contenitore; coefficiente di dispersione del contenitore con l'ambiente esterno nei vari casi: con solo acqua fredda, acqua fredda + calda, acqua fredda + calda + sostanza; calore specifico di una data sostanza.

Analisi dati

Per ricavare i coefficienti $1/\eta$ di dispersione del calorimetro occorre analizzare i dati nei tratti in cui il sistema disperde calore, ovvero nei tratti CD EF e GH. Ciascuno di questi gruppi di dati fornisce informazioni diverse: il primo gruppo, quello CD, sulla dispersione-assorbimento di calore nel caso in cui è presente solo acqua fredda; il secondo gruppo, quello EF, sulla dispersione di calore nel caso in cui sia presente acqua fredda+calda; il terzo gruppo, quello GH, sulla dispersione di calore in presenza nel contenitore di acqua fredda+calda+sostanza.

Nei tratti BC, DE ed FG le sostanze si miscelano e lo strumento deve anch'esso termalizzarsi, quindi non è possibile stabilire una temperatura unica nel sistema. Questi dati purtroppo non sono utilizzabili e vanno scartati dalla nostra analisi.

Le serie utilizzabili ai fini dell'analisi dati sono quelli nei seguenti tratti:

AB Il termometro registra una temperatura ambiente; Da questi dati è possibile estrapolare il valor medio della temperatura ambiente T_A e la semidispersione dei dati (o la deviazione standard) ΔT_A.

CD se l'acqua messa nel contenitore è più fredda di quella ambiente il sistema tende a raggiungere la temperatura ambiente; in tal caso visto che in questo tratto come in tutti i successivi l'andamento previsto è di tipo esponenziale Quindi in base al tipo di software utilizzato sarà possibile automatizzare le operazioni di analisi. La prima operazione consiste nell'uso di colonne in un foglio di calcolo o array in octave. Alla colonna delle temperature del tratto CD occorre sottrarre la temperatura ambiente trovata in precedenza, poi determinare di questi ultimi dati il logaritmo naturale, ed infine effettuare una operazione di regressione lineare di questi ultimi. La regressione lineare una funzione che dato un set di dati, restituisce i coefficienti della retta che minimizza la funzione somma delle distanze quadratiche tra retta e punti sperimentali. Il coefficiente angolare di questa retta è $1/\eta$, ovvero il coefficiente di dispersione.

EF il sistema diminuisce progressivamente la sua temperatura tendendo a quella ambiente, secondo la precedente legge di dispersione del calore. Ripetere gli stessi passi del punto precedente.

GH la temperatura diminuisce progressivamente secondo la legge di dispersione del calore. Ripetere gli stessi passi del punto precedente.

Alla fine di questo percorso avremo i coefficienti di dispersione del nostro sistema in tutti i suddetti casi. Questi coefficienti sono utili al fine di ricostruire quanto accade dopo l'aggiunta della massa di cui si vuole determinare il calore specifico nel sistema. È possibile estendere le esponenziali di ciascun tratto analizzato in precedenza in modo da ottenere il salto teorico tra le due funzioni, come illustrato nella secondo grafico della precedente figura e quindi il salto teorico di temperatura che ci sarebbe stato se il calorimetro fosse stato ideale. Dati i salti di temperatura medi, e le loro semidispersioni (vedi grafico b) ottengo i salti di temperatura; tra la temperatura dell'acqua fredda e quella dell'acqua fredda+calda, tra l'acqua fredda+calda e la temperatura di equilibrio finale tra acqua fredda+calda+sostanza.

Attraverso la conoscenza dei suddetti parametri è possibile, date le masse e le temperature iniziali delle sostanze, determinare sia la massa equivalente del calorimetro che il calore specifico della sostanza, come se si trattasse di un calorimetro ideale.

5.19.2   Taratura del calorimetro

- **Obiettivo:** Costruzione e taratura di un calorimetro.

- **Strumentazione:** Una bilancia, un termometro.

- **Materiali:** Un contenitore possibilmente di materiale termicamente isolante, dell'acqua, un fornellino, un agitatore e del ghiaccio.

- **Descrizione:** Riscaldare dell'acqua con il fornellino fino a una temperatura di 50 °C- 60 °C e mettere del ghiaccio in un altro contenitore contenente acqua.

- **Misure:**

  - Prendete il vostro calorimetro, posatelo sopra la bilancia. Registrate la temperatura ambiente e la massa.

  - Mettetevi dentro l'acqua calda e mescolando aspettate che si termalizzi.

  - Registrate i valori di temperatura nel tempo e la massa del sistema.

  - Versate l'acqua contenente il ghiaccio, avendo l'accortezza che nessun pezzettino di ghiaccio finisca dentro il calorimetro e mescolate.

  - Continuate la registrazione dei valori di temperatura in funzione del tempo (in particolare quando le variazioni di temperatura sono significative) e la massa del sistema.

- **Analisi dei dati:**

  - Avviare octave.

  - Lanciare il comando diary al fine di conservare i passi svolti e gli output ottenuti.

  - Memorizzate in due vettori tempo t e temperatura T e in altri due vettori le rispettive indeterminazioni.

  - Salvare le variabili definite con il comando save. Si consiglia di attribuire al file, che contiene le variabili,, un nome che richiami l'esperienza svolta.

  - Rappresentare graficamente $T(t)$ con le relative barre di errore.

  - Rappresentate graficamente $\ln(T(t) - T_a)$, dove T_a è la temperatura ambiente.

- Determinate dalle informazioni date la massa equivalente del calorimetro.

- Provate a effettuare il "best fit" della curva ottenuta.

- **Risultato:** Avete ottenuto la massa equivalente del calorimetro. Vi aspettate che dipenda dalla massa d'acqua messa nel calorimetro, o dalla sua temperatura iniziale? Giustificate le risposte.

5.20 DETERMINAZIONE DEL CALORE SPECIFICO DI UN CORPO II

- **Obiettivo:** Determinare il calore specifico di un corpo solido. Per svolgere questa esperienza è necessario aver svolto l'esperienza: curva di raffreddamento di un liquido.

- **Strumentazione:** Una bilancia e un termometro.

- **Materiali:** Un contenitore, un fornellino e del ghiaccio.

- **Descrizione:** Nella precedente esperienza è stato evidenziato che la curva di raffreddamento di un liquido è un'esponenziale, ed esattamente: $T = T_a + T_{sys} \cdot e^{-\frac{t}{\eta}}$. Il "best fit" di questa curva ci permette di sapere esattamente la temperatura al tempo t=0 del sistema. Se effettuo la misura della temperatura dell'acqua prima e dopo l'inserimento del corpo, trascurando l'aumento di superficie dissipante a causa dell'immersione del corpo a 0 °C, posso determinare con una discreta precisione le due temperature: quella dell'acqua e quella dell'acqua con il corpo a t=0. Le due curve di raffreddamento differiranno solo per il fattore T_{sys}

In questo modo usando la legge termodinamica sul calore specifico ho:

$$c_x = \frac{c_{H_2O}(T_b - T_a)}{T_a}$$

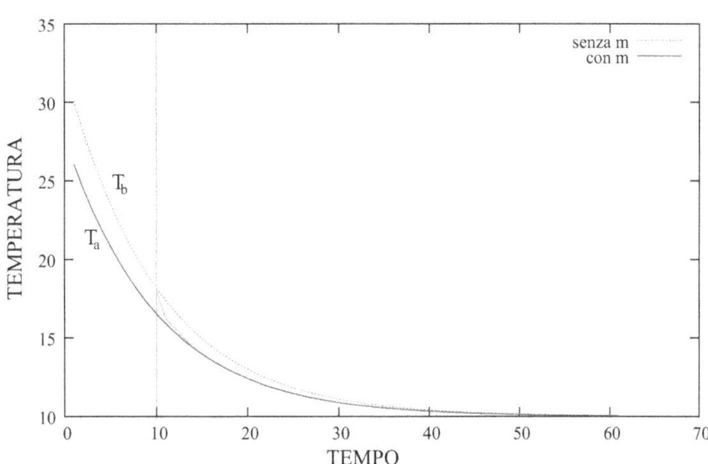

Figura 26: Decrescita esponenziale della temperatura

Le curve si riferiscono al caso di una temperatura ambientale di 10 °C.

Preparate la seguente tabella:

N	1	2	3	4	5	6	7	1	2	3	4	5	6	7
t	—	—	—	—	—	—	—	—	—	—	—	—	—	—
Δt	—	—	—	—	—	—	—	—	—	—	—	—	—	—
T°	—	—	—	—	—	—	—	—	—	—	—	—	—	—
ΔT°	—	—	—	—	—	—	—	—	—	—	—	—	—	—

Iniziamo adesso a preparare la nostra esperienza:

- Mettiamo il ghiaccio in acqua con il nostro oggetto in modo che raggiunga o °C.

- Riscaldiamo sul fornellino una certa quantità di acqua.

Misure:

- Poniamo il contenitore vuoto, con il termometro, sopra la bilancia e registriamo la misura.

- Mettiamo nel contenitore l'acqua riscaldata e registriamo di nuovo il peso.

- Registriamo una serie di valori di temperatura dell'acqua ed il tempo in cui la misura viene effettuata.

- Immettiamo il corpo che era stato immerso nel ghiaccio.

- Registriamo una nuova serie di valori di temperature raggiunte dall'acqua dopo qualche minuto ed i corrispondenti valori di tempo.

Analisi dei dati: Questa esperienza esige il "best fit" di una funzione esponenziale, i cui dettagli sono illustrati nell'appendice A.4.2.

Posto $X_i = t_i$; $Y_i = \ln(T_i - T_a)$, effettuo il "best fit" lineare dei dati. Trovo i coefficienti a_0 e a_1 e le loro indeterminazioni in tal modo posso determinare $T_C = e^{a_0}$ e $\eta = -1/a_1$.

- Avviare octave.

- Lanciare il comando diary al fine di conservare i passi svolti e gli output ottenuti.

- Memorizzare nella matrice Ta, dTa e tb Tb, dTb e tb le misure effettuate seguendo lo stesso criterio della tabella precedente.

- Salvare le variabili definite con il comando save. Si consiglia di attribuire al file, che contiene le variabili, un nome che richiami l'esperienza svolta.

- Generare un grafico con i dati e con le relative barre di errore.

- Effettuiamo un cambiamento di variabili: $y = \ln(T - T_a)$ e $dy = \dfrac{dT}{(T - T_a)}$, dove T_a è la temperatura ambiente.

- Rappresentare graficamente con le relative barre di errore y(t)

- Effettuare un "best fit" lineare tra le misure prima dell'immersione del corpo con le relative incertezza sui coefficienti.

- Effettuare un "best fit" lineare tra le misure dopo l'immersione del corpo con le relative incertezza sui coefficienti.

- Calcolare le due temperature di riferimento Toa e Tob e le rispettive incertezze attraverso il criterio che si ritiene più opportuno (grafico, analitico, . . .).

- Determinate il valore del calore specifico e l'incertezza relativa.

Risultato: Si lascia allo studente descrivere in dettaglio le differenze con l'esperienza I. Quali cambiamenti dovrebbero essere introdotte se si volesse estendere lo stesso esperimento al calore specifico di sostanze liquide? Provare a effettuare anche questa esperienza.

5.21   CARATTERISTICA DI UN POTENZIOMETRO

- **Obiettivo:** Determinare la dipendenza funzionale della resistenza dall'angolo di rotazione del potenziometro o reostato.

- **Strumentazione:** Due multimetri, una pila elettrica di tensione V.

- **Materiali:** Potenziometro di tipo A o B, del cartoncino, una resistenza elettrica, un interruttore.

- **Descrizione:** Preparate un cerchio di cartoncino graduato (nell'appendice A.6 è dato un possibile goniometro da fotocopiare e incollare nel cartoncino). Prima di preparare l'esperienza occorre calibrare bene le componenti da sistemare secondo lo schema sottostante. Data una pila elettrica che riporta la tensione di V volts, occorre comprare una resistenza di $R = 3 \cdot V^2$ ohm, e 1/2 Watt. Il potenziometro deve avere una R_p massima di $100 \cdot V - R$.

Fate attenzione: il multimetro in modalità amperometro abbia una portata max di $i = V/R$, e che sia inserito in un tratto di circuito in serie; mentre l'altro in modalità voltmetro abbia una portata max di V e i cui terminali siano posti ai capi del potenziometro.

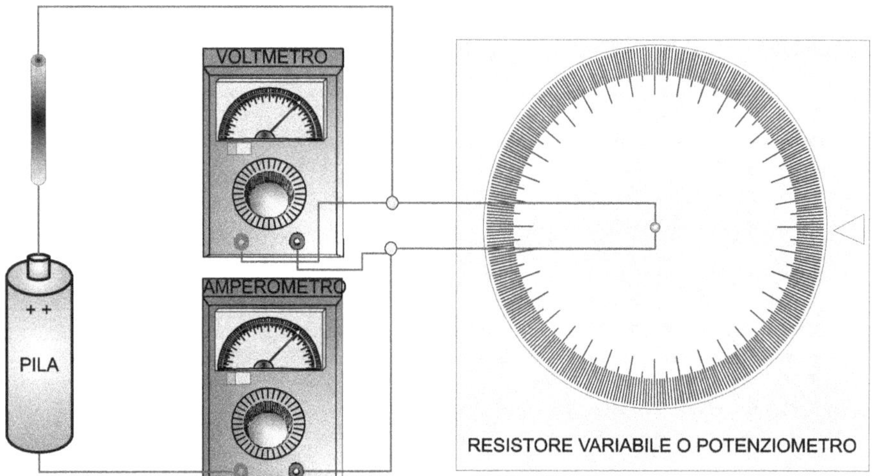

Figura 27: Caratteristica di un potenziometro

Costruite una tabella che contenga le seguenti informazioni:

N	0	1	2	3	4	5	6	7	8	9
θ	—	—	—	—	—	—	—	—	—	—
$\Delta\theta$	—	—	—	—	—	—	—	—	—	—
V	—	—	—	—	—	—	—	—	—	—
ΔV	—	—	—	—	—	—	—	—	—	—
i	—	—	—	—	—	—	—	—	—	—
Δi	—	—	—	—	—	—	—	—	—	—

Costruite il circuito su una basetta prova circuiti, e mettete il potenziometro al valore di resistenza massima.

* **Misure:** Ruotate la ruota graduata e registrate le correnti e le tensioni, con le relative incertezze, ogni quando queste divengono significativamente diverse. Riportare i dati nella precedente tabella.

* **Analisi dei dati:**
    - Avviare octave.
    - Lanciare il comando diary al fine di conservare i passi svolti e gli output ottenuti.
    - Memorizzare nelle variabili indicizzate, `tht`, `dtht`, `V`, `dV`, `i` e `di`, le misure effettuate seguendo lo stesso criterio della tabella precedente.
    - Salvare le variabili definite con il comando `save`. Si consiglia di attribuire al file, che contiene le variabili, un nome che richiami l'esperienza svolta.
    - Calcolare i valori `R=V./i` e le rispettive indeterminazioni.
    - Rappresentare graficamente come varia la resistenza in funzione dell'angolo di rotazione.
    - Rappresentare graficamente come varia la corrente in funzione dell'angolo di rotazione.
    - Rappresentare graficamente come varia il potenziale in funzione dell'angolo di rotazione.

* **Risultato:** Se questa esperienza viene realizzata con entrambe le tipologie di potenziometro (tipo A o tipo B) si consiglia di utilizzare dei grafici semilogaritmici (semilogyerr(args)). Si commenti il risultato ottenuto.

5.22 CARATTERISTICA DI UNA LAMPADINA A INCANDE-SCENZA

- **Obiettivo:** Determinare la caratteristica di un conduttore non ohmmi-co, ossia di un conduttore la cui resistenza non è costante ma varia in funzione della corrente e della tensione.

- **Strumentazione:** Il potenziometro utilizzato nella precedente esperienza, un pila da 3V, due multimetri.

- **Materiali:** Dei fili in rame, una lampadina ad incadescenza da 2.8V, un interruttore.

- **Descrizione:**

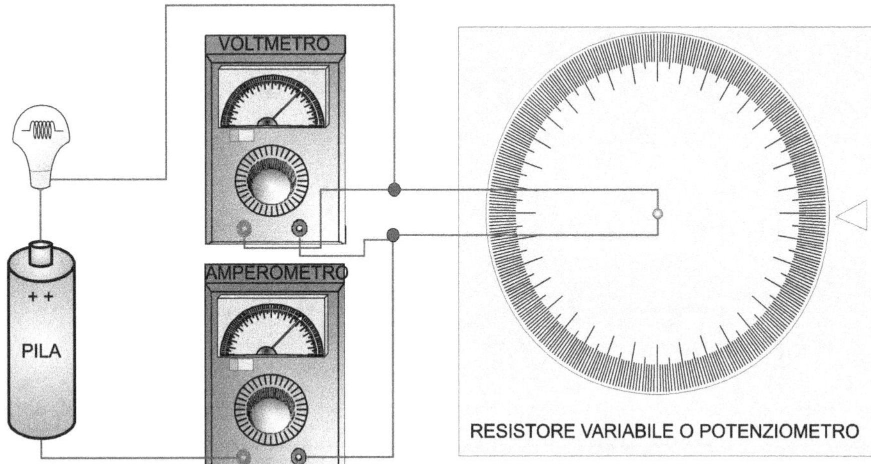

Figura 28: Caratteristica di una lampadina

Preparate un cerchio di cartoncino graduato (nell'appendice A.6 è da-to un possibile goniometro da fotocopiare e incollare nel cartoncino). Prima di preparare l'esperienza occorre calibrare bene le componenti da sistemare secondo lo schema sottostante. Costruite una tabella che contenga le seguenti informazioni:

N	0	1	2	3	4	5	6	7	8	9
V	__	__	__	__	__	__	__	__	__	__
ΔV	__	__	__	__	__	__	__	__	__	__
i	__	__	__	__	__	__	__	__	__	__
Δi	__	__	__	__	__	__	__	__	__	__

- **Misure:** Chiudete l'interruttore e ruotando la ruota graduata effettuate le misure di tensione, corrente e rispettive incertezze, riportando i dati nella precedente tabella.

- **Analisi dei dati:**

    - Avviare octave.

    - Lanciare il comando diary al fine di conservare i passi svolti e gli output ottenuti.

    - Memorizzare nei vettori V, dV, i e di, le misure effettuate seguen-do lo stesso criterio della tabella precedente.

- Salvare le variabili definite con il comando save. Si consiglia di attribuire al file, che contiene le variabili, un nome che richiami l'esperienza svolta.

- Rappresentare e raccordare graficamente i dati i(V) con le relative barre di errore.

- **Risultato:** Che tipo di funzione vi sembra? È possibile una interpretazione del fatto che la resistenza cambi secondo quella legge? La resistenza aumenta o diminuisce con la temperatura? Si può parlare di resistenza differenziale[11]?

---

11 Prova a cercare su wikipedia la voce "resistenza elettrica" e troverai il significato di questa grandezza.

5.23 RESISTIVITÀ

- **Obiettivo:** Misurare la resistività di un filo conduttore e confrontarla con quella di conduttori diversi.

- **Strumentazione:** Un multimetro, due resistenze da 100 Ω e 100 kΩ, una pila o un generatore (o 1.5 o 3 o 4.5 volt), due potenziometri da 1 kΩ e da 2 kΩ, un calibro e una riga.

- **Materiali:** Un filo di rame, uno di acciaio, uno di ferro.

- **Descrizione:** Quello che vogliamo realizzare è un ponte di Wheatstone con delle resistenze, al fine di misurare la piccola resistenza. Il circuito da realizzare è mostrato nello schema 29:

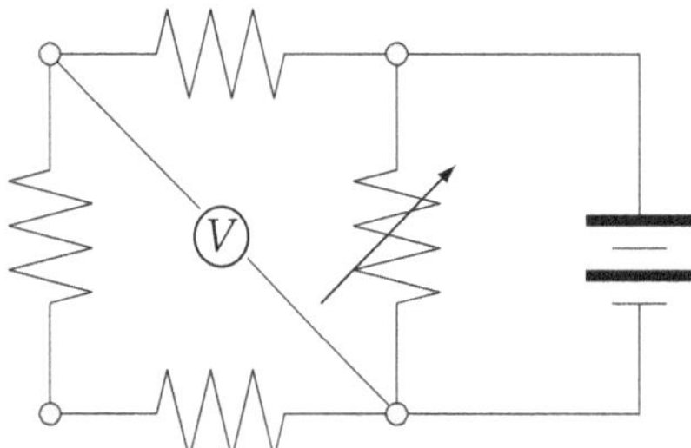

Figura 29: Ponte di Wheatstone

Si lasciano al libro di teoria i dettagli teorici di questo tipo di configurazione circuitale, è importante sapere che il voltmetro misurerà una tensione nulla se $R1 \cdot R4 = R2 \cdot R3$. Se la resistenza incognita è $R1$ allora:

$$R1 = \frac{R2}{R4} \cdot R3$$

Se $R4 = 1000 \cdot R2$ ed $0\Omega < R3 < 2k\Omega$ allora $0\Omega < R1 < 5\Omega$. È possibile determinare con grande precisione il valore di resistenze molto piccole.

Preparate la seguente tabella:

	Filo1	d=	___ ± ___	l=	___ ± ___
R2 = ___ ± ___		R4 = ___ ± ___		R3 = ___ ± ___	

	Filo2	d=	___ ± ___	l=	___ ± ___
R2 = ___ ± ___		R4 = ___ ± ___		R3 = ___ ± ___	

	Filo3	d=	___ ± ___	l=	___ ± ___
R2 = ___ ± ___		R4 = ___ ± ___		R3 = ___ ± ___	

	Filo4	d=	___ ± ___	l=	___ ± ___
R2 = ___ ± ___		R4 = ___ ± ___		R3 = ___ ± ___	

- **Misure:**

  - Misurate con il calibro il diametro di ciascun filo.

  - Misurate con un calibro o un righello la lunghezza del filo.

  - Misurate con un multimetro le resistenze R2 e R4.

- Costruite il circuito sopra descritto.

- Misurate la tensione ai capi AB.

- Ruotate il potenziometro R3 finché la tensione misurata dal multimetro, abilitato a voltmetro, è nulla.

- Togliete il multimetro e misurate la resistenza R3.

- Ripetete lo stesso procedimento per gli altri fili a vostra disposizione.

Analisi dei dati:

- Avviare octave.

- Lanciare il comando diary al fine di conservare i passi svolti e gli output ottenuti.

- Memorizzare nelle variabili indicizzate:

  ```
  R2=[...] R3=[...] R4=[...]
  
  dR2=[...] dR3=[...] dR4=[...]
  
  d=[...] dd=[...] l=[...] e dl=[...]
  ```

  i valori misurati per le resistenze, e delle loro incertezze, al variare del tipo di filo.

- Salvare le variabili definite con il comando save. Si consiglia di attribuire al file, che contiene le variabili, un nome che richiami l'esperienza svolta.

- Determinate, come già visto nel capitolo sulla propagazione degli errori, i valori minimi e massimi di R1:

  ```
  RMIN=(R2-dR2).*(R3-dR3)./(R4+dR4)
  
  RMAX=(R2+dR2).*(R3+dR3)./(R4-dR4)
  ```

- Calcoliamo quindi R1 e l'incertezza ad esso associata:

  ```
  R1=((RMAX+RMIN)*.5
  
  dR1=((RMAX-RMIN)*.5
  ```

- Calcoliamo il rapporto tra la sezione, in mm, e la lunghezza, in m, del conduttore.

  ```
  slmin=(d-dd).*(d-dd)./(l+dl)*.25
  
  slmax=(d+dd).*(d+dd)./(l-dl)*.25
  ```

- Calcoliamo l'intervallo sperimentale della resistività:

  ```
  rhomin=RMIN.*slmin
  
  rhomax=RMAX.*slmax
  ```

- Calcoliamo quindi ρ, la resistività, e l'incertezza ad essa associata:

  ```
  rho=(rhomax+rhomin)+.5
  
  drho=(rhomax-rhomin)+.5
  ```

- **Risultato:** Si lascia allo studente confrontare il risultato ottenuto con i dati forniti dai manuali. È corretto che i manuali spesso non riportano l'incertezza sui valori? Si prepari una relazione dettagliata sulla preparazione dell'esperienza, motivando la scelta dei componenti elettronici e del valore scelto per la pila.

5.24 LEGGE DELLA RIFRAZIONE

- **Obiettivo:** Verificare la validità della legge teorica:

$$\frac{\sin \theta_i}{\sin \theta_r} = n_{1,2}$$

ovvero che il rapporto dei seno dell'angolo di incidenza con il seno dell'angolo di rifrazione è costante. Determinare l'indice di rifrazione dell'acqua.

- **Strumentazione:** Una macchina fotografica digitale.

- **Materiali:** Un contenitore di vetro, o plastica, trasparente; un foglio di plastica bianca; un laser per videoconferenza.

- **Descrizione:**

   - Riempite il contenitore con acqua.

   - Immergete il foglio di plastica bianca nell'acqua, in modo da poter essere utilizzato come sfondo.

   - Fate in modo che la luce emessa dal laser sfiori il pannello e, colpendo la superficie dell'acqua, l'attraversi.

   - Fissate la macchina fotografica in modo che possa agevolmente fotografare il sistema, e la posizione rimanga invariata.

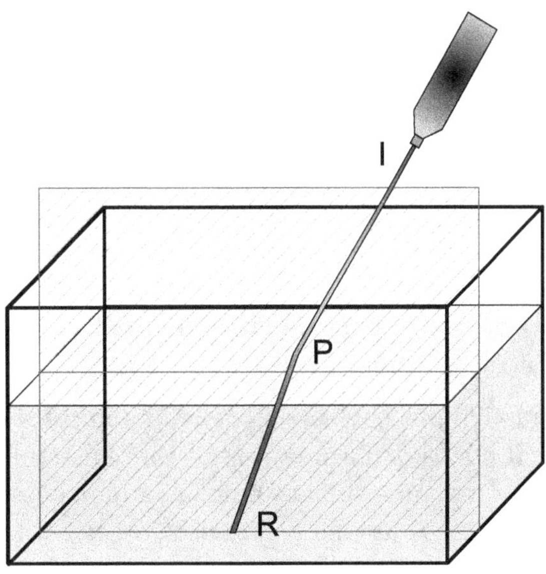

Figura 30: Rifrazione.

Preparate la seguente tabella:

N.	I(x,y)	P(x,y)	R(x,y)
1	I(___ ± _ , ___ ± _)	P(___ ± _ , ___ ± _)	R(___ ± _ , ___ ± _)
2	I(___ ± _ , ___ ± _)	P(___ ± _ , ___ ± _)	R(___ ± _ , ___ ± _)
3	I(___ ± _ , ___ ± _)	P(___ ± _ , ___ ± _)	R(___ ± _ , ___ ± _)
4	I(___ ± _ , ___ ± _)	P(___ ± _ , ___ ± _)	R(___ ± _ , ___ ± _)
5	I(___ ± _ , ___ ± _)	P(___ ± _ , ___ ± _)	R(___ ± _ , ___ ± _)
6	I(___ ± _ , ___ ± _)	P(___ ± _ , ___ ± _)	R(___ ± _ , ___ ± _)
7	I(___ ± _ , ___ ± _)	P(___ ± _ , ___ ± _)	R(___ ± _ , ___ ± _)
8	I(___ ± _ , ___ ± _)	P(___ ± _ , ___ ± _)	R(___ ± _ , ___ ± _)
9	I(___ ± _ , ___ ± _)	P(___ ± _ , ___ ± _)	R(___ ± _ , ___ ± _)
10	I(___ ± _ , ___ ± _)	P(___ ± _ , ___ ± _)	R(___ ± _ , ___ ± _)
11	I(___ ± _ , ___ ± _)	P(___ ± _ , ___ ± _)	R(___ ± _ , ___ ± _)
12	I(___ ± _ , ___ ± _)	P(___ ± _ , ___ ± _)	R(___ ± _ , ___ ± _)

* **Misure:**

  - Fotografate il fascio luminoso in modo che sia visibile in tutto il suo percorso a partire dal punto più alto fino alla base del contenitore.

  - Fate una serie di foto (almeno una decina) con diverse inclinazioni del fascio luminoso.

  - Le foto saranno schematizzabili:

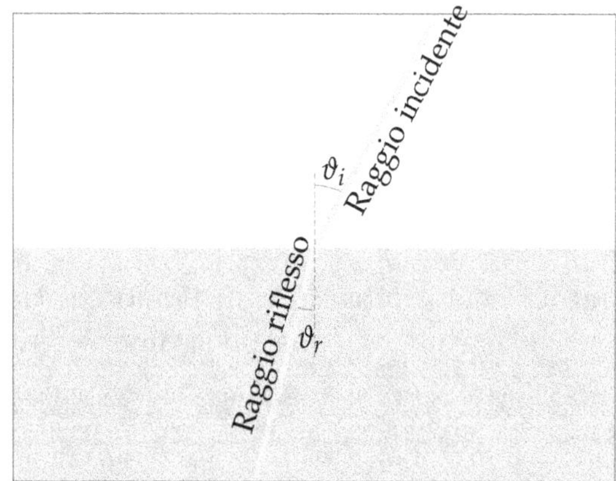

  - Scaricate le foto su una cartella del vostro computer.

  - Aprite ogni foto con il software: gimp

  - Puntando il mouse nella zona della foto in cui si osserva il raggio entrare nella foto (punto I), registrate le coordinate in pixel che vengono visualizzati nella barra in basso all'immagine e fate in modo che appaia un crocicchio nel punto in cui vengono registrate le coordinate.

  - Puntando il mouse nella zona della foto in cui si osserva il raggio toccare il bordo dell'acqua (punto P), registrate le coordinate in pixel che vengono visualizzati nella barra in basso all'immagine e fate in modo che appaia un crocicchio nel punto in cui vengono registrate le coordinate.

  - Puntando il mouse nella zona della foto in cui si osserva il raggio uscire della foto dopo aver attraversato l'acqua (punto R), registrate le coordinate in pixel che vengono visualizzati nella barra in basso all'immagine e fate in modo che appaia un crocicchio nel punto in cui vengono registrate le coordinate.

- Salvate la foto con un altro nome, e fate in modo che contenga un numero progressivo in accordo con quello riportato nella tabella dei dati.

- **Analisi dei dati:**

  - Avviare octave.

  - Lanciare il comando diary al fine di conservare i passi svolti e gli output ottenuti.

  - Memorizzare nei vettori ix, iy, px, py, rx, ry le misure riportate nelle colonne della tabella dei dati.

  - Salvare le variabili definite con il comando save. Si consiglia di attribuire al file, che contiene le variabili, un nome che richiami l'esperienza svolta.

  - Determiniamo i valori del seno dell'angolo di incidenza:

    ```
    seni=(ix-px)./sqrt((iy-py).*(iy-py)+(ix-px).*(ix-px))
    ```

  - Determiniamo i valori del seno dell'angolo di riflessione:

    ```
    senr=(px-rx)./sqrt((py-ry).*(py-ry)+(px-rx).*(px-rx))
    ```

  - Calcolate il rapporto: rr=seni./senr

  - Fare un plot di questo vettore.

  - Determinate il valor medio e fate il plot del grafico dei residui.

- **Risultato:**

  Preparate una relazione in cui allegherete le foto scattate confrontate le foto con l'aggiunta di un segno comune come un x in corrispondenza della regione presa in esame, in modo da far comprendere dove sono state registrate le misure e una descrizione completa degli stratagemmi messi in atto.

  Aggiungo una considerazione: la luce del laser è di colore rosso, ovvero possiede nell'ambito delle frequenze della luce nella banda del visibile, una delle frequenze più basse. Un altro colore pensi avrebbe cambiato nell'esperimento[12]?

---

12 Si pensi alla scomposizione della luce da parte di un prisma di vetro. Consultate: http://it.wikipedia.org/wiki/Rifrazione

PYTHON

Quanto proposto con Octave viene qui riproposto per Python. La scelta del linguaggio non è importante se non l'utilità dello strumento informatico.

A.1   IL LINGUAGGIO

Python è un linguaggio di programmazione progettato dall'olandese Guido Van Rossum nel 1989, per migliorare la sintassi dei linguaggi di programmazione del tempo. I vantaggi di Python sono:

- Linguaggio interpretato, quindi INTERATTIVO! (i comandi vengono eseguiti immediatamente, non c'è bisogno di compilazione.);

- Facilità di apprendimento. In poco tempo si può imparare a usarlo e a scrivere le prime applicazioni.

- Linguaggio orientato agli oggetti (object-oriented). è possibile creare brevi programmi (scripts) per riunire i comandi ed eseguirli in funzione di differenti parametri.

- Python è un software gratis. Sia per l'interprete che le librerie e le relative applicazioni sono completamente gratuiti; secondo le regole di una licenza pienamente open-source Python può essere liberamente modificato e così ridistribuito.

- Dispone di estese librerie per svolgere una quantità innumerevole di operazioni. Ci sono librerie di calcolo, grafiche, per interagire col sistema operativo e con i dispositivi, per leggere ed elaborare decine di formati dati, ecc.

- Una ricerca pubblicata dalla nota community di sviluppatori «Stack Overflow[1]» ha riconosciuto che Python è senza dubbio il linguaggio di programmazione in crescita più rapida (a un tasso del +27% annuo).

- Python è un linguaggio portabile. Una volta scritto un sorgente, esso può essere interpretato ed eseguito sulla gran parte delle piattaforme attualmente utilizzate, siano esse di casa Apple (Mac) che Microsoft (Microsoft Windows) che GNU/Linux.

In sintesi diciamo che ci ha convinto.

A.2   INSTALLAZIONE

Installare python è relativamente semplice:

---

1 https://stackoverflow.blog/2017/09/06/incredible-growth-python/

- con un browser qualsiasi andare sul sito www.python.org, scaricare la versione proposta 3.x. per il proprio sistema operativo;

- installare il programma seguendo le istruzioni a video e <u>selezionare</u> il checkbox relativo alla voce inserimento path (solo per la prima installazione);

- attendere la fine dell'installazione[2].

Con python vengono installati: l'interprete e un ambiente di sviluppo interattivo (IDLE). Quest'ultimo software malgrado sia fornito con Python non è consigliato agli alunni alle prime armi con la programmazione. Nello specifico in alternativa a IDLE è preferibile l'uso di spyder (o anche idlex) che nell'uso di grosse variabili indicizzate che richiedono consistenti risorse hardware monitorizzano le variabili in uso e le risorse utilizzate.

Per iniziare a lavorare con python occorre "aprire" un terminale. Intenderemo con questa dicitura l'esecuzione di un particolare applicativo presente in tutti i sistemi operativi.

- **Linux** . In linux basta aprire uno qualsiasi: gterm, xterm, eterm....che chiameremo genericamente «terminale».

- **Mac** . In Mac dentro la cartella applicazioni -> utility, trovate anche qui il «terminale».

- **Windows** . In windows i comandi devono essere digitati nel "prompt dei comandi" (shell dos) a cui si accede da start-> programmi -> tutti i programmi -> sistema windows -> prompt dei comandi. Il prompt dei comandi da ora in poi verrà semplicemente chiamato «terminale».

All'interno del terminale esiste una riga di comando. Il cursore, chiamato "prompt", presente alla fine della riga di comando lampeggia in attesa delle vostre istruzioni.

Librerie fondamentali per l'analisi dati in Python sono le seguenti:

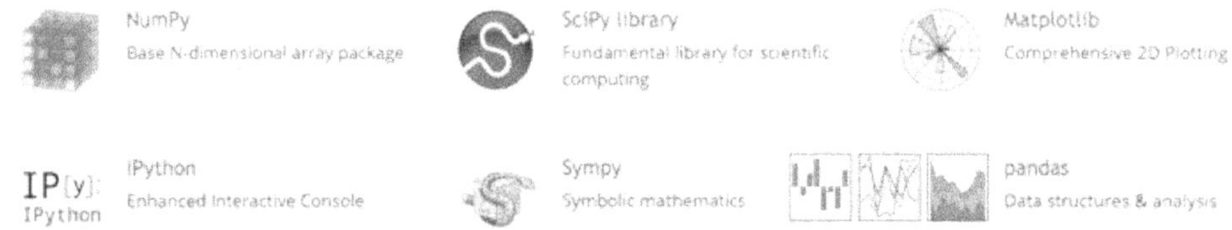

Per completare le funzionalità del software occorre *necessariamente* aggiungere alcune librerie che vanno installate da terminale. Assicurarsi che il pc sia collegato a internet in quanto le librerie vengono integrate tramite dei pacchetti presenti su dei server in rete. Aprite un terminale e digitare i seguenti comandi e premere invio:

---

2 Inconvenienti possibili:
PER GLI UTENTI Mac OsX: se manca il compilatore clang, installare xcode-select install e ripetere i precedenti comandi per l'installazione delle librerie.
PER GLI UTENTI Windows 7: se l'installer non procede occorre installare un aggiornamento microsoft: Windows6.1-KB2999226. Se l'interfaccia spyder non dovesse partire seguire il seguente comando: python -m pip install -U pip
PER GLI UTENTI Linux: I packaging sono presenti nei repository e contengono tutti i file e i relativi aggiornamenti: apt-get per debian/ubuntu, rpm per fedora. Non è necessario scaricare il pacchetto dal sito ufficiale.

```
>pip install ipython     |Python Interattivo (debug, uso script)
>pip install numpy       |Numerical Python (librerie matematiche)
>pip install matplotlib  |Grafica (plot, grafici animazioni...)
>pip install spyder      |IDLE avanzato per principianti
>pip install pandas      |Strutture dati complesse
>pip install datetime    |Gestione delle date (UTC per Unix)
>pip install scipy       |Statistica, Best Fit, Chi quadro....
>pip install uproot      |root files (formato tipico dati EEE)
```

Se il comando `pip` dovesse generare un errore sostituitelo con il comando `pip3`. Ogni comando sarà seguito da una serie di messaggi a video: il sistema proverà a scaricare la relativa libreria; in seguito provvederà a compilare e installare la libreria. Se viene visualizzato un messaggio di errore la libreria non verrà installata ed il messaggio finale descrive il problema riscontrato con l'eventuale soluzione suggerita. È dunque di fondamentale importanza familiarizzare con l'uso del terminale.

A.3   USO DEL TEMINALE

Iniziamo ad imparare i comandi basilari per l'uso del terminale anche se esistono delle interfacce grafiche molto intuitive. Ad esempio senza terminale non è possibile aprire una gestione remota di python su una macchina esterna, magari con maggiori risorse hardware. I più potenti calcolatori al mondo utilizzano Linux e le sessioni remote. Inoltre per comprendere meglio python è bene conoscere un po' meglio la «command line».

Un elemento fondamentale è quello di «cartella», una cattiva traduzione di quella che nel linguaggio specifico si chiama directory (o «working directory»), che rende , anche se non benissimo, l'idea della struttura ad albero nella gestione dei files. In generale, in una cartella vi sono files oppure altre cartelle, che a loro volta contengono cartelle e files; i quali possono essere visualizzati rettamente mediante dei comandi dalla riga di comando. Ad esempio, la nostra riga di comando in Windows è:

```
C:\Users\Alan\Documents\Python>
```

In questo caso la directory corrente è la directory Python, all'interno della directory Documents, all'interno della directory Alan, all'interno della directory Users del disco C:

In Windows i dischi vengono assegnati a delle unità logiche con una lettera. In genere il disco in cui viene installato il sistema operativo è denominato con la lettera C seguita da due punti.

In Linux e MacOS, il prompt è simile, ma il sistema è tipicamente diverso poiché non viene mostrato il disco (in quanto i dischi possono essere montati in delle directory) e la directory è relativa alla home dell'utente. Per cui, per conoscere la «working directory» in maniera univoca bisogna usare il comando `pwd` (print working directory). Ammesso che da ora in poi sia stato definito nel sistema un utente che si chiami "Alan" allora il prompt all'interno del terminale avrà la seguente forma:

```
mypc:Documents/Python Alan$ pwd
```

```
/home/Alan/Documents/Python
mypc:Documents/Python Alan$
```

Per usare in generale qualsiasi sistema operativo occorre utilizzare propriamente la riga di comando dentro il terminale. Due comandi in particolare sono importanti:

- `dir` in windows o `ls` in linux/MacOS - serve per listare tutti i file nella directory corrente

- `cd` che sta per change directory, che serve per cambiare la directory corrente.

Esistono dei comandi da tastiera che ne rendono veloce l'uso e sono:

- l'auto-completamento con il tasto TAB, che consente di aiutare a completare automaticamente i nomi dei file e dei comandi (ad esempio se iniziamo a scrivere "cd Doc" e premiamo il tasto TAB, quello sopra il CAPS Lock, la riga di comando completa da solo il comando `cd Documents`). Immaginiamo la comodità se il nome del file che vogliamo scrivere è qualcosa tipo :

  «user_assignments_settings_with_fixed_names_v.1.4.05-rev3.12.json» o peggio...

- la navigazione nei comandi precedenti, che consiste nel memorizzare tutti i comandi eseguiti e consente di richiamare i comandi inseriti in precedenza per eseguirli di nuovo o alterarli prima di eseguirli (spesso sono le frecce alto-basso sulla tastiera che permettono di scorrere i comandi precendenti).

- I comandi: seleziona `shift`+`↓`, `shift`+`←`, `shift`+`→`, `shift`+`↑`; copia `cntr`+`c`; taglia `cntrl`+`x` e incolla `cntrl`+`v`.

Per cui, ogni volta che vogliamo controllare che il file che vogliamo visualizzare il contenuto della directory corrente, possiamo usare `dir` (o `ls`) ed eventualmente `cd` per cambiare directory.

Il comando `cd` può essere usato per cambiare la directory corrente, spostandosi all'interno delle directory del nostro sistema. Viene utilizzato specificando il nome della directory in cui vogliamo spostarci. Quindi se siamo all'interno della directory `C:\Users\Alan` e vogliamo passare nella directory Documents, dobbiamo semplicemente usare il nome della directory preceduto da `cd`:

```
C:\Users\Alan> dir
Il Volume dell'unit\'a C: \'e ...
Numero di serie del volume: XX-XX-XX

Directory di C:\Users\Alan

Public\
Documents\
Pictures\
Desktop\
```

```
Music\
Condivisa\
VirtualBox.txt
Downloads\

1 File ...
4 Directory ...

C:\Users\Alan> cd Documents
C:\Users\Alan\Documents>
```

Per tornare alla directory precedente, usiamo il nome speciale composto da due punti «..»:

```
C:\Users\Alan\Documents> cd ..
C:\Users\Alan>
```

La sintassi di cd in Windows, Linux e MacOS è identica.

Perché è importante conoscere la directory corrente della riga di comando? Perché quando vogliamo eseguire un programma python dobbiamo essere sicuri che il file da eseguire sia nella directory corrente ed eventualmente anche dei files dati siano nella stessa directory, alternativamente, dobbiamo specificare l'intero percorso del file, comprese tutte le sotto-directory.

Esempio: per eseguire il file hello.py potremmo usare i seguenti comandi (che sono equivalenti)

```
C:\Users\Alan>python "C:\Users\Alan\Documents\Python\hello.py"
oppure
C:\Users\Alan>cd Documents
C:\Users\Alan\Documents>cd Python
C:\Users\Alan\Documents\Python>ipython3
 Python 3.7.0 (v3.7.0:1bf9cc5093, Jun 26 2018, 23:26:24)
Type 'copyright', 'credits' or 'license' for more information
IPython 7.0.1 -- An enhanced Interactive Python. Type '?' for help.

In [1]: %run hello.py
Out [1]: ...
```

Nella prima versione del comando è consigliabile usare le virgolette specie se presente un carattere di spazio nel nome di una delle directory. Se abbiamo Linux o MacOS i due comandi sarebbero leggermente diversi, poiché le directory si indicano con lo slash (/), invece in Windows con il backslash (\).[3]

A.4   PRIMI PASSI

Per semplificare l'apprendimento non verranno proposte lezioni schematiche in cui vengono spiegati in dettaglio i singoli comandi, ma saranno indicati esempi pratici da svolgere per capire come il sistema risolve un dato problema. Il funzionamento dettagliato di ciascun comando sarà cura

---

[3] http://twiki.di.uniroma1.it/twiki/view/Programmazione1/AA17_18/PrimiPassi

del discente approfondirlo se dovesse essergli necessario per risolvere un problema diverso.

Nella fase iniziale non scriveremo nessun programma dunque non utilizzeremo l'interfaccia di programmazione "spyder3", ma preferiamo per iniziare l'uso del terminale e in esso l'interprete interattivo ipython. Verrà proposta l'esecuzione di una serie di comandi attraverso i quali lo studente comprenderà la funzione e le potenzialità di ciascuno di essi.

Ogni esempio proposto dunque deve essere svolto direttamente su terminale. Tutte le volte in cui si renda necessario un approfondimento su qualche comando o la ricerca di qualche comando specifico in rete si trovano i manuali completi sia nella descrizione teorica che nell'esposizione di esempi: http://docs.python.org, http://numpy.org, http://matplotlib.org, http://pandas.pydata.org.

Aprire la finestra di terminale[4]. Digitare il comando ipython, premere invio, e se l'installazione di python è andata a buon fine dovreste visualizzare una schermata simile a questa:

```
MacBook-Air: --$ ipython
Python 3.7.0 (v3.7.0:1bf9cc5093, Jun 26 2018, 23:26:24)
Type 'copyright', 'credits' or 'license' for more information
IPython 7.0.1 -- An enhanced Interactive Python. Type '?' for help.

In [1]: 2*2
Out[1]: 4

In [2]:
```

Anche se dentro l'ambiente ipython vengono numerate le istruzioni in ingresso In[...] e quelle di uscita Out[...] nel proporre degli esempi da eseguire dentro le finestre elimineremo questo riferimento lasciando solo i comandi da digitare.

Iniziamo il nostro percorso con python cercando di comprendere le tipologie di variabili che possono essere definite. Iniziamo immediatamente con qualche esempio così comprendiamo e familiarizziamo con il nostro linguaggio.

Prendete il pc a vostra disposizione in cui avete installato python[5]. Aprite la vostra finestra di terminale e eseguite il comando ipython.

Eseguite i seguenti comandi, ricordando che se fosse necessario ripetere o modificare un comando digitato in precedenza basta usare i tasti alto ▲ o basso ▼ sulla tastiera. Se invece volete completare un comando o il nome di un file premete, meglio se ricordandole scrivete le prime lettere, il tasto TAB ▶|.

Digitare i seguenti comandi e osservare la rispettiva risposta:

```
type(17)
<type 'int'>
type(17.0)
<type 'float'>
```

---

[4] È stato già spiegato in precedenza cosa si intende per terminale e cosa vuol dire aprirlo.

[5] Se viene mostrato qualche messaggio di errore è probabile che qualche libreria sia mancante o qualcosa in fase di installazione non è stata eseguita secondo le precedenti istruzioni. Ripetere l'installazione o eseguite l'aggiornamento delle librerie.

```
type('17.0')
<type 'str'>
type("17.0")
<type 'str'>
type(True)
<type 'bool'>
```

Una variabile inizia ad esistere nel momento in cui le viene assegnato un valore, che ne determina il tipo. Se la quantità viene quindi definita numerica, senza punto radice, allora il sistema interpreta la quantità come intera, e mantiene tutte le cifre che lo compongono; se contiene il punto radice, viene interpretato come reale a doppia precisione, questi numeri sono compresi tra $-1.797693134862316 \cdot 10^{308}$ e $+1.797693134862316 \cdot 10^{308}$; se infine la quantità viene inserita tra apici semplici o doppi questa viene interpretata dal sistema come una stringa di caratteri alfanumerici e non come numero. Le operazioni possibili tra numeri sono le seguenti:

Operazioni numeriche e condizionali

Operazione	Operatore	Int	Float
addizione	x+y	$3 + 8 \rightarrow 11$	$3. + 8. \rightarrow 11.$
sottrazione	x-y	$3 - 8 \rightarrow -5$	$3. - 8. \rightarrow -5.$
moltiplicazione	x*y	$3 * 8 \rightarrow -5$	$3. * 8. \rightarrow -5.$
divisione	x/y	$3/8 \rightarrow 0$	$3./8. \rightarrow 0.375$
potenza	x**y	$3 * *8 \rightarrow 6561$	$3. * *8. \rightarrow 6561.$
opposto	-x	$-3 \rightarrow -3$	$-3. \rightarrow -3.$
divisione intera	x//y	$8//3 \rightarrow 2$	$8.//3. \rightarrow 2.$
resto divisione	x%y	$8\%3 \rightarrow 2$	$8.\%3. \rightarrow 2.$
uguale	x==y	$3 == 5 \rightarrow$ False	$3. == 5. \rightarrow$ False
diverso	x!=y	$3! = 5 \rightarrow$ True	$3.! = 5. \rightarrow$ True
minore	x<y	$3 < 5 \rightarrow$ True	$3. < 5. \rightarrow$ True
maggiore	x>y	$3 > 5 \rightarrow$ False	$3. > 5. \rightarrow$ False
minore o uguale	x<=y	$3 <= 5 \rightarrow$ True	$3. <= 5. \rightarrow$ True
maggiore o uguale	x>=y	$3 >= 5 \rightarrow$ False	$3. >= 5. \rightarrow$ False

Provate i comandi inseriti nella terza e quarta colonna e controllare l'output ($\rightarrow$) digitando ad esempio:

```
# Somma 3 e 8
3+8
11
# Esegue la potenza di 3 elevato a 8
3**8
6561
# Restituisce il quoto di una divisione
7/3
2.3333333333333335
```

Assegnazione di quantità numeriche a variabili:

```
# Assegna alla variabile a il reale 11
a = 11.
# Riassegna alla variabile a l'intero 12
```

```python
# elimina il tipo e il vecchio valore di a
a=12
# Assegna alla variabile b l'intero 10
b=10
```

Operazioni con variabili numeriche assegnate:

```python
# Moltiplica i valori assegnati ad a e b
a*b
120
# Effettua la divisione con interi e restituisce solo la parte intera
a//b
1
# Effettua la divisione con interi e restituisce solo il resto
a%b
2
# Il prodotto tra un numero intero e un numero reale È un numero reale
a*1.
12.
# Il quoto tra un reale e un naturale È un reale.
a*1./b
1.2
```

Operazioni con variabili alfanumeriche (in linguaggio tecnico vengono chiamate "stringhe") assegnate:

```python
a='Ciao'
b=' come stai?'
# Concatena le stringhe a e b
a+b
Ciao come stai?
# Ripete tre volte la stringa a
a*3
CiaoCiaoCiao
# Elimina primo carattere e l'ultimo da a
a[1:-1]
iao
```

Cambiamenti di tipo:

```python
# Assegna alla variabile a l'intero 10
a = 10
# Assegna alla variabile b la stringa 12e3
b = '12e3'
# Restituisce il tipo di variabile in a
type(a)
int
# Restituisce il tipo di variabile in b
type(b)
str
# Somma i due numeri reali
a+float(b)
12010.0
# Concatena le due stringhe
str(a)+b
'1012e3'
```

Le istruzioni per il cambiamento di tipo variabile sono: int() (numeri interi), str() (strighe alfanumeriche) bool() (booleane, vero/falso) e float() (numero reale). Operazioni matematiche e importazione del modulo math:

```
# Importa il modulo math
import math
print math
<module 'math' (built-in)>#
Esegue il prodotto di 10 con il logaritmo decimale di 123
10*math.log10(123)
20.89905111439398
# Calcola di seno di 0.7 RADIANTI
math.sin(0.7)
0.644217687237691
# Restituisce il valore di pi greco
math.pi
3.141592653589793
```

Tra le librerie per il calcolo numerico in python, molto efficiente per calcoli vettoriali intensivi, è la libreria numpy, che contiene anche la libreria math di cui si è già accennato.

Funzioni matematiche presenti nella libreria numpy.

, Funzione	Significato
e	2.718281828459045
pi	3.141592653589793
acos(x)	restituisce l'arco coseno (misurato in radianti) di x
asin(x)	restituisce l'arco seno (misurato in radianti) di x
atan(x)	restituisce l'arco tangente (misurato in radianti) di x
atan2(y, x)	restituisce l'arco tangente (misurato in radianti) di y/x
ceil(x)	restituisce l'approssimazione per eccesso di x come float
cos(x)	restituisce il coseno di x (misurato in radianti)
cosh(x)	restituisce il coseno iperbolico di x
degree(x)	converte l'angolo x da radianti in gradi
exp(x)	restituisce il numero neperiano e elevato alla x
fabs(x)	restituisce il valore assoluto di x
floor(x)	restituisce l'approssimazione per difetto di x come float
fmod(x, y)	restituisce il resto della divisione tra x e y
frexp(x)	restituisce la mantissa e l'esponente di x
hypot(x, y)	restituisce la distanza euclidea sqrt(x*x+y*y)
ldexp(x, i)	restituisce x*(2**i)
log(x[, base])	restituisce il logaritmo di x nella base base
log10(x)	restituisce il logaritmo di x nella base 10
modf(x)	restituisce la parte frazionaria e la parte intera di x
pow(x, y)	restituisce la potenza x**y
radians(x)	converte l'angolo x da gradi in radianti
sin(x)	restituisce il seno di x (misurato in radianti)
sinh(x)	restituisce il seno iperbolico di x
sqrt(x)	restituisce la radice quadrata di x
tan(x)	restituisce la tangente di x (misurato in radianti)
tanh(x)	restituisce la tangente iperbolica di x

Ingresso e uscita di variabili da tastiera:

```
# Immette un valore numerico x da tastiera
x = input("Numero: ")
Immettere un numero: 12
# calcola il quadrato di x
q=int(x)**2
# Crea la stringa di uscita
s = "Il numero È {}, il quadrato È {}."
```

```
# Inserisce in vece {} i valori di x e q
s.format(x,q)
# Restituisce s
print(s)
...
```

Raramente inseriremo dei valori da tastiera, in particolare lo faremo quando esistono pochi dati da inserire nel codice. L'uso di molti dati richiede invece l'acquisizione da un archivio esterno. è possibile utilizzare invece dell'attributo format, la più semplice concatenazione di stringhe[6]:

```
x = input("Immettere un numero: ")
Immettere un numero: 12
# calcola il quadrato di x
q=int(x)**2
# Crea la stringa di uscita
s = 'Il numero '+str(x)+ ' al quadrato Ë '+str(q)
print(s)
...
```

Liste:

```
# Definisce una lista di stringhe
a=['12','a','3.5','b']
# Definisce una lista di interi
b=[12,23,35,44]
# Definisce una lista di numeri reali
c=[12.2,23.1,35.0,44.]
print(a)
['12', 'a', '3.5', 'b']
# Restituisce gli elementi di a dal secondo al terzo
print(a[1:3])
['a', '3.5']
# Restituisce la lista c senza gli ultimi tre elementi.
print(c[0:-3])
[12.2]
# Restituisce il numero di elementi presenti nella lista c
print(len(c))
4
```

Dizionari:

```
# Definisce un dizionario
d={'a':12,'b':23,'c':34,'d':45,'e':56,'f':67}
print(d)
{'a': 12, 'b': 23, 'c': 34, 'd': 45, 'e': 56, 'f': 67}
# Restituisce la grandezza associata all'indice 'c'.
print(d['c'])
34
```

Variabili booleane (vero/falso):

```
# Assegna alla variabile x il valore 3 e a y il valore 2
x, y = 3, 2
# Controlla se x ha lo stesso valore di y
```

---

6 In questa sede cercheremo sempre dove possibile di scegliere la forma sintattica più semplice, al fine di agevolare lo studente nel suo percorso.

```
(x == y)
False
# Controlla se x è diverso da y
(x != y)
True
# Controlla se x è maggiore o uguale a y
(x >= y)
True
# Controlla se x è minore di b
(x < y)
False
# Controlla se x è maggiore o uguale a y O se x è minore di b .
# Si può utilizzare invece del | anche la sintassi (x >= y) or (x < y)
(x >= y)|(x < y)
True
# Controlla se x è maggiore o uguale a y E se x è minore di b.
# Si può utilizzare invece del | anche la sintassi (x >= y) and (x < y)
(x >= y)&(x < y)
False
# Restituisce il complementare del risultato booleano.
not (x < y)
True
```

Il comando %history fornisce la storia dei comandi digitati; con le opzioni %history -g -f filename conserva le istruzioni in un file su disco denominato filename; %run esegue i comandi conservati in un file tipo testo (script).

```
# Definisco la procedura area_cerchio.
def area_cerchio(raggio):
    pigreco = 3.14159
    print(pigreco*(raggio**2))
    return
#Esegue la procedura
area_cerchio(12)
452.38896
#Definisco la funzione area_cerchio.
def area_cerchio(raggio):
    pigreco = 3.14159
    return pigreco*(raggio**2)
#Restituisce in uscita l?area del cerchio
A= area_cerchio(12)
print(A)
452.38896
```

A.5   PROCEDURE, FUNZIONI E METODI

Python è stato pensato come un linguaggio ad "oggetti", ovvero con la possibilità di creare dei moduli. Questi moduli possono presentare due forme: funzioni o procedure.

Le procedure eseguono una sequenza di istruzioni memorizzate in un file definito nell'ambiente dei comandi, i comandi se appartengono alla stessa procedura devono essere spostati verso destra. Questa caratteristica viene chiamata *indentazione*. Gli spazi/tabulazioni devono essere tali da *allineare* verticalmente i comandi:

```python
# Definisco la procedura area_cerchio.
def area_cerchio(raggio):
  pigreco = 3.14159
  print(pigreco*(raggio**2))
  return
# Esegue la procedura
area_cerchio(12)
452.38896
```

```python
# Definisco la funzione area_cerchio.
def area_cerchio(raggio):
  pigreco = 3.14159
  return pigreco*(raggio**2)
# Restituisce in uscita l'area del cerchio
A= area_cerchio(12)
print(A)
452.38896
# Restituisce il tipo di variabile A
type(A)
float
```

Le funzioni sono delle procedure che restituiscono con la chiamata al nome della funzione un valore elaborato all'interno della procedura. Le variabili «locali» sono definite nella funzione(o nella procedura) che le usa; nascono quando la funzione entra in esecuzione e muoiono al termine dell'esecuzione della funzione. La definizione di una variabile «globale» vale dal punto di definizione fino alla fine del file. In python esistono delle funzioni predefinite quali:

```python
A=452.38896
# Converte in numero naturale il valore di A
int(A)
452
# Converte in stringa alfanumerica il valore di A
str(A)
'452.38896'
# Converte in numero reale il valore di A
float(A)
452.38896
# Restituisce il massimo valore contenuto in una lista
max([12,23,34,45,56])
56
# Restituisce il minimo valore contenuto in una lista
min([12,23,34,45,56])
12
```

I metodi sono delle funzioni associati ad una classe ed è destinato ad essere invocato sulle istanze di quella classe. Vediamo qualche esempio di alcuni metodi sulle liste:

```python
# Assegna una lista alla variabile b
b=[23,12,45,56,54]
# Ordina gli elementi contenuti in b in ordine crescente
```

```
b.sort()
# Restituisce il contenuto della lista b.
print(b)
[12, 23, 45, 54, 56]
# Aggiunge 67 alla lista
b.append(67)
# Restituisce il contenuto della lista b.
print(b)
[12, 23, 45, 54, 56,67]
# Inserisce il 50 nella posizione 3
b.insert(3,50)
# Restituisce il contenuto della lista b.
print(b)
[12, 23, 45, 50, 54, 56, 67]
# Rimuove l'ultimo elemento della lista
b.pop()
# Restituisce il contenuto della lista b.
print(b)
[12, 23, 45, 50, 54, 56]
# Rimuove il 45 dalla lista b
b.remove(45)
# Restituisce il contenuto della lista b.
print(b)
[12, 23, 50, 54, 56]
```

A.6 ITERAZIONI E CONFRONTO

Le iterazioni sono del tipo FOR (deve essere almeno una volta eseguito il gruppo di istruzioni) e WHILE (se non verificata la condizione non vengono eseguite le istruzioni contenute).

```
TIPO      SINTASSI                              ESEMPIO
FOR       for indice in range(inti,intf,step):  for i in [1,2,3,4,5]:
              istruzioni                           print "Iterazione
      numero", i

                                                 for value in range
      (100):
                                                 print value
                                                 for x in range(1, 11):
                                                   for y in range(1, 11)

          :
                                                     print '%d * %d = %d'
      % (x, y, x*y)


WHILE     while condizione:                      x=10
              istruzioni                         while (x >= 0):
                                                   print "x ancora non
      negativo."
                                                 x = x-1
```

Nell'istruzione while la variabile condizione è di tipo booleano. Una variabile booleana assume due valori vero oppure falso (numericamente equivalenti a 1 oppure 0).

Operatori logici sono: and, or, not. Operatori di relazione: > (maggiore), >= (maggiore o uguale), < (minore), <= (minore o uguale), == (uguale), != oppure <> (diverso).

Le variabili booleane possono essere usate in vari contesti come ad esempio nelle strutture condizionali, ovvero quando alcune istruzioni vanno eseguite solo se si verificano determinate condizioni.

```
# Viene assegnato 2 alla variabile x e 3 alla variabile y
x , y = 2 , 3
# Verifica se il valore di x Ë maggiore di 0 e poi se Ë minore di 0
if x > 0:
  print("x Ë positivo")
if x < 0:
  print("x Ë negativo")
x Ë positivo
# Condizioni alternative
if x % 2 == 0:
  print("x Ë pari")
else:
  print("x Ë dispari")
x Ë pari
# Condizioni in cascata
if x < y:
  print("x minore di y")
elif x > y:
  print("x maggiore di y")
else:
  print("x Ë uguale a y")
x minore di y
# Condizioni annidate
if x % 2 == 0:
  print("x Ë pari")
else:
  if x < y:
    print("x Ë pari e minore di y")
  else:
    print("x Ë pari e maggiore di y")
x Ë pari e minore di y
```

Procediamo con qualche esempio: utilizziamo l'iterazione for per determinare TUTTI i divisori di un numero (in questo caso usiamo il ciclo for in quanto non può essere terminato prima che vengano eseguite tutte le ripetizioni).

```
n=50
# range(m,n) fornisce una lista da m a n-1
for cont in range(1, n+1):
  if (n % cont == 0 ): print(cont," Ë divisore")
1 Ë divisore
2 Ë divisore
4 Ë divisore
5 Ë divisore
8 Ë divisore
10 Ë divisore
20 Ë divisore
25 Ë divisore
```

```
40 È divisore
50 È divisore
```

L'istruzione range(n) fornisce una lista di valori tra 1 e n, il ciclo for può utilizzare qualsiasi tipo di lista, anche non intera o non numerica. Utilizziamo l'iterazione con while per determinare un solo possibile divisore di un numero che non sia l'unità.

```
n=200
cont = 2
while (n % cont != 0):
  cont += 1
# Equivale alla seguente istruzione: cont = cont + 1
print(cont," È uno dei divisori")
2 È uno dei divisori
```

A.7   LE LIBRERIE

Python dispone di numerose librerie specifiche per compiti più specifici. Una delle librerie già vista in precedenza è stata la libreria math, che viene richiamata con il comando import. Una volta effettuata la chiamata si dispone di una serie di comandi più ampia, ovvero tutti quelli definiti dentro la libreria.

Le librerie vengono chiamate con il comando import, se hanno nomi molto lunghi possono essere contratti (esempio import numpy as np), o possono essere importati solo parti della libreria (esempio from numpy import array,shape) per ottimizzare le risorse del sistema.

```
# Importa dalla libreria numpy SOLO il comando arange
# http://numpy.org
from numpy import arange
# Importa tutta la libreria pandas e e il nome viene contratto come pd
import pandas as pd
arange(1,3,0.2)
# » un array e non una lista!
array([1., 1.2, 1.4, 1.6, 1.8, 2., 2.2, 2.4, 2.6, 2.8]).
print(s)
...
```

Si possono personalizzare le librerie. è sufficiente memorizzare le funzioni personalizzate in un file esterno.

Se il file viene denominato esempio.py e internamente ad esso è definita la funzione area_cerchio, allora l'istruzione per chiamare dalla libreria la funzione area_cerchio sarà:

```
# Importa la le funzioni contenute nel file esempio
import esempio as es
# Seleziona dalla libreria la funzione area_cerchio
print(es.area_cerchio(12))
452.38896
```

Se dalla libreria vogliamo estrarre solo la funzione area cerchio allora al fine di ottimizzare le risorse la sintassi è la seguente:

```
from esempio import area_cerchio
print(area_cerchio(12))
452.38896
```

A.8   LISTE

è fondamentale nell'analisi dati la possibilità che un linguaggio gestisca variabili indicizzate. L'ambiente iPython, senza dover importare alcuna libreria, permette l'uso e la gestione di questo tipo di variabili chiamate nello specifico "liste". Analizziamo alcuni esempi.

Liste unidimensionali:

```
a=[12,23,34,45,56,67]
# restituisce il primo valore della lista
In[2]: a=[0]
12
# restituisce il quarto valore della lista
a[3]
34
# restituisce gli ultimi tre valori della lista
a[3:]
[45,56,67]
# restituisce i primi 5 valori della lista
a[:5]
[12,23,34,45,56]
# restituisce i primi 5 valori della lista
a[3:5]
[45,56]
# restituisce la lunghezza complessiva della lista
len(a)
6
b = [1,3,5,7,5]
# restituisce l'unione delle due liste
c = a + b
c
[45,56]
#restituisce i primi 5 valori della lista
a[3:5]
[45,56]
#restituisce dal 3 al 4 valori della lista
a[3:5]
[45,56]
```

Liste multidimensionali:

```
#crea una lista 3 elementi in colonna su due righe
a = [[12,23,34],[45,56,67]]
print(a)
...
# restituisce elemento della prima riga e prima colonna dell'array
print(a[0][0])
...
# Eliminiamo gli elementi 'c' dalla seguente lista.
```

```
lista = ['a','b','c','d','c','e','f','c','h','c']
for k in range (0, lista.count('c') ):
  lista.pop( lista.index('c') )
print(lista)
...
```

A.9 ARRAYS

Utilizzando la libreria numpy è possibile estendere e ridefinire le operazioni e migliorare le ottimizzazioni in esecuzione delle variabili indicizzate, che in questo contesto le liste vengono rinominate "arrays" o matrici:

```
# Importa la libreria numerical python. http://numpy.org
import numpy as np
# Crea un array (non lista) di interi progressivi
a=np.arange(15)
a
array([1,2,3,4,5,6,7,8,9,10,11,12,13,14])
# Gli elementi di un array vengono richiamati
a[1,2]
```

La libreria numpy consente la definizione di Array multidimensionale (N Dimensional Array) con le seguenti caratteristiche: omogeneo (gli elementi dell'array devono essere tutti dello stesso tipo Int, float, bool, object); contiene oggetti di dimensione fissa. Permette l'impiego di molti metodi: operazioni condizionali su serie di elementi: all(), any() ...; operazioni di aggregazione: sum(), mean() ...; operazioni vettoriali: dot(), transpose() ... I metodi np.array(), np.linspace(), np.range(), np.zeros(), np.ones(), np.arange(), creano delle matrici.

```
import numpy as np
# converte una lista in array
a = np.array([1, 4, 5, 8, 7, 3], dtype=float)
# converte una lista in numero reale
b = np.float32([1.232434354545656776, 0.])
c = np.float64([1.232434354545656776, 0.])
d = np.float128([1.232434354545656776, 0.])
b[0]
c[0]
d[0]
# matrice reale con elementi assegnati
np.range(1,12,3)
# lista che inizia da 1 arriva al massimo a 12 con passi di 3 unit‡
array[1, 4, 7, 10]
np.ones(5)
np.ones(5,dtype=int) restituisce interi
array[1.,1.,1.,1.,1.]
```

Cerchiamo, con l'uso di esempi da implementare sul proprio pc, di capire le potenzialità della libreria numpy e delle variabili array. Esistono delle funzioni dedicate alla manipolazione di matrici. La libreria numpy ottimizza le operazioni sugli "arrays" rendendo i tempi di esecuzione concorrenziali con quelle dei linguaggi compilati. Analizziamo l'uso di alcuni dei comandi sugli array:

```python
import numpy as np
# converte una lista in un array
a = np.array([1, 4, 5, 8, 7, 3], float)
# genera un array di interi progressivi da 0 a 14
b = np.arange(15)
b
array[0 1 2 3 4 5 6 7 8 9 10 11 12 13 14]
# genera un array di interi da 1 a 14 con elementi incrementati di 3
b = np.arange(1,15,3)
print(a,b)
# lista che inizia da 1 arriva al massimo a 12 con passi di 3 unit‡
array[1. 4. 5. 8. 7. 3.] [1 4 7 10 13]
print(np.shape(a),np.shape(b))
# Viene restituita la dimensione dell'array come riga, colonne
(6,) (5,)
# concatena all'array b l'elemento [4]
b= np.concatenate((b,[4]),axis=0)
b
array[1, 4, 7, 10, 13, 4]
print(a*b,a**b)
[ 1. 16. 35. 80. 91. 12.]
[1.00000000e+00 2.56000000e+02 7.81250000e+04 1.07374182e+09 ...]
```

```python
a3 = array([0,1,2],[3,4,5],[6,7,8])
a3
...
# costruisce array con 100 elementi con incremento lineare da 0 a pi
al = linspace(0, pi, 100)
al
...
# costruisce un array 3x4 contenente zeri.
np.zeros( (3,4) )
...
# costruisce un array 3x4 contenente uno.
np.ones( (3,4) )
...
# costruisce un array 5x5 con la diagonale data e gli altri elem nulli
np.diag( [1,2,3,4,5] )
...
a= np.diag( [1,2,3,4,5] )
# restituisce l'elemento posizionato nella prima riga e prima colonna
a[0,0]
...
# costruisce un array 8x8 con la 3 diagonale data e gli altri nulli.
np.diag( [1,2,3,4,5], 3)
...
# costruisce un array 8x8 con la 3 diagonale data e gli altri nulli.
np.diag( [1,2,3,4,5], 3)
...
# elimina la variabile a liberando memoria .
del(a)
a = arange(10)
 # azzera gli elementi minori di 3.
```

```
a*(a>3)
...
 # azzera gli elementi minori di 3 e pone gli altri uguali a 5
a*(a>3) + 5*(a<=3)
...
# elimina tutti gli elementi minori di 3 dalla matrice a
a[(a>3)]
...
# restituisce true se il 5 È contenuto in a altrimenti false
5 in a
...
```

L'uso di questi comandi è fondamentale nell'analisi dati in quanto permette di usare le librerie di numpy nella gestione delle tabelle dati. Inoltre l'impiego di arrays booleani permette la creazione di maschere (vero/falso) che sono in grado di "coprire" parti di una estesa tabella dati, il che permette a python di estrarre da grandi array numerici delle informazioni condizionate in tempi estremamente brevi.

```
import numpy as np
a = np.array([1,2,4,6,8,9,7,6,5,4,5,3,2])
# creare una maschera booleana sull'array a, sui valori compresi
# tra 2 e 7 (estremi esclusi)
msk = (a<7)*(a>2)
msk
array([False, False, True, True, False, False, False, True, ...])
a[msk] # scrivi il commento ...
a*msk # scrivi il commento ...
a[~msk] # scrivi il commento ...
```

Per completare la vostra formazione provate a implementare con qualche esempio l'uso dei seguenti comandi:

```
# crea una matrice (array) identità 4x4
np.identity(4, dtype=float)
#Restituisce le dimensioni della matrice a
np.shape(a)
#Restituisce il tipo di variabile
a.dtype
# Ridefinisce le dimensioni della matrice in 1 x 6 (unidimensionale).
a=np.reshape(a,(1,6))
#Restituisce vero se il 5 È contenuto in a, falso altrimenti.
5 in a
#ordina gli elementi della matrice
np.sort(a)
# concatena due array
np.concatenate((a,b))
# comportamento se errori calcolo
np.seterr(divide=None, over=None, under=None, invalid=None)
# Rango della matrice:
a.ndim()
# Dimensioni della matrice:
# restituisce una lista n x m con le dimensioni della matrice
a.shape
# Numero di elementi nella matrice:
# equivale al prodotto di tutti i risultati di a.shape
```

```python
a.size
# Tipo degli elementi nella matrice:
a.dtype
```

Operare con le matrici:

```python
# Dimensione in byte di un elemento della matrice:
a.itemsize
a.shape
# Le matrici devono avere stesse dimensioni
# Somma membro a membro:
x = a + b
a += b
# Differenza membro a membro:
x = a - b
a -= b
# Prodotto membro a membro:
x = a * b
a *= b
# Prodotto matriciale:
x = dot(a, b)
# Divisione membro a membro:
x = a / b
a /= b
```

Ricercare all'interno di matrici:

```python
# restituisce gli indici del massimo o del minimo valore lungo un asse
argmax(a[, axis, out]) - argmin(a[, axis, out])
#restituisce gli indici del massimo o del minimo valore lungo un asse
# ignorando NaNs
nanargmax(a[, axis]) - nanargmin(a[, axis])
# Trova gli indici di un array che sono non zero
argwhere(a) - nonzero(a)
# Trova gli elementi che rispettano una data condizione ex:
x[np.where( x > 3.0 )]
where(condition, [x,y])
# Ritorna gli elementi di un array che rispettano una data condizione
extract(condition, arr)
```

Ordinare gli elementi:

```python
# restituisce una copia ordinata dell'array
sort(a[, axis, kind, order])
# restituisce gli indici che ordinano un array
argsort(a[, axis, kind, order])
# ordina l'array in loco
ndarray.sort([axis, kind, order])
# ordina un array complesso
sort_complex(a)
```

Salvare matrici in file testo e caricare in memoria matrici da file testo:

```python
# salva o carica un array in file testo
import numpy as np
a=np.loadtxt("a.txt")
np.savetxt("a.txt", a)
# carica o salva un array in file txt o csv
```

```
np.savetxt('myfile.csv',numpyarray,delimiter=',')
# use exponential notation
np.savetxt('myfile.csv',numpyarray, fmt='%1.4e')
a=np.loadtxt("a.csv", delimiter=',',comments='#')
```

Un'altra serie importate di funzioni contenuti nella libreria numpy sono quelle relative all'importazione e all'esportazione di file tipo "csv". Si tratta di file testo, contenenti delle intestazioni e dei dati in formato numerico separati tra loro da un carattere come la virgola o il punto e virgola. Le istruzioni per trasformare i dati contenuti in un file csv in un array e viceversa sono i seguenti:

Importazione di un file CSV

```
import numpy as np
# vengono caricati solo array numerici ,esclude riga inizia con #
data=np.genfromtxt('myfile.csv',delimiter=',',comment='#')
# se non ci sono ''NaN'' si puÙ usare:
data=np.loadtxt(c,delimiter=',',comments='#')
# legge la prima riga di un file
f = open('myfile.csv', 'r')
 t=f.read().split()[1]
 f.close()
# FACOLTATIVO
# Approfondite pandas per creare dei dataframe
import pandas as pd
df=pd.read_csv('myfile.csv', sep=',',header=None)
df.values
array([ 1. , 2. , 3. ],
```

La libreria numpy oltre alle routine per la gestione di array contiene nella sua libreria delle funzioni in grado di svolgere calcoli statistici, e in particolare la funzione histogram che calcola pdf (probabilità di frequenza) e canali, di un vettore x di valori. Funzioni statistiche:

```
# mediana ;
median(a[, axis, out, overwrite_input, keepdims])
# media pesata in un asse
average(a[, axis, weights, returned])
# media in un asse;
mean(a[, axis, dtype, out, keepdims])
# deviazione standard
std(a[, axis, dtype, out, ddof, keepdims])
# varianza ;
var(a[, axis, dtype, out, ddof, keepdims])
# mediana lungo un asse ignora NaNs
nanmedian(a[, axis, out, overwrite_input, ?])
# media lungo un asse ignora NaNs ;
nanmean(a[, axis, dtype, out, keepdims])
# std senza NaNs
nanstd(a[, axis, dtype, out, ddof, keepdims])
# varianza senza NaNs;
nanvar(a[, axis, dtype, out, ddof, keepdims])
# coefficienti di correlazione (Person)
corrcoef(x[, y, rowvar, bias, ddof])
# matrice di covarianza;
correlate(a, v[, mode])
```

```
cov(m[, y, rowvar, bias, ddof, fweights, ?])
# La variabile booleana density fa sì che la funzione dia il numero
# dei conteggi n (density=False) o la pdf normalizzata (density=True).
pdf, bins = histogram( x, nbins, density = True|False )
# Attraverso la chiamata
array.mean()
# si visualizza il valore medio,
array.sdt()
# la deviazione standard,
array.var()
# la varianza?
ref: https://docs.scipy.org/doc/numpy/reference/routines.html
# mettere best fit
```

Eseguite il seguente esercizio: commentate il seguente codice descrivendo in dettaglio le funzioni svolte da ciascun comando

```python
import numpy as np
data=np.array([[1,2,3],[4,5,6]])
data.shape
dta1=np.delete(data,1,0)
dta2=np.delete(data,2,1)
dta3 = np.vstack((data,[6,7,8]))
dta4 = np.hstack((data,[10,11]))
# che succede a questo punto ?? perche?
dta4 = np.hstack((data,np.reshape([12,13],(2,1))))
# trasposta: np.array([[12,13]]).T metodo .T
# Elimina le righe duplicate
dt = np.array([[1,2],[3,1],[2,3],[1,2],[3,1],[2,3],[1,2],[2,2],[3,3], \
  [23,1],[1,2],[3,2],[2,2],[3,3],[3,4],[5,4],[5,1]])
# ordina un array secondo la colonna c-esima
dt[dt[:,c].argsort()]
nx=dt.shape[0]
i = 0
while (i < nx-1):
  if (dt[i][c]==dt[i+1][c]):
    print('Sto eliminando la seguente riga dalla matrice dati:',dt[i,:])
    #, i è il numero di riga/colonna, 0 è l'axis (riga=0, colonna=1)
    dt=np.delete(dt,i,0)
    nx += -1
    i +=-1
  i +=1
```

Implementare in python un algoritmo che data una matrice data(x,y) generi una nuova matrice in cui vengono inserite righe diverse dalle precedenti, con il seguente comando: np.vstack((data))

```python
import numpy as np
data=np.array([[1,2],[3,1],[2,3],[1,2],[3,1],[2,3],[1,2],[2,2],[3,3],
  [23,1],[1,2],[3,2],[2,2],[3,3],[3,4],[5,4],[5,1]])
# ordinare utilizzando gli indici
inx = data[:,c].argsort()
dsort = data[inx]
new=dsort[0,:]
for i in np.arange(1,len(data)):
  if (any(dsort[i,:]) == any(dsort[i-1,:])):
```

```
   np.delete(inx,i)
 else:
   new = np.vstack((new,dsort[:,0]))
print(data)
print(new[inx])
```

Provare la stessa procedura con il comando: `np.unique(data,axis=0)`

I seguenti comandi possono essere eseguiti sollo nell'ambiente interattivo di Python (ipython):

```
# esegue le istruzioni memorizzate nel file primo.py
%run primo
# start e stop del diario dei comandi
%logstart
%logstop
# conserva i comandi della sessione in un file
%history -f /tmp/history.py
#conserva solo i comandi da 1 a 135
%save test.py 1-135
# ripristina la sessione
%load my_useful_session
# salva e recupera degli array
numpy.save/numpy.load
```

Una delle applicazioni più diffuse del metodo Monte Carlo riguarda la determinazione di π. è noto che se prendo in esame l'area di un quarto cerchio di raggio unitario il suo valore è $\pi/4$. Vediamo come utilizzare questo metodo per determinare il valore di π.

Per questo tipo di metodo è necessario l'impiego di un generatore di numeri casuali uniformi $]0,1]$. Si generino un certo numero di x_i e y_i casuali con valori compresi $]0,1]$, questi punto si collocheranno nel primo quadrante di un piano cartesiano. L'equazione di una circonferenza di raggio unitario è: $x^2 + y^2 = 1$. I punti che si collocheranno all'interno di un quarto di circonferenza saranno una frazione del numero totale di punti.

Supponiamo di voler determinare π attraverso la generazione di numeri casuali

I seguenti comandi possono essere eseguiti nell'ambiente interattivo di Python (ipython o spyder3):

```
from numpy.random import rand
# Stabilisce il numero di punti
n = 10**6
# Genera n punti (x,y) su un quadrato (]0,1], ]0,1])
x = rand(n,1)
y = rand(n,1)
# Seleziona solo i punti dentro il quarto di circonferenza
c = ((x**2 + y**2) < 1)
# Determina pi greco
print("pi = ",4 * sum(c)/n)
```

Questo metodo è utilizzabile per simulare qualsiasi tipo di distribuzione nota. Si voglia ad esempio simulare una distribuzione del tipo: $f(\vartheta) = \sin(\vartheta) * \cos^2(\vartheta)$ Il dominio sia: $\vartheta \in [0, \pi/2]$, mentre il codominio è $f(\vartheta) \in [0, 0.4]$

Analogamente a quanto proposto in precedenza occorre generare punti random in un rettangolo $([0, \pi/2], [0, 0.4])$, dunque selezionare solo i punti che sono contenuti in questa distribuzione. Il codice è il seguente:

```python
import matplotlib.pyplot as plt
from numpy.random import rand
from numpy import sin, cos, pi, arange
n, nc =1000000, 100
p=pi/2
x , y = rand(n)*p, rand(n)*0.4
d= x[(y<sin(x)*cos(x)**2)]*90/p
plt.hist(d,bins=nc)
x=arange(0,p,p/nc)
plt.plot(x*90/p,sum(d)*p*sin(x)*cos(x)**2/nc/27)
plt.show()
```

Non affronteremo l'uso della libreria Pandas in questo contesto in cui la semplificazione dei contenuti deve condurre all'acquisizione di un metodo. In appendice verrà affrontato l'uso di questa libreria per coloro che volessero approfondire alcuni contenuti.

A.10   GRAFICI

Questa sezione è dedicata alla rappresentazione grafica dei dati grezzi e dei dati statistici. Iniziamo il nostro percorso con degli esempi in cui esemplificheremo la notazione evitando i numeri di linea dei comandi:

```python
import numpy as np
import matplotlib.pyplot as plt
# evenly sampled time at 200ms intervals
t = np.arange(0., 5., 0.2)
# red dashes, blue squares and green triangles
plt.plot(t, t, 'r--', t, t**2, 'bs', t, t**3, 'g^')
plt.show()
```

```python
import numpy as np
import matplotlib.pyplot as plt
x=np.array([1,2,3,4,5,7,8,9,10,11,12,13,14],dtype=float)
y=np.array([2,3,5,7,5,6,2,3,2,1,3,2,1],dtype=float)
dx=x*0.1
dy=y*0.1
plt.plot(x,y)
plt.errorbar(x,y,xerr=dx,yerr=dy)
plt.show()
# commentare
c=np.polyfit(x,y,4)
# commentare
plt.plot(x,c[0]*x**4+c[1]*x**3+c[2]*x**2+c[3]*x+c[4])
plt.errorbar(x,y,xerr=0.5,yerr=1,fmt=',',elinewidth=.3, \
             capsize=1,capthick=0.3,markersize=2)
plt.show()
plt.errorbar(x,y,xerr=0.5,yerr=1,fmt=',',elinewidth=.3, \
             capsize=1,capthick=0.3,ls='none')
plt.show()
```

```python
import numpy as np
import matplotlib.pyplot as plt
def esponenziale_smorzato(x):
    y=np.exp(-0.5*x)*np.cos(2.0*x)
    return y
pi=np.pi
x=np.linspace(0.0,2.0*np.pi,101)
y=esponenziale_smorzato(x)
plt.plot(x,y,'ko-')
plt.show()
plt.xlabel(r"$x$")
plt.ylabel(r"$y$")
plt.plot(x,np.abs(y),'ko-')
plt.title("Valore assoluto di un esponenziale smorzato")
plt.xlabel(r"$x$")
plt.ylabel(r"$|y|$")
plt.show()
```

```python
import numpy as np
import matplotlib.pyplot as plt
def esponenziale_smorzato(x):
    y=np.exp(-0.5*x)*np.cos(2.0*x)
    return y
pi=np.pi
x=np.linspace(0.0,2.0*np.pi,101)
xmin, xmax = plt.xlim()
plt.xlim(0,10)
plt.ylim(0,0.5)
plt.grid()
y=esponenziale_smorzato(x)
plt.title("Valore assoluto di un esponenziale smorzato")
plt.xlabel(r"$x^1$")
plt.ylabel(r"$|y|_{oh}$")
plt.plot(x,np.abs(y),'ko-')
plt.show()
```

```python
import datetime as dt
import matplotlib.pyplot as plt
import matplotlib.dates as md
# timestamp format (sec dal 1/1/1970)
ti, tf = 1212121212, 1212197878
dt.datetime.fromtimestamp(ti)
di= dt.datetime.fromtimestamp(ti)
df= dt.datetime.fromtimestamp(tf)
datenums=md.date2num([di,df])
plt.xticks( rotation=25 )
ax=plt.gca()
#xfmt = md.DateFormatter('%Y-%m-%d %H:%M:%S')
xfmt = md.DateFormatter('%Y-%m-%d %H')
ax.xaxis.set_major_formatter(xfmt)
plt.plot(datenums,np.arange(3,5,1))
plt.show()
```

```python
import numpy as np
```

```python
import matplotlib.pyplot as plt
def esponenziale_smorzato(x):
    y=np.exp(-0.5*x)*np.cos(2.0*x)
    return y
pi=np.pi
x=np.linspace(0.0,2.0*np.pi,101)
y=esponenziale_smorzato(x)
plt.yscale("log") # oppure se necessario plt.xscale("log")
plt.plot(x,np.abs(y),'ko-')
plt.title("Modulo di un esponenziale smorzato in scala y-log")
plt.xlabel(r"$x$")
plt.ylabel(r"$\log(|y|)$")
plt.show()
```

```python
import numpy as np
import matplotlib.pyplot as plt
r = np.linspace(0.0,5.0,101)
theta = 2.0 * np.pi * r
plt.polar(r, theta)
plt.show()
labels = 'Frogs', 'Hogs', 'Dogs', 'Logs'
sizes = [15, 30, 45, 10]
explode = (0, 0.1, 0, 0) # only "explode" the 2nd slice (i.e. 'Hogs')
plt.pie(sizes, explode=explode, labels=labels, autopct='%1.1f%%',
shadow=True, startangle=90)
plt.axis('equal') # Equal aspect ratio
plt.show()
```

```python
import numpy as np
import matplotlib.pyplot as plt
x = np.linspace(0.1, 2 * np.pi, 10)
markerline, stemlines, baseline = plt.stem(x, np.cos(x), '-.')
plt.setp(baseline, color='r', linewidth=2)
plt.show()
np.random.seed(19680801)
N = 50
x, y = np.random.rand(N), np.random.rand(N)
colors = np.random.rand(N)
# da 0 a 15 punti casuali
area = np.pi * (15 * np.random.rand(N))**2
plt.scatter(x, y, s=area, c=colors, alpha=0.5)
plt.show()
```

MEDIA MEDIANA

```python
import numpy as np
a=[1,2,3,2,3,4,3,4,3,4,5,4,5]
np.mean(a) #MEDIA
np.median(a) #MEDIANA
np.var(a) # VARIANZA
np.std(a) # DEVIAZIONE STANDARD (radice della varianza)
# stem plot
import matplotlib.pyplot as plt
mkline, stemlines, baseline = plt.stem(range(len(a)), a-np.mean(a), '-.')
plt.setp(baseline, color='r', linewidth=2)
plt.show()
```

```python
import numpy as np
import matplotlib.pyplot as plt
x = np.arange(1.0, 11.0, 1.0)
y = np.array([1.0, 1.0, 4.0, 3.0, 6.0, 5.0, 8.0, 10.0, 9.0, 11.0])
plt.plot(x,y,',')
z = np.polyfit(x,y,1)
plt.plot(x,z[0]*x+z[1])
plt.text(min(x)*1.1,max(y)*0.9,r'$y=$'+str(z[0])+'$x +$'+str(z[1]))
plt.show()
```

```python
import scipy.stats
x = np.arange(1.0, 11.0, 1.0)
y = np.array([1.0, 1.0, 4.0, 3.0, 6.0, 5.0, 8.0, 10.0, 9.0, 11.0])
m, q, r_value, p_value, std_err = scipy.stats.linregress(x, y)
# m=Gradient=coefficiente angolare,
# q=Intercept=intersezione con asse Y,
# R_value=radice quadrata del coefficiente di correlazione,
# P_value=test statistico sull'ipotesi nulla - il coefficiente angolare
# della retta di regressione È zero",
# Std_err=errore standard della stima
```

Una serie di dati possono essere interpolati con un polinomio di grado N con il metodo dei minimi quadrati descritto già nella parte teorica.

La libreria numpy dispone del comando: `np.polyfit` ed `np.corr`. è utilizzabile anche la libreria scipy.stats per effettuare una regressione lineare.

```python
import numpy as np
import matplotlib.pyplot as plt
#simula 32 dati
n = 32
x=np.arange(0,n,1)
y=np.random.normal(0.0, 1.0, n)+0.5*x
#best fit dei dati
c=np.polyfit(x,y,1)
ybest = c[0]*x+c[1]
# correlazione
correlation = np.corrcoef(x, y)[0,1]
# rappresentazione grafica dei dati e dei best fit
plt.plot(x,ybest)
plt.plot(x,y,"o")
plt.ylabel('valori')
plt.xlabel('misura')
plt.show()
plt.bar(x,y-ybest,width=0.5, align='center',color="none")
plt.ylabel(r'$(y-y_{best}$)')
plt.xlabel('misura')
plt.show()
#plt.plot(x,y-ybest,drawstyle='steps')
plt.bar(x,(y-ybest)**2,width=0.5, align='center',color="none")
plt.ylabel(r'($y-y^2_{best}$)')
plt.xlabel('misura')
plt.show()
```

La libreria in python dedicata alla sola statistica è chiamata: `statistics`. Anche le librerie textttpandas e `scipy` dispongono di una serie avanzata di funzioni statistiche.

Esempio: utilizziamo la funzione `random.normal()` per ottenere un vettore di valori distribuito secondo una distribuzione uniforme e la funzione `histogram` per rappresentare graficamente la pdf dei valori stessi:

```python
import numpy as np
import matplotlib.pyplot as plt
x = np.random.normal(0.0, 1.0, 1000)
Nc = 10
pdf, bins = np.histogram( x, Nc, density = True )
nextr = len( bins )
dx = bins[1] - bins[0]
plt.xlabel( r"$x$" )
plt.ylabel( "PDF" )
plt.bar( bins[:nextr-1], pdf, dx, color = "g" )
plt.show()
# provate un compnado analogo presente nella libreria matplotlib
# plt.hist(x, Nc, normed=1, histtype='step', cumulative=True, label='Ey
    ')
```

Esempio: utilizziamo la funzione random.normal() per ottenere un vettore di valori distribuito secondo una curva gaussiana e la funzione histogram per plottare la pdf dei valori stessi:

```python
import numpy as np
import matplotlib.pyplot as plt
x = np.random.normal(0.0, 1.0, 1000)
Nc = 50
pdf, bins = np.histogram( x, Nc, density = True )
nextr = len( bins )
dx = bins[1] - bins[0]
plt.xlabel( r"$x$" )
plt.ylabel( "PDF" )
plt.bar( bins[:nextr-1], pdf, dx, color = "g" )
plt.show()
```

```python
import numpy as np
import matplotlib.pyplot as plt
Nc=20; Nd=500; a=-4 ; b=4
y = np.random.normal(0.0, 1.0, Nd)
pdf, bins = np.histogram( y, Nc, density = True )
nextr = len( bins )
dx = bins[1] - bins[0]
plt.rcParams.update({'font.size': 7})
plt.figure(1)
plt.subplot(121)
plt.plot(y, 'bo')
plt.grid(axis='y')
plt.ylim([a,b])
plt.yticks(bins)
plt.subplot(122)
plt.barh( bins[:nextr-1], pdf*Nd, dx*0.9, align='center',color='green')
plt.grid(axis='y')
```

```
plt.ylim([a,b])
plt.yticks(bins)
plt.savefig('prova.pdf')
plt.show()
```

```
import numpy as np
import matplotlib.pyplot as plt
contCT = (20, 35, 30, 35, 27)
contTP = (25, 32, 34, 20, 25)
CTStd = (2, 3, 4, 1, 2)
TPStd = (3, 5, 2, 3, 3)
ind = np.arange(len(contTP))
width = 0.35
p1 = plt.bar(ind, contTP, width, yerr=TPStd)
p2 = plt.bar(ind, contCT, width,
        bottom=contTP, yerr=CTStd)
plt.ylabel('Conteggi')
plt.title('Conteggi Trapani e Catania')
plt.xticks(ind, ('c1', 'c2', 'c3', 'c4', 'c5'))
plt.yticks(np.arange(0, 81, 10))
plt.legend((p1[0], p2[0]), ('Trapani', 'Catania'))
plt.show()
```

A.11   SPYDER

Spyder, l'ambiente di sviluppo di Python scientifico molto utile per il debug e la gestione delle cartelle di lavoro specie per dei principianti, è spyder3[7]. L'esecuzione di questo software è analoga a ipython. Invece di digitare su terminale ipython basta digitare spyder oppure in alternativa spyder3 e premere invio. Viene mostrata la seguente schermata:

In questa schermata sono evidenti tre spazi con le seguenti etichette: Editor, Help e Console.

- Editor: Viene scritto il codice sorgente in python che mediante il pulsante run (▶) viene eseguito nella «iPython console». Il debug viene eseguito contestualmente alla scrittura del codice.

    - Per aprire un file esistente con uno script in python cliccare su 📂.

    - Per creare un nuovo codice occorre cliccare su 🗋.

    - Per salvare il file creato cliccare su 💾 e selezionare nome, cartella e tipo di file.

    - Per eseguire il codice ▶

  Alla scrittura del codice viene esplicitata la corretta sintassi; di lato, accanto a sinistra, un simbolo di allerta esplica il tipo di errore riscontrato. Presenta altre funzionalità come l'indentazione automatica dopo "else", "elif", "finally", ecc.; l'apertura di una parentesi graffa o quadra viene accoppiata con la relativa chiusura.

---

7 In rete al seguente link https://docs.spyder-ide.org/ trovate una guida molto dettagliata

Il codice scritto nella finestra Editor deve essere salvato nella stessa cartella in cui sono presenti i dati. Il titolo della finestra assume il nome del file e contestualmente viene visualizzato il percorso completo in cui il file si trova.

- Help-File Explorer-Variable Explorer: presenta 3 schede, che possono anche essere separate. Help riguarda un aiuto in linea, in alto c'è la finestra per ricercare il comando e le sue opzioni; file explorer permette di visualizzare i file presenti nella cartella di lavoro e permette di selezionare la cartella di lavoro della «console», con un doppio click i file vengono caricati nell'editor; variable esplorer permette di esplorare le variabili e l'uso di memoria del sistema.

- Console: è l'ambiente interattivo ipython. Può essere utilizzato come una finestra di terminale in cui è stato avviato ipython, dunque eseguendo un comando alla volta, ma può essere utilizzato per ispezionare le variabili eventualmente definite nel programma scritto e eseguito nell'editor per evidenziare errori di logica.

I comandi possono essere eseguiti direttamente sulla «iPython console» per provarne il funzionamento. Per svolgere le esercitazioni proposte nel capitolo seguente si consiglia di creare una cartella su un'area del proprio elaboratore, e selezionare la cartella con «File Explorer» di Spyder (scheda in alto a destra). In tal caso tutti i comandi verranno eseguiti nella cartella selezionata con «File Explorer».

B

BEST FIT LINEARE

In questa appendice ci proponiamo di spiegare in dettaglio alcuni argomenti che per ragioni di sintesi o di complessità analitica sono affrontati in dettaglio in questa sezione. Si tratta naturalmente di argomenti tra loro eterogenei che vanno comunque considerati quale parte integrante degli argomenti trattati nel testo.

B.1 MINIMIZZAZIONE DEL χ^2

Siano date N coppie di misure sperimentali $(x_i \pm \delta x_i; y_i \pm \delta y_i)$ legate da una legge lineare, dove le incertezze sulle y_i risultano criticamente dipendenti dalla misura. Esisteranno cioè valori di y_i più affidabili e altri meno. In tal caso il processo di distanza quadratica non può considerare tutte le misure tra loro equivalenti ma occorre fare in modo che le misure con errore maggiore incertezza "pesino" meno.

La funzione "distanza quadratica" viene definita in statistica come χ^2. Questa funzione è definita come lo scarto quadratico "pesato" con l'indeterminazione.

$$\chi^2 = \sum_{i=1}^{N} \left(\frac{p(x_i) - y_i}{\delta y_i} \right)^2 < N \tag{30}$$

la sommatoria di tutti i precedenti rapporti deve essere minore di N e quindi se tutti i valori contribuiscono al più per un'unità allora:

Si definisce χ^2_{red}, χ^2 ridotto, il χ^2 medio rispetto al numero di misure:

$$\chi^2_{red} = \frac{1}{N} \sum_{i=1}^{N} \left(\frac{p(x_i) - y_i}{\delta y_i} \right)^2 \tag{31}$$

Chiaramente il processo di media comporta una perdita di informazioni. Può verificarsi che un gruppo di misure si trova vicinissimo alla funzione interpolante, e quindi contribuisce pochissimo alla somma, mentre un gruppo di misure invece se ne discosta significamente. Affermare che i valori teorici si trovano entro i limiti sperimentali può risultare una affermazione falsa. È bene sempre utilizzare il grafico dei residui per controllare se è verificata una tale condizione. Inoltre i valori di questa funzione sono criticamente legati all'errore δy_i, una valutazione in eccesso o in difetto dell'errore determina significative differenze nei valori della funzione χ^2.

Se la funzione interpola bene i dati è necessario che $\chi^2_{red} < 1$ ma questa condizione non è sufficiente, ma solo necessaria.

B.2 PROPAGAZIONE DEGLI ERRORI

Per coloro che fossero nelle condizioni di saper lavorare con le derivate propongo un approfondimento sulla propagazione degli errori in questa sezione. Quando si possiede una funzione a più variabili, cosa piuttosto frequente in fisica, allora la variazione della funzione è data da quello che viene denominato: "differenziale totale".

Non avendo gli strumenti matematici appropriati (sono richieste le basi del calcolo differenziale) è ovvio che l'uso del differenziale totale non è utilizzabile in questo contesto, ma verrà proposto solo come strumento operativo per il calcolo della variazione di una funzione "fisicamente ragionevole" a più variabili. La regola del differenziale totale permette di propagare l'errore su N variabili, con la condizione fisica che $\Delta x_i \ll x_i$.

Indicando con

$$\frac{\partial f(x_i)}{\partial x_i}$$

la derivata parziale della funzione $f(x_i)$ rispetto a x_i. In cui le altre variabili vengono trattate come se fossero costanti e la derivata viene svolta solo rispetto alla variabile x_i.

La regola generale per il differenziale totale è la seguente:

$$\Delta f(x_i) = \sum_{i=1}^{N} \left| \frac{\partial f(x_i)}{\partial x_i} \right| \cdot \Delta x_i$$

mentre per gli errori statistici la regola generale, sempre che siano sodisfatte le condizioni fisiche che $\sigma_i \ll x_i$, è la seguente:

$$\sigma_{f(x)} = \sqrt{\sum_{i=1}^{N} \left(\frac{\partial f(x_i)}{\partial x_i} \right)^2 \cdot \sigma_{x_i}^2}$$

Facciamo un semplice esempio: calcoliamo come si propaga l'errore massimo nel caso di un rapporto, operazione che può interessare due variabili.

$$f(x,y) = \frac{x}{y}$$

Sappiamo che:

$$\begin{cases} \dfrac{\partial f(x,y)}{\partial x} = \dfrac{\partial}{\partial x}\left(\dfrac{x}{y}\right) = \dfrac{1}{y} \\[2ex] \dfrac{\partial f(x,y)}{\partial y} = \dfrac{\partial}{\partial y}\left(\dfrac{x}{y}\right) = -\dfrac{x}{y^2} \end{cases}$$

e quindi:

$$\Delta f(x,y) = \left|\frac{1}{y}\right| \Delta x + \left|\frac{x}{y^2}\right| \Delta y$$

ovvero moltiplicando ambo i membri per $|y/x|$:

$$\frac{\Delta f(x,y)}{|f(x,y)|} = \frac{\Delta x}{|x|} + \frac{\Delta y}{|y|}$$

che è quanto riportato nel testo. In modo analogo è possibile verificare le altre regole affrontate nel testo.

B.3 PROCEDURA DI REGRESSIONE LINEARE

Data una serie di N di coppie di misure: x_i e y_i con $i = 1 \dots N$ si rappresentino i valori di queste queste misure in un piano cartesiano, dove in ascissa decidiamo di mettere il set di misure con errore relativo minore. Supponiamo che queste due grandezze siano tra loro correlate da una legge lineare.

L'equazione di una retta presenta la forma: $y = a + bx$ dove a e b sono i due parametri che caratterizzano la retta, detti rispettivamente intercetta e coefficiente angolare, il numero di parametri incogniti è pari a due. La differenza tra il numero di misure e il numero di parametri ignoti viene chiamato "numero di gradi di libertà" del fit: $n_l = N - 2$

La distanza quadratica tra i valori misurati della y e i valori "veri" ottenuti dalla retta che teoricamente interpola i dati sarà:

$$D^2(a,b) = \sum_{i=1}^{N} [y(x_i) - y_i]^2 = \sum_{i=1}^{N} (a + b \cdot x_i - y_i)^2 \tag{32}$$

Vogliamo determinare quali sono i valori che devono assumere a e b affinché la distanza quadratica tra punti teorici e retta sia minima.

In generale affinchè la funzione D^2 abbia un minimo è necessario che:

$$\begin{cases} \dfrac{\partial D^2(a,b)}{\partial a} = 0 \\[2ex] \dfrac{\partial D^2(a,b)}{\partial b} = 0 \end{cases}$$

dove il simbolo $\dfrac{\partial}{\partial a}$ è l'operazione di derivata parziale rispetto alla variabile a. Risolvendo le derivate parziali rispetto a ciascuna variabile a e b ottengo le seguenti relazioni:

$$\begin{cases} a \cdot N + b \cdot \sum_{i=1}^{N} x_i = \sum_{i=1}^{N} y_i \\[3ex] a \cdot \sum_{i=1}^{N} x_i + b \cdot \sum_{i=1}^{N} x_i^2 = \sum_{i=1}^{N} x_i y_i \end{cases} \tag{33}$$

Risolvendo il sistema e si ricavano i valori di a e b:

$$\begin{cases} a = \dfrac{\sum_{i=1}^{N} y_i \cdot \sum_{i=1}^{N} x_i^2 - \sum_{i=1}^{N} x_i y_i \cdot \sum_{i=1}^{N} x_i}{N \cdot \sum_{i=1}^{N} x_i^2 - \left(\sum_{i=1}^{N} x_i\right)^2} \\[5ex] b = \dfrac{N \cdot \sum_{i=1}^{N} x_i y_i - \sum_{i=1}^{N} y_i \cdot \sum_{i=1}^{N} x_i}{N \cdot \sum_{i=1}^{N} x_i^2 - \left(\sum_{i=1}^{N} x_i\right)^2} \end{cases} \tag{34}$$

Propagando gli errori statistici (si tratta di un insieme statistico di dati) sui coefficienti, allora l'incertezza associata a tali coefficienti sarà data da:

$$\begin{cases} \sigma_a^2 = \sigma_y^2 \cdot \dfrac{\sum\limits_{i=1}^{N} x_i^2}{N \cdot \sum\limits_{i=1}^{N} x_i^2 - \left(\sum\limits_{i=1}^{N} x_i\right)^2} \\[3em] \sigma_b^2 = \sigma_y^2 \cdot \dfrac{N}{N \cdot \sum\limits_{i=1}^{N} x_i^2 - \left(\sum\limits_{i=1}^{N} x_i\right)^2} \end{cases} \tag{35}$$

dove la deviazione standard è definita:

$$\sigma_y = \sqrt{\dfrac{\sum\limits_{i=1}^{N} (a + b \cdot x_i - y_i)^2}{n_l}} \tag{36}$$

Il coefficiente di correlazione lineare, spesso indicato con r, il cui valore prossimo all'unità mi assicura che la dipendenza tra x_i e y_i è lineare.

$$r = \dfrac{\sum\limits_{i=1}^{N} (x_i - \overline{x}) \cdot (y_i - \overline{y})}{\sqrt{\sum\limits_{i=1}^{N} (x_i - \overline{x})^2 \cdot \sum\limits_{i=1}^{N} (y_i - \overline{y})^2}} \tag{37}$$

Spesso quando le misure posseggono degli errori sperimentali molto diversi tra loro, è più utile effettuare una trasformazione dei dati che al momento del calcolo del valore medio tenga conto dell'incertezza associata a ciascun dato, dando un peso maggiore alle misure con errore minore. Vengono riproposti tutti i calcoli svolti per la funzione media con l'unica variante di sostiture a y_i il termine $y_i / (\delta y_i)^2$. Il processo di media, chiamata pesata o ponderata, sarà dato da:

$$\overline{y} = \dfrac{\sum\limits_{i=1}^{N} y_i / (\delta y_i)^2}{\sum\limits_{i=1}^{N} 1 / (\delta y_i)^2} \tag{38}$$

Uno strumento utile, che si aggiunge al precedente, per capire se la retta sia la funzione che lega tra loro x_i e y_i, è il grafico dei residui.

Chiaramente il processo di media comporta una perdita di informazioni. Può verificarsi che un gruppo di misure si trovi vicinissimo alla funzione interpolante, e quindi contribuisce pochissimo alla somma, mentre un gruppo di misure invece se ne discosta significativamente. Affermare che i valori teorici si trovano entro i limiti sperimentali può risultare una affermazione falsa. È bene sempre utilizzare il grafico dei residui per controllare se è verificata una tale condizione.

Lo studente non si terrorizzi guardando queste formule. Tutti i software per l'analisi dati eseguono in maniera automatica tutti i calcoli fornendo quasi immediatamente i risultati.

Queste espressioni ad un primo sguardo possono sembrare piuttosto complesse, la completa comprensione di tutti gli aspetti teorici può in qualche passaggio richiedere un tempo maggiore o bisogna accettare quanto detto in quanto ancora non si possiedono gli strumenti matematici adeguati, in quanto in un biennio lo studio delle derivate è ancora lontano, ma comprendere l'essenza del processo che porta a queste conclusioni è importante.

L'utilizzo di uno strumento informatico che introdotti dei dati restituisce dei risultati non è utile se non se ne comprende bene il funzionamento. Una implementazione di questa procedura in octave è riportata nell'appendice.

Talvolta nell'analisi dati di un dato esperimento è richiesto il calcolo di più parametri legati da varie relazioni, ovvero è necessario affrontare la risoluzione di un sistema lineare.

Con Octave è possibile risolvere in pochi passi un sistema lineare, sfruttando l'algebra delle matrici.

Supponiamo di voler risolvere il seguente sistema algebrico:

$$\begin{cases} x + y + 2z = 1 \\ 3x + 5y + 8z = 3 \\ 13x + 21y + 33z = 11 \end{cases}$$

Per prima cosa proviamo a scrivere il sistema in questo modo: i coefficienti delle incognite, le incognite e i termini noti.

$$A = \begin{pmatrix} 1 & 1 & 2 \\ 3 & 5 & 8 \\ 13 & 21 & 33 \end{pmatrix} \quad X = \begin{pmatrix} x \\ y \\ z \end{pmatrix} \quad B = \begin{pmatrix} 1 \\ 3 \\ 11 \end{pmatrix}$$

A viene chiamata matrice dei coefficienti, X vettore delle incognite e B vettore dei termini noti.

Il prodotto tra una matrice ed un vettore colonna è definito come la somma del prodotto degli elementi di ciascuna riga della matrice per gli elementi della colonna del vettore.

Risulta quindi possibile scrivere il sistema in modo simbolico A*X=B. La matrici quadrate hanno il vantaggio di comportarsi come enti numerici, e quindi operando ad entrambi i membri l'inversa della matrice A: A^{-1}*A*X=A^{-1}*B $\Rightarrow$ X=A^{-1}*B=inv(A)*B

Implementiamo questo processo in octave:

```
octave:1> A=[1,1,2;3,5,8;13,21,33]
octave:2> B=[1; 3; 11]
octave:3> det(A)
octave:4> inv(A)*B
```

1. Creare la matrice dei coefficienti

2. Creare il vettore dei termini noti

3. Assicurarsi che la matrice sia invertibile det(A)$\neq$0

4. Calcolare gli elementi del vettore X.

come risultato ottengo le incognite x, y e z.

C.1   GONIOMETRO

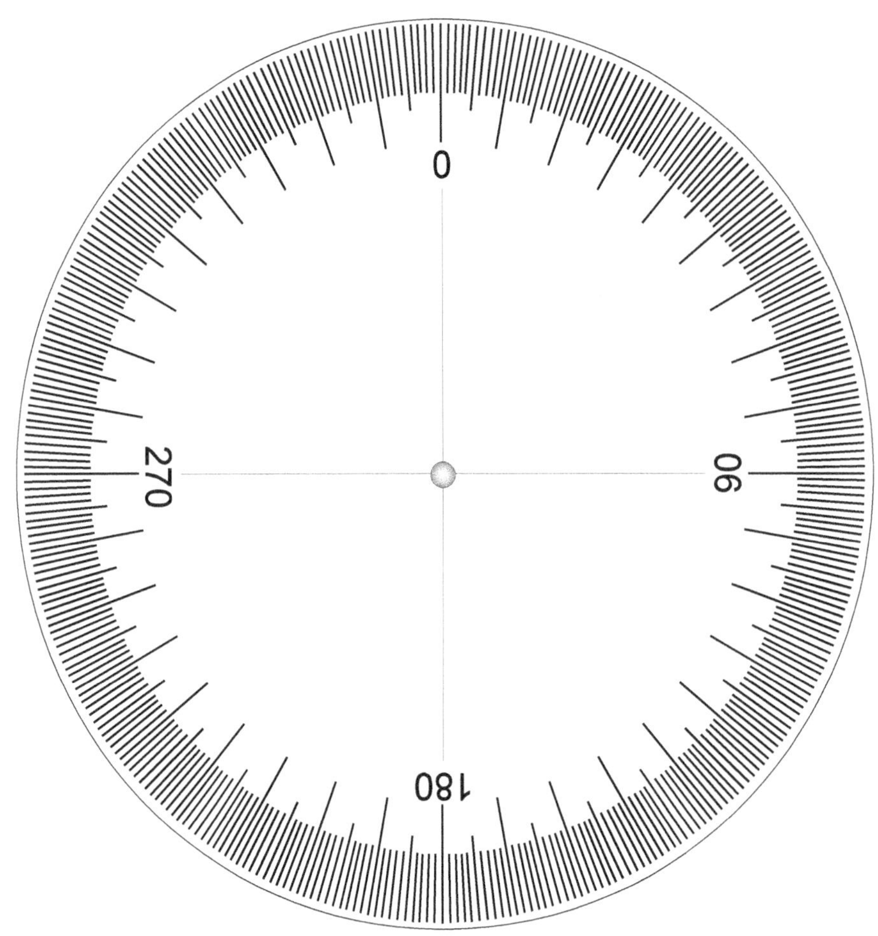

D.1 OPERAZIONI PRELIMINARI

Se volessimo modificare lo startup di Octave dovremmo modificare il file di configurazione:

```
/usr/share/octave/site/m/startup/octaverc
```

possiamo inserire alcune modifiche alla configurazione iniziale che saranno conservate ogni volta che avviamo il programma. Alcune modifiche preliminari da effettuare potrebbero essere le seguenti:

- LOADPATH=[DEFAULT_LOADPATH,":/mydirectory/octave"] in questo file memorizzando le funzioni e gli script che memorizzeremo nella directory /mydirectory/octave. Tali funzioni e script saranno direttamente accessibili dal programma.

- EDITOR="kwrite" per rendere l'editor kwrite editor predefinito di Octave

- default_eval_print_flag=0 per visualizzare in forma migliore alcuni risultati

- gnuplot_has_multiplot=1 per poter utilizzare gnuplot per comporre grafici multipli

D.1.1 Come ottenere un aiuto su un comando

Il programma permette, conoscendo il nome di un comando, di ottenere un aiuto sul comando stesso relativo sia al suo utilizzo sia al risultato che da esso si ottiene. Per richiamare un aiuto su un qualunque comando si usa la seguente sintassi:

```
help comando
```

in cui comando è il nome del comando di cui vogliamo un aiuto.

D.1.2 Come ottenere il manuale in linea

Il programma dispone di un ottimo manuale che può essere richiamato digitando:

```
help -i
```

Tale manuale è ordinato per argomenti e molto ricco di esempi.Il manuale completo ufficiale di Octave viene fornito con il software, ed è in lingua inglese.

D.1.3 I tipi di dati

Il programma permette di visualizzare in parecchi formati i risultati ottenuti. Per stabilire un certo formato visualizzazione si usa il comando:

```
format opzione
```

in cui opzione può assumere uno dei seguenti valori:

- short

- long

- long e

- short e

- long E

- short E

- free

- none

- blank

- +

- hex

- bit

Per vedere come operano tali opzioni si veda l'help di format.
Per memorizzare un certo valore in una variabile si usa la sintassi:

```
variabile=valore
```

in cui variabile rappresenta il nome della variabile in cui valore deve essere memorizzato.

D.2 I TIPI DI DATI

Il programma utilizza diverse tipologie di dati. Vedremo in questo paragrafo quali sono e il loro utilizzo.

Le tipologie di dati che possono essere utilizzate in Octave sono le seguenti:

- dati numerici

- stringhe

- strutture

FUNZIONI UTILIZZABILI SU TUTTI I TIPI DI DATI   Mentre vi sono funzioni diverse per ogni tipologia di dati da utilizzare, vi sono anche delle funzioni che sono applicabili ad ogni tipo di dato. Esse sono le seguenti:

- columns(a) restituisce il numero di colonne di a

- rows(a) restituisce il numero delle righe di a

- length(a) restituisce il numero di righe di a o il numero di colonne sempre di a se più grande

- size(a) restituisce il numero delle righe e delle colonne di a

- size(a,1) restituisce il numero delle righe di a

- size(a,2) restituisce il numero delle colonne di a

- isempty(a) restituisce 1 se a è una matrice in cui sia il numero di riga che quello di colonna sono zero Si noti che uno scalare è considerato una matrice di dimensioni 1 x 1.

D.2.1 I dati numerici

I dati numerici possono essere

- scalari

- matrici

- vettori

e possono contenere sia numeri reali che numeri complessi

Gli scalari

Gli scalari rappresentano numeri singoli e possono essere sia reali che complessi.

I numeri reali si ottengono semplicemente digitando una sequenza di numeri ad esempio con:

```
a=123.78
```

si assegna alla variabile a il numero reale 123.78

I numeri complessi

I numeri complessi si ottengono invece nel seguente modo: a+bi

in cui a e b sono scalari reali mentre i rappresenta l'unità immaginaria p-1. Si noti che i può anche essere sostituito da uno dei seguenti simboli j,J,I.

Le matrici

Le matrici sono tabelle di numeri che possono essere sia reali che complessi. La dimensione della matrice è determinata automaticamente, ad esempio l'espressione:

```
A=[1,2;3,4]
```

oppure con l'espressione

```
A=[1 2;3 4]
```

genera la matrice

$$A = \begin{pmatrix} 1 & 2 \\ 3 & 4 \end{pmatrix}$$

Per inserire una matrice bisogna ricordare di:

- racchiudere i numeri tra parentesi quadrate

- separare i numeri della riga con , o con uno spazio

- creare una nuova riga con ;

Supponendo che A sia una matrice di dimensioni m*n il programma permette di estrarre righe, colonne e submatrici da tale matrice. Vi sono varie possibilità di richiamo date da:

- A(a,b) richiama l'elemento di posizione (a,b) della matrice A

- A(:,b) richiama la colonna di posizione b della matrice A

- A(a,:) richiama la riga di posizione a della matrice A

- A(:,a:b:c) richiama le colonne di posizione da a a c con passo b della matrice A

- A(a:b:c,:) richiama le righe di posizione da a a c con passo b della matrice A

- A(a:b:c,a1:b1:c1) richiama righe e colonne della matrice A secondo quanto visto in precedenza in cui a,b,c,a1,b1,c1 sono numeri naturali.

In modo del tutto naturale possiamo anche assegnare uno o più elementi nuovi alla matrice.

Nell'ipotesi di aver creato la matrice A con:

```
A=[1 2 3;4 5 6 ;7 8 9]
```

abbiamo i seguenti casi:

- A(1,2)=100 viene sostituto nella matrice A l'elemento di posto (1,2) con il numero 100

- A(1,:)=2:2:6 viene sostituita la prima riga di A con la successione 2,4,6 altre combinazioni di simboli sono facilmente interpretabili.

Una operazione utile è anche quella di cancellare intere righe o colonne di una matrice ciò viene effettuato nel seguente modo:

- A(1,:)=[] viene cancellata da prima riga della matrice A

- A(:,1)=[] viene cancellata da prima colonna della matrice A

altre combinazioni di simboli sono facilmente interpretabili.

Funzioni applicabili ad una matrice

Abbiamo visto che Octave opera prevalentemente facendo uso di matrici. Appunto per questo motivo esso dispone di molte funzioni applicabili alle matrici che analizzeremo in questo paragrafo.

Le funzioni che possono essere applicate ad una matrice x sono:

- fliplr(x) restiutisce una matrice con l'ordine delle colonne rovesciato

- flipud(x) restituisce una matrice con l'ordine delle righe rovesciato

- inverse(x) restituisce l'inversa della matrice x

- conj(x) restituisce la trasposta della matrice x

- rot90(x,n) restituisce una matrice ruotata di 90 gradi nè opzionale ed indica di quante volte dobbiamo ruotare di 90 gradi la matrice

- reshape(x,m,n) ritorna una matrice composta da m righe ed n colonne i cui elementi sono presi dal vettore x in ordine di colonna

- shift(x,b) sposta tutti i valori del vettore x di una quantità pari a b come se il vettore fosse circolare

- [s,i]=sort(x) ordina i dati della matrice x e ne conserva gli indici.

- tril(x,k) ritorna la matrice triangolare inferiore della matrice x il valore di k è opzionale

- triu(x,k) ritorna la matrice triangolare superiore della matrice x il valore di k è opzionale

- vec(x) ritorna un vettore ordinato secondo le colonne dalla matrice x

- eye(x) ritorna una matrice identità delle stesse dimensioni di x se x è uno scalare ritorna una matrice identità quadrata di ordine n

- eye(n,m) ritorna una matrice identità di n righe ed m colonne

- ones(x) ritorna una matrice di tutti uno delle stesse dimensioni di x se x è uno scalare ritorna una matrice con tutti uno quadrata di ordine n

- ones(n,m) ritorna una matrice di tutti uno di n righe ed m colonne

- zeros(x) ritorna una matrice di tutti zero delle stesse dimensioni di x se x è uno scalare ritorna una matrice con tutti zero quadrata di ordine n

- zeros(n,m) ritorna una matrice di tutti zero di n righe ed m colonne

- rand(x) ritorna una matrice casuale delle stesse dimensioni di x se x è uno scalare ritorna una matrice con numeri casuali quadrata di ordine n

- rand(n,m) ritorna una matrice casuale di n righe ed m colonne

- rand(seme,x) ritorna una matrice casuale specificando anche il seme di partenza

- randn(x) come rand solo che i numeri casuali derivano da una distribuzione normale e non da una distribuzione uniforme

- randn(n,m) come rand solo che i numeri casuali derivano da una distribuzione normale e non da una distribuzione uniforme

- randn(seme,x) come rand solo che i numeri casuali derivano da una distribuzione normale e non da una distribuzione uniforme

- diag(v,k) ritorna una matrice diagonale, avente nella diagonale gli elementi del vettore v. L'argomento k è opzionale

- linspace(base,limit,n) ritorna un vettore riga con n elementi spaziati linermente da base a limit

- logspace(base,limit,n) ritorna un vettore riga con n elementi spaziati logaritmicamente da 10^{base} a 10^{limit}

Matrici importanti

Con Octave è possibile ottenere matrici importanti per l'analisi matematica. Si da solo l'elenco in quanto per il loro uso e la sintassi si rimanda all'help in linea. Tali matrici sono:

- hankel

- hilb

- invhilb

- sylvester_matrix

- toeplitz

- vander

I vettori

I vettori sono matrici aventi una sola riga o una sola colonna. Essi possono essere composti come le matrici sia da numeri reali che da numeri complessi. Per creare un vettore si usa la seguente espressione:

```
a=[1,2,3,4,5,6]
```

che genera il vettore:

```
1 2 3 4 5 6
```

Per inserire un vettore bisogna ricordare di:

- racchiudere i numeri tra parentesi quadrate

- separare i numeri che lo compongono con , o con uno spazio

I vettori possono anche essere creati nel seguente modo:

- a:b definisce un vettore da a a b con incremento 1

- a:b:c definisce un vettore da a a c con incremento b si noti che b può essere negativo

- linspace(a,b,c) definisce un vettore da a a b composto da c elementi

- logspace(a,b,c) come sopra ma crea un vettore logaritmico con a,b,c numeri reali.

Supponendo che x sia un vettore di dimensioni n il programma permette di estrarre singoli elementi da tale vettore. Vi sono varie possibilit'a di richiamo date da:

- x(a) richiama l'elemento di posizione a del vettore x

- x(a:b:c) richiama gli elementi del vettore x da a a c con passo b in cui a,b,c sono numeri naturali.

In modo del tutto naturale possiamo anche assegnare uno o più elementi nuovi al vettore x.
Ipotizziamo di aver creato un vettore x con:

```
x=[1 2 3 4 5 6 7 8 9]
```

abbiamo i seguenti casi:

- A(1)=100 viene sostituto nel vettore x l'elemento di posto 1 con il numero 100

- x(1:2:9)=[1 4 6 8 9] vengono sostituiti nel vettore x gli elementi richiamati con quelli nuovi altre combinazioni di simboli sono facilmente interpretabili.

Una operazione utile è anche quella di cancellare elementi dal vettore x nel seguente modo:

- x(a)=[] viene cancellato l'elemento di posto a del vettore x

- A(a:b:c)=[] vengono cancellati gli elementi richiamati del vettore x

altre combinazioni di simboli sono facilmente interpretabili.

LA FUNZIONE RAND

La funzione rand permette di ottenere una matrice o un vettore composto da numeri casuali uniformemente distribuiti nell'intervallo]o; 1[. Il suo uso è il seguente:

- rand(n) viene generata una matrice di numeri casuali nxn

- rand(n,m) viene generata una matrice di numeri casuali di dimensione nxm

- rand("seed",n) viene inizializzato il seme al valore n

- rand("seed") otteniamo il valore del seme

PREDICATI PER DATI NUMERICI

Vi sono alcune funzioni molto utili nella programmazione che fanno riferimento ai dati di tipo numerico. Esse sono:

- is.matrix(x) : ritorna 1 se a è una matrice o altrimenti

- is.vector(x) : ritorna 1 se a è un vettore o altrimenti

- is.scalar(x) : ritorna 1 se a è uno scalare o altrimenti

- is.square(x) : ritorna 1 se a è una matrice quadrata le mimensioni di x altrimenti

- is.symmetric(x,tol) : ritorna 1 se a è una matrice simmetrica con la tolleranza tol o altrimenti, se tol è omesso si usa la tolleranza della macchina

D.3 LE STRINGHE

D.3.1 Introduzione

Le stringhe consistono in una sequenza di caratteri inclusi in virgolette semplici o in doppie virgolette. Esempi di stringhe sono le seguenti:

```
"parrot"
'parrot'
```

D.3.2 Concatenazione di stringhe

Le stringhe possono essere concatenate con la stessa notazione delle matrici. Si noti che l'espressione:

```
["foo","bar","baz"]
```

da origine alla stringa:

```
"foobarbaz".
```

D.3.3   Funzioni applicabili alle stringhe

Vi sono una serie di funzioni che possono essere applicate alle stringhe. Esse sono:

- blank(n) ritorna una stringa di n caratteri bianchi

- int2str(n) converte un numero in una stringa

- num2str(n) converte un numero in una stringa

- setstr(x) converte una matrice in una stringa, ogni elemento della stringa è convertito nel corrispondente carattere ascii

- strcat(s1,s2,...) ritorna una stringa contenente tutti gli argomenti concatenati

- str2mat(s1,s2,...,sn) ritorna una matrice contenente le stringhe s1,s2,...,sn come righe

- isstr(a) ritorna 1 se a è una stringa o altrimenti

- findstr(s,t,overlap) ritorna un vettore con gli indici relative alla posizione che il carattere t occupa nella stringa s. Se overlap è uguale a 0 restituisce un vettore solamente con la prima e l'ultima occorrenza.

- index(s,t) ritorna la prima posizione in cui il carattere t si trova nella stringa s

- rindex(s,t) ritorna l'ultima posizione in cui il carattere t si trova nella stringa s

- split(s,t) divide la stringa s in parti separati dal carattere t

- strcmp(s1,s2) ritorna 1 se le stringhe s1 ed s2 sono uguali o altrimenti

- strrep(s,x,y) rimpiazza tutte le occorrenze della sottostringa x presenti in s con la stringa y

- substr(s,ben,len) ritorna una sottostringa di s che parte dal posto ben e arriva al posto len

- bin2dec(s) ritorna il numero decimale corrispondente al numero binario rappresentato come stringa di 0 ed 1

- dec2bin(n) ritorna il numero binario corrispondente a un numero decimale non negativo n sotto forma di stringa contenente 0 ed 1

- dec2hex(n) ritorna il numero esadecimale corrispondente a un numero decimale non negativo n sotto forma di stringa

- hex2dec(s) ritorna il numero decimale corrispondente al numero esadecimale rappresentato come stringa

- str2num(s) converte la stringa s in numero

- toascii(s) ritorna la rappresentazione ascii di s come matrice

- tolower(s) ritorna una stringa composta da caratteri tutti minuscoli

- toupper(s) ritorna una stringa composta da caratteri tutti maiuscoli

D.3.4   Altre funzioni operanti con stringhe

Vi sono altre funzioni che possono essere applicate alle stringhe o che danno come risultato una stringa. Esse sono le seguenti:

- isalnum(s) ritorna 1 per caratteri che sono lettere o cifre

- isalpha(s) ritorna 1 per caratteri che sono lettere

- isascii(s) ritorna 1 per caratteri che sono ascii

- iscntrl(s) ritorna 1 per caratteri di controllo

- isdigit(s) ritorna 1 per caratteri che sono cifre decimali

- isgraph(s) ritorna 1 per caratteri stampabili

- islower(s) ritorna 1 per caratteri minuscoli

- isprint(s) ritorna 1 per caratteri stampabili

- ispunct(s) ritorna 1 per caratteri di punteggiatura

- isspace(s) ritorna 1 per caratteri bianchi

- isupper(s) ritorna 1 per carateri maiuscoli

- isxdigit(s) ritorna 1 per caratteri che sono cifre esadecimali

D.4   LE STRUTTURE

INTRODUZIONE

Octave include un supporto per organizzare qualsiasi tipo di dati in strutture. Gli elementi di una struttura possono essere valori di ogni tipo. Per esempio se digitiamo:

```
x.a=1
{x.b=[1,2;3,4]
x.c="string"
```

abbiamo creato una struttura con tre elementi. Per visualizzare tale struttura dobbiamo semplicemente digitare x ottenendo come risultato:

```
x=
a=1
b=
1 2
3 4
c= string
```

ESEMPIO DI UTILIZZO DI UNA STRUTTURA

Le strutture possono essere utilizzate in modo efficace per mezzo delle funzioni. Un esempio può essere il seguente:

```
octave:1> function [y]=f(x)
octave:2> y.re = real(x);
octave:3> y.im = imag(x);
octave:4> endfunction
```

in questo modo il risutato della funzione sarà una struttura con primo elemento la parte reale di x e come secondo elemento quella immaginaria.

D.5 LE VARIABILI

Le variabili sono gli elementi fondamentali del programma Octave. I nomi che possiamo assegnare all variabili non possono essere superiori ai 30 caratteri. Si noti che i simboli a ed A sono distinte variabili.

D.5.1 Assegnazione di valori alle variabili

Possiamo assegnare un qualsiasi valore ad una variabile attraverso la seguente sintassi:

```
nomevariabile=valore
```

in cui nome variabile è il nome della variabile e valore è il valore che aasegnamo alla variabile numerica o stringa.

Possiamo anche utilizzare in Octave delle variabili che prendono il nome di variabili globali.

Le variabili globali sono variabili a cui possiamo fare riferimento da ogni funzione senza che sia necessario passare ad esse alcun parametro. Una variabile globale può essere dichiarata in uno dei seguenti modi:

```
global a
```

```
global b=2
```

```
global c=3,d,e=5
```

D.5.2 Funzioni che riguardano le variabili

Le principali funzioni che riguardano le variabili sono le seguenti:

- clear nome elimina la variabile nome

- who fornisce la lista dell variabili memorizzate

- whos fornisce la lista delle variabili memorizzate

- exist(x) ritorna 1 se il nome esiste come variabile, 2 se il nome è un file di funzione 3 se il nome e un file con estensione .oct, 5 se è una funzione predefinita 0 altrimenti.

D.6 LE ESPRESSIONI

D.6.1 Introduzione

Le espressioni sono i blocchi basilari per costruire funzioni o effettuare calcoli con Octave. Le espressioni si basano su:

- operatori aritmetici

- operatori di comparazione

- operatori logici

- operatori di assegnazione

- operatori di incremento

D.6.2 Operatori aritmetici

I seguenti operatori aritmetici sono applicabili ove compatibili sia su scalari che su matrici. Essi sono:

- addizione: x+y

- addizione elemento per elemento: x.+y

- sottrazione: x-y

- sottrazione elemento per elemento: x.-y

- moltiplicazione: x*y

- moltiplicazione elemento per elemento: x.*y

- divisione destra: x/y è concettualmente equivalente ad inverse(y')*x')'

- divisione destra elemento per elemento: x./y

- divisione sinistra: x\y è concettualmente equivalente ad inverse(x)*y

- divisione sinistra elemento per elemento: x.\y

- operatore esponenziale: x∧y

- operatore esponenziale: x**y

- operatore esponenziale elemento per elemento: x.∧y

- operatore esponenziale elemento per elemento: x.**y

- negazione: -x

- trasposta: x.'

- operatore complesso trasposta: x' concettualmente è equivalente ad conj(x)

Si noti che se dopo aver inserito l'espressione contenente l'operatore aritmetico inseriamo il ;, il risultato non viene visualizzato da Octave. Per visualizzare il risultato sarà necessario non inserire ;.

D.6.3 Operatori di comparazione

I seguenti operatori sono applicabili ove compatibili sia su scalari che su matrici. Se sono applicati su matrici sono applicati su ogni elemento delle matrici che li utilizzano. Essi sono:

- minore: x<y

- minore uguale: x<=y

- maggiore: x>y

- maggiore uguale: x>=y

- uguaglianza: x==y

- disuguaglianza: x!=y

- disuguaglianza: x'=y (negato)

- disuguaglianza: x<>y (diverso)

D.6.4 Operatori logici

Gli operatori logici sono operatori che permettono di eseguire espressioni booleane ossia espressioni che restituiscono solamente il valore vero o falso. Tali operatori possono essere applicati sia a scalari che a matrici. Essi sono:

- and elemento per elemento: &

- or elemento per elemento: |

- negazione di una espressione booleana: !

- negazione di una espressione booleana: '

- and complessivo: &&

- or complessivo: ||

D.6.5 Operatori di assegnazione

Tramite gli operatori di assegnazione, assegnamo un determinato valore ad una variabile.

L'operatore unico di assegnazione che è utilizzato in Octave è:

```
=
```

Per assegnare un valore ad una variabile possiamo quindi utilizzare la seguente sintassi:

```
nomevariabile=valoredaassegnare
```

Così per assegnare un valore numerico ad una variabile possiamo utilizzare la sintassi:

```
a=5
```

  mentre per assegnare un valore testo possiamo utilizzare la sintassi:

```
a="good"
```

Per assegnare una matrice utilizziamo la sintassi:

```
a=[1,2;3,4]
```

Si noti quindi che assegnare un valore significa anche inizializzare una variabile a quel valore.

D.6.6 Operatori di incremento

Gli operatori di incremento sono quegli operatori che permettono di incrementare o decrementare il valore numerico memorizzato in variabili. Supponendo che x sia una variabile contenente un valore numerico gli operatori di incremento che possiamo applicare sono i seguenti:

- pre incremento: ++x incrementa la variabile x di uno; restituisce il nuovo valore.

- post incremento: x++ incrementa la variabile x di uno; restituisce il valore prima dell'incremento.

- pre decremento: –x decrementa la variabile x di uno; restituisce il nuovo valore.

- post decremento: x– decrementa la variabile x di uno; restituisce il valore prima dell'incremento.

D.6.7 La valutazione

Normalmente per valutare una espressione basterà semplicemente digitare l'espressione e dare l'invio. In certi casi sarà però necessario procedere, soprattutto in caso di programmazione, ad effettuare valutazioni di tipo diverso.

La funzione eval

La funzione eval provvede ad applicare ad un vettore di valori assunti dalla variabile x una determinata funzione inserita come stringa. Il suo uso è il seguente:

```
x=[1:10]
eval("x.[2c6]2")
```

in questo caso si ottiene la sequenza di tutti i quadrati dei primi dieci numeri naturali

La funzione feval

La funzione feval permette di valutare una funzione definita come funzione di Octave ossia con una estensione .m in un valore precisato o in un vettore di valori. Il suo uso è il seguente:

definire una funzione e memorizzata in un file ad esempio funzione.m

```
feval("funzione",a)
```

in questo caso se a è uno scalare si ottiene la valutazione della funzione in questo punto, se a è un vettore si ottiene la valutazione di tale funzione in ogni elemento del vettore.

D.6.8 Le strutture di controllo

Per poter definire funzioni, anche di particolare complessità, sarà necessario una conoscenza preliminare di come operano le strutture di controllo in Octave. Ciò sarà effettuato nei paragrafi successivi.

Qualunque linguaggio di programmazione prevede l'utilizzo delle strutture di controllo. Tali strutture sono le seguenti:

- if

- switch

- while

- for

- break

- continue

Vedremo nei paragrafi successivi il loro uso.

LA STRUTTURA DI CONTROLLO IF

Il suo uso è il seguente:

```
if(condizione)
endif
```

oppure:

```
if(condizione)
else
endif
```

oppure:

```
if(condizione)
elseif(condizione)
else
endif
```

LA STRUTTURA DI CONTROLLO SWITCH

Il suo uso è il seguente:

```
switch espressione
case label
case label
otherwise
endswitch
```

LA STRUTTURA DI CONTROLLO WHILE

Il suo uso è il seguente:

```
while(condizione)
endwhile
```

LA STRUTTURA DI CONTROLLO FOR

Il suo uso è il seguente:

```
for(var= espressione)
endfor
```

LA STRUTTURA DI CONTROLLO BREAK

La struttura di controllo break quando viene eseguita fa uscire il programma dal ciclo for o while che la contiene. Essa può essere inserita esclusivamente in cicli for o while.

LA STRUTTURA DI CONTROLLO CONTINUA

La struttura di controllo continua quando viene eseguita fa uscire il avanzare il ciclo for o while fino alla fine permettendo la ripetizione dello stesso. Essa può essere inserita esclusivamente in cicli for o while.

D.7 FUNZIONI E SCRIPT

Una delle potenzialità più grandi che possiede Octave è quella relativa alla possibilità di creare funzioni e di creare script che saranno eseguibili con una semplice chiamata da tastiera. Le funzioni restituiscono sempre un valore mentre gli script non sono altro che una successione di comandi che generalmente non produce alcun risultato.

D.7.1 Definire una funzione

Il procedimento che deve essere seguito per definire una funzione in Octave è il seguente. Prima di tutto di deve aprire un file con un qualunque editor di testo. La prima riga di tale file dovrà necessariamente contenere

function [y1,y2,...,yn]=nomefunzione(x1,x2,...,xn)

%Funzione per

%da usare con la seguente sintassi

% [y1,y2,...,yn]=nomefunzione(x1,x2,...,xn)

% in cui si avrà che

% x1=

% x2=

% ....

% xn=

% la funzione restituisce

% y1=

% y2=

% ....

% yn=

corpo della funzione

Si noti quanto segue:

- le variabili denotate con x sono le variabili di input e possono essere in numero da 1 a n

- le variabili denotate con y sono le variabili di output e possono essere in numero da 1 ad n

- quanto racchiuso dentro il simbolo di % può essere omesso ma è utile sia per informare su come opera la funzione sia perchè quanto inserito viene richiamato come jhelp della funzione stessa

- il corpo della funzione rappresenta le istruzioni che devono essere eseguite e si noti che esso dovrà sempre contenere le istruzioni y1= , y2= , yn= che rappresentano l'output della funzione stessa.

Il file così completato dovrà essere salvato in una directory accessibile da Octave con il nome nomefunzione.m

D.7.2 Definire uno script

Il procedimento che deve essere seguito per definire uno script in Octave è il seguente.

Prima di tutto si deve aprire un file con un qualunque editor di testo. La prima riga di tale file dovrà necessariamente contenere

function nomefunzione

%Script per

%da usare con la seguente sintassi

% nomefunzione

%lo script restituisce

%

corpo dello script

Il file così completato dovrà essere salvato in una directory accessibile da Octave con il nome

```
nomescript.m
```

D.7.3 Richiamare una funzione

Se abbiamo memorizzato la funzione nel modo visto sopra, sarà sempre possibile ottenere un help con il comando:

```
help nomefunzione
```

In generale una funzione in Octave verrà richiamata con il comando:

```
[y1,y2,...,yn]=nomefunzione(x1,x2,...,xn)
```

in cui:

- i valori delle variabili denotate con x devono essere valori numerici

- i valori restituiti dalla funzione saranno automaticamente memorizzati nelle variabili denotate con y

Si faccia attenzione a conoscere prima della chiamata della funzione il numero delle variabili di input e quelle di output.

D.7.4 Richiamare uno script

Se abbiamo memorizzato uno script nel modo visto sopra, sarà sempre possibile ottenere un help con il comando:

```
help nomefunzione
```

In generale uno script in Octave verrà richiamato con il comando:

```
nomefunzione
```

Esempio di programmazione: bisezione

La seguente funzione esegue il calcolo degli zeri di una funzione con il metodo di bisezione.

```
function [zero,niter]=bisezione(f,a,b,tol,numiter)

% Funzione per trovare gli zeri con il metodo di bisezione

% da usare con la seguente sintassi:

% [zero,niter]=bisezione(f,a,b,tol,numiter)
```

```
% in cui si avrà che:
% f è una stringa che precisa la funzione f
% a è l'estremo inferiore dell'intervallo di ricerca
% b è l'estremo superiore dell'intervallo di ricerca
% tol è la tolleranza desiderata
% numiter è il numero massimo di iterazioni desiderate
%
% la funzione restituisce:
% zero ossia lo zero cercato
% niter ossia il numero di iterazioni necessarie
x=[a,(a+b)/2,b];
fx=eval(f);
n=0;
if sign(fx(1))*sign(fx(3))>0
disp('Impossibile trovare una soluzione');
break;
end;
while abs(fx(2))>=tol & n <= numiter
n=n+1;
if sign(fx(1))*sign(fx(2))>0
x(1)=x(2);
else
x(3)=x(2);
end
x(2)=(x(1)+x(3))/2;
fx=eval(f);
end;
zero=x(2);
niter=n;
```

dovrà essere memorizzata nel file bisezione.m

Esempio di programmazione: ammfranc

La seguente funzione determina la rata e il piano di ammortamento[1] di un prestito:

```
function [rata,piano]=ammfranc(capitale,tasso,periodi)

%Funzione per trovare la rata di un piano di Ammortamento Francese

%da usare con la seguente sintassi:

% [rata,piano]=ammfranc(capitale,tasso,periodi)

%in cui si avrà che:

% capitale = il valore del capitale da rimborsare

% tasso = il valore del tasso di periodo in valore unitario

% periodi = il numero dei periodi di rimborso

if(nargin<3)

disp('Argomenti insufficienti');

else

numero=(1-(1+tasso)^(-periodi))/tasso;

rata=capitale/numero;

end

debitoresiduo=capitale;

for i=1:periodi

piano(i,1)=i;

piano(i,3)=debitoresiduo*tasso;

piano(i,2)=rata-piano(i,3);

piano(i,4)=rata;

piano(i,6)=debitoresiduo-piano(i,2);

piano(i,5)=capitale-piano(i,6);

debitoresiduo=piano(i,6);

end;

end;
```

dovrà essere memorizzata nel file ammfranc.m

---

1 Ammortamento francese.

Esempio di programmazione: matrice

La seguente funzione permette l'inserimento interattivo di una matrice in Octave.

```
function [y]=matrice(nr,nc)

%Funzione per inserire una matrice in Octave

%da usare con la seguente sintassi:

% [y]=matrice(nr,nc)

%in cui si avrà che:

% nr = numero i righe della matrice da inserire

% nc = numero di colonne della matrice da inserire

for i=1:nr

for j=1:nc

y(i,j)=input(sprintf("m[%o,%o]=",i,j));

endfor;

endfor;
```

dovrà essere memorizzata nel file matrice.m

Esempio di programmazione: zeri

La seguente funzione calcola e visualizza gli zeri complessi di una equazione.

```
function [y]=zeri(z,n)

%Funzione che calcola gli zeri dell'equazione

% x^n=z

%da usare con la seguente sintassi

% [y]=zeri(z,n)

%in cui si avrà che

% z= il numero complesso

% n= il grado dell'equazione

a=abs(z);

b=angle(z);

for k=0:n-1

y(k+1)=a^(1/n)*(cos((b+2*k*pi)/n)+i*sin((b+2*k*pi)/n));
```

```
    end

    data=[real(y),imag(y)];

    gplot data with points;
```

dovrà essere memorizzata nel file zeri.m

D.8 OPERATORI DI INPUT E DI OUTPUT

Molte volte è necessario nella scrittura di programmi procedere anche a visualizzare risultati intermedi o stringhe di caratteri che possono portare ad un uso più interattivo del programma scritto. In questo paragrafo vedremo di analizzare le principali funzioni di input ed output che Octave permette di realizzare.

D.8.1 Output su video

Le principali funzioni di output su video sono le seguenti:

> ans permette di visualizzare il più recente risultato ottenuto

> disp(x) permette di visualizzare il valore di x

> disp("stringa") permette di visualizzare la stringa stringa

> format permette di fissare il modo di output delle cifre come visto in precedenza

La funzione più utilizzata di output video è l'istruzione disp per questo motivo relativamente a tale funzione presentiamo i seguenti esempi:

> disp(["gennaio","febbraio"]) stampa i nomi gennaio e febbraio nella stessa riga

> disp(["gennaio";"febbraio"]) stampa i nomi gennaio e febbraio su due righe diverse

> disp([num2str(3)," febbraio"]) stampa 3 febbraio

Nell'ultimo esempio abbiamo utilizzato la funzione num2str per convertire una variabile numeri in stringa. Un modo migliore per effettuare tale operazione è quello di utilizzare le funzioni fprintf e sprintf. Le sintassi di tali istruzioni sono le seguenti:

> fprintf(formato, variabili) stampa l'output direttamente sul video

> stringa=sprint(formato,variabile) stampa l'output su di una stringa

in cui formato è una stringa di testo che tramite l'uso di caratteri speciali indica il tipo di formato dell'output, mentre variabili è una lista opzionale di variabili separate da una virgola e che hanno un corrispondente all'interno della stringa. Possiamo ad esempio scrivere:

```
x=10;y=5.5
fprinft("x=%d e y=%f",x,y)
```

ottenendo:

```
x=10 e y=5.500000
```

Oppure potremmo scrivere:

```
stringa=sprintf("x=%d e y=%f",x,y)
disp(stringa)
```

ottenendo lo stesso output di cui sopra.

La stringa di formato contiene codici che specificano il tipo di variabile che deve essere convertita in stringa e rappresentata sullo schermo. Il formato %d serve a visualizzare un numero intero, mentre il formato %f è utilizzato per i numeri reali. La seguente tabella rappresenta i descrittori di formato che possono essere utilizzati:

Codice di formato	Azione
%s	formato stringa
%d	formato senza parte frazionaria
%f	formato numero decimale
%e	formato in notazione scientifica
%g	formato in formazione compatta
\n	inserisce carattere di ritorno a capo
\t	inserisce carattere di tabulazione

mentre la seguente tabella rappresenta alcune esemplificazioni:

Valore	%6.3	%6.3e	%6d
2	2.000	2.000e+00	2
0.02	0.020	2.000e-02	2.000000e-02
200	200.000	2.000e+02	200
sqrt(2)	1.414	1.414e+00	1.414214e+00
sqrt(0.02)	0.141	1.414e-01	1.414214e-01

Vogliamo anche porre in evidenza con il seguente esempio, l'uso vettoriale che possiamo fare delle funzioni fprintf e sprintf. Si ha allora che:

```
n=input("Inserisci il numero di valori: ");

x=linspace(0,pi,n);

c=cos(x);

s=sin(x);

disp("————————————————————");

fprintf("k\t x(k)\t cos(x(k))\t cos(x(k))\n");

disp("————————————————————");

fprintf("%d\t %3.2f\t %6.5f\t %6.5f\n",[1:n;x;c;s]);
```

Se eseguito verrà stampata una tabella avente come intestazione:
k,x(k),cos(x(k)),sin(x(k))
e sotto tante righe con i corrispondenti valori in relazione al valore di n
impostato.

D.8.2 Input da video

Le principali funzioni di input sono le seguenti:

> input("stringa") visualizza la stringa stringa e si ferma per aspettare un input numerico

> input("stringa","s") visualizza la stringa stringa e si ferma per aspettare un input di carattere

Tramite tale funzione possiamo realizzare un input di tipo interattivo. Ad esempio se digitiamo:
n=input("Inserisci un numero ")
il programma si arresterà fino a che non digitiamo un numero da tastiera e premiamo invio,
successivamente tale numero sarà assegnato alla variabile n.

D.8.3 Salvare o caricare dati

Capiterà spesso di dover salvare risultati ottenuti con Octave perchè essi siano letti da altri programmi o caricare in Octave file prodotti da altri programmi per effettuare opportune elaborazioni.

Il programma presenta a riguardo una serie di comandi notevoli. Noi approfondiremo l'uso solamente di due di questi comandi load e save.

Salvare i risultati in un file

Il salvataggio dei valori contenuti in una variabile di Octave in un file viene e
ettuata con il comando:

```
save opzioni file v1 v1 ...
```

in cui:

> • opzioni sarà sostituito con una delle opzioni di output previste ossia

```
-- -ascii
-- -binary
-- -float-binary
-- -mat-binary
-- -save-builtins
```

> • file sarà il nome del file in cui salvare le variabili

> • v1,v2,... saranno le variabili da salvare nel file

Per ulteriori precisazioni si rinvia all'help in linea del comando save

Caricare un file di dati

Il caricamento dei valori contenuti in un file esterno in Octave viene effettuata con il comando:

```
load opzioni file v1 v1 ...
```

in cui:

- opzioni sarà sostituito con una delle opzioni di output previste ossia

  ```
  -- -force
  -- -ascii
  -- -binary
  -- -mat-binary
  ```

- file sarà il nome del file da caricare

- v1,v2,... saranno le variabili in cui saranno memorizzati i file caricati

Per ulteriori precisazioni si rinvia all'help in linea del comando load

D.8.4   Output ed input formattato

In Octave sono disponibili anche altri comandi che permettono di eseguire una formattazione sia dei valori in input che di quelli in output. Tra le funzioni non analizzate in precedenza ricordiamo:

- printf funzione di output

- fscanf funzione di input

- sscanf funzione d input

- scanf funzione di input

Per l'uso di tali funzioni si rimanda all'help in linea.

D.9   I GRAFICI DI FUNZIONI

Il programma per eseguire i grafici delle funzioni utilizza il programma gnuplot. In generale tutte le opzioni che possono essere usate con gnuplot possono anche essere usate in Octave con una sintassi leggermente diversa. Sarà allora possibile tracciare grafici sia di funzioni bidimensionali che tridimensionali.

D.9.1   Grafici cartesiani a due dimensioni: primo modo

La sintassi che dobbiamo utilizzare per tracciare i grafici cartesiani a due dimensioni con questo primo procedimento è quella relativa al tracciamento di dati con gnuplot. Supponendo quindi di avere creato con Octave una matrice a più colonne contenete i dati da tracciare, il grafico può essere ottenuto con il seguente comando:

```
gplot [a:b][c:d] data using e:f with stilelinea
```

si noti che inserendo alla fine una virgola e ripetendo tutta la stringa ad eccezione di gplot possiamo tracciare più grafici in un unico diagramma. Naturalmente si avr'a che:

- a,b rappresentano il range opzionale della variabile x

- c,d rappresentano il range opzionale della variabile y

- e,f sono le colonne della matrice di cui vogliamo tracciare il grafico inoltre stilelinea sarà uno dei seguenti:

  - lines
  - points
  - linespoints
  - impulses
  - dots
  - steps
  - errorbars
  - boxes

Si noti che verranno stampati i grafici di colonna contro colonna e quindi in questo modo i dati dovranno essere memorizzati nella matrice.

Come detto Octave per tracciare i grafici utilizza il programma gnuplot. Tale programma permette di personalizzare i grafici attraverso la fissazione di opzioni. Tali opzioni possono essere inserite direttamente da octave con il comando:

```
gset opzione
```

in cui opzione è una opzione accettata da gnuplot (si veda un qualunque manuale di gnuplot).

Per visualizzare lo stato di una opzione si può utilizzare sempre da octave il comando:

```
gshow opzione
```

in cui opzione è sempre una opzione accettata da gnuplot.

Come sicuramente sa chi utilizza gnuplot, quando in tale programam si fissa una certa opzione, per renderla esecutiva sarà necessario digitare il comando replot. Tale fatto si riscontra anche in octave, quindi dopo aver fissato una opzione con il comando gset per vedera applicata dovremmo digitare replot a meno che non abbiamo impostato la variabile automatic_replot ad un valore diverso da 0.

D.9.2 Grafici cartesiani a due dimensioni: secondo modo

Esiste anche un secondo metodo che permette di tracciare i grafici di funzioni a due dimensioni.

La più semplice forma di grafico ottenuto con tale metodo è la seguente:

```
plot(x)
```

in cui x è un vettore colonna com'eposto da n elementi. In questo modo viene tracciato un grafico in cui in ascissa troviamo i numeri naturali da 1 ad n in corrispondenza dei quli troviamo il corrispondente valore del vettore x.

Il modo più completo per utilizzare tale comando è il seguente:

```
plot(x,y,fmt='valore',...)
```

in cui per quanto riguarda x ed y si avrà che:

- se x è un vettore colonna mentre y è una matrice, viene tracciato il grafico del vettore x verso ciascuna delle colonne della matrice y.

- se x è una matrice mentre y è un vettore colonna, viene tracciato il grafico di ogni colonna della matrice x verso il vettore y.

- se x ed y sono vettori viene tracciato il grafico di x contro y

- se x ed y sono matrici viene tracciato il grafico delel colonen di y contro le colonne di x

- se x ed y sono scalari è tracciato semplicmente un punto

mentre il valore assunto da fmt è il seguente:

- '-'
- '.'
- '@'
- '-@'
- '^'
- 'L'
- '#'
- ' '
- '# '
- 'n'
- 'nm'
- 'c'
- '+'
- '*'
- 'o'
- 'x'

Per il significato di tali simboli e il loro uso si veda l'help in linea richiamabile con help plot

Si noti che per tracciare più grafici sullo stesso diagramma possiamo utilizzare la sintassi:

```
plot(x,y,fmt='valore',x,y2,fmt='valore')
```

anche più volte o utilizzare il comando hold on. In questo modo i grafici tracciati successivamente con plot saranno aggiunti a quello visualizzato. Per levare questa caratteristica basterà ovviamente digitare hold off.

D.9.3 Grafici particolari a due dimensioni

Octave permette di ottenere anche dei grafici a due dimensioni differenti da quelli cartesiani.

L'elenco e la loro sintassi è la seguente:

```
bar(x,y)
```

con x ed y vettori produce un grafico a barre

```
contour(z,n)
```

produce un contour plot di n linee di un grafico tridimensionale

```
hist(x,y)
```

produce un istogramma di x avente per numero di bin y se y è scalare

```
loglog(argomenti)
```

produce un grafico bidimensionale usando la scala logaritmica

```
polar(theta,rho)
```

produce un grafico bidimensionale polare

```
stairs(x,y)
```

con x ed y vettori produce uno stairstep plot

D.9.4 Grafici cartesiani tridimensionali

Per creare grafici cartesiani tridimensionali dobbiamo usare la seguente sintassi:

```
a=[a:b:c]}
```

per creare il range dell'asse delle x con incremento b

```
b=[a1:b1:c1]}
```

per creare il range dell'asse delle y con incremento b1

```
[x,y]=meshdom(a,b)}
```

per creare la matrice valutativa

```
z=espressione}
```

funzione con x ed y per ottenere la matrice da plottare

```
mesh(x,y,z)}
```

per ottenere il grafico della funzione voluta, in alternativa per ottenere lo stesso grafico possiamo usare:

```
gsplot z
```

secondo la sintassi di gnuplot.

D.9.5 Annotazioni nei grafici

Nei grafici ottenuti da octave è possibile inserire delle annotazioni. Esistono varie possibilità:

- `grid` viene inserita una griglia nel grafico

- `title("nometitolo")` viene inserito un titolo al grafico

- `xlabel("sting")` viene specificato un nome per l'asse delle x

- `ylabel("sting")` viene specificato un nome per l'asse delle y

- `zlabel("sting")` viene specificato un nome per l'asse delle z

Ognuno di tali comandi richiede per essere visualizzato il comando replot.

D.9.6 Tracciare più grafici in una pagina

Con octave è anche possibile tracciare più grafici in una stessa pagina. Per fare questo dobbiamo prima di tutto specificare quanti grafici vogliamo ottenere e tale indicazione è data con il comando:

```
multiplot(xn,yn)
```

in cui xn rappresenta il numero di righe mentre yn quello delle colonne della pagina in cui vogliamo ottenere i grafici, si noti che il numero dei grafici sarà pari ad xn*yn.

Successivamente possiamo iniziare a tracciare il primo grafico con i soliti comandi:

```
gplot plot
gsplot
mesh
```

e modificarne l'aspetto inserendo titolo e altre etichette.

Prima di tracciare il secondo grafico dobbiamo indicare ad Octave che abbimo finito di modificare il grafico precedente e che vogliamo tracciare il grafico successivo. Ciò è fatto digitando il seguente comando:

```
subplot(xn,yn,n)
```

in cui n è il numero del grafico che vogliamo tracciare. Si noti che la numerazione avviene sempre dall'alto verso basso e da sinistra verso destra. Dato il comando potremmo tracciare il grafico utilizzando i soliti comandi.

D.10 FUNZIONI MATEMATICHE DI BASE

Vedremo in questa sezione una serie di funzioni matematiche di base di cui dispone il programma
Octave ricordando che tali funzioni possono essere applicate sia a scalari che a vettori o matrici.

D.10.1 Le funzioni aritmetiche

Le funzioni aritmetiche che possiamo utilizzare in Octave sono le seguenti:

- ceil(x)
- exp(x)
- fix(x)
- floor(x)
- gcd(x,...)
- lcm(x,...)
- log(x)
- log10(x)
- max(x)
- min(x)
- nextpow2(x)
- pow2(x)
- pow2(f,e)
- rem(x,y)
- round(x)
- sign(x)
- sqrt(x)
- xor(x)

D.10.2 Le funzioni riguardanti i complessi

Le funzioni complesse aritmetiche che possiamo utilizzare in Octave sono le seguenti:

- abs(z)
- arg(z)
- angle(z)
- conj(z)
- imag(z)
- real(z)

con z numero complesso.

D.10.3 Le funzioni trigonometriche

Le funzioni trigonometriche che possiamo utilizzare in Octave sono le seguenti:

- sin(z)
- cos(z)
- tan(z)
- sec(z)
- csc(z)
- cot(z)
- asin(z)
- acos(z)
- atan(z)
- asec(z)
- acsc(z)
- acot(z)
- sinh(z)
- cosh(z)
- tanh(z)
- sech(z)
- csch(z)
- coth(z)
- asinh(z)
- acosh(z)
- atanh(z)
- asech(z)
- acsch(z)
- acoth(z)
- atan2(x,y)

con z numero complesso.

D.10.4 Le funzioni di somma e prodotto

Le funzioni di somma e prodotto che possiamo utilizzare in Octave sono le seguenti:

- sum(x)
- prod(x)
- cumsum(x)

- cumprod(x)
- sumsq(x)

con x vettore.

D.10.5 Le funzioni speciali

Le funzioni speciali che possiamo utilizzare in Octave sono le seguenti:

- besseli(alpha,x)
- besselij(alpha,x)
- besselk(alpha,x)
- bessely(alpha,x)
- beta(a,b)
- betai(a,b,x)
- bincoeff(n,k)
- erf(z)
- erfc(z)
- erfinv(z)
- gamma(z)
- gammai(a,x)
- lgamma(a,x)
- gammaln(a,x)
- cross(x,y)
- commutation_matrix(m,n)
- duplication_matrix(n)

con argomenti scalari reali o complessi o vettori.

D.10.6 Le costanti matematiche

Le costanti matematiche che possiamo utilizzare in Octave sono le seguenti:

- I
- J
- i
- j
- Inf
- inf
- NaN

- nan

- pi

- e

- eps

- realmax

- realmin

D.10.7 Funzioni riguardanti campi specifici della matematica

Nelle ultime versioni di Octave sono state aggiunte molte funzioni riguardanti campi specifici della matematica. In questo paragrafo verrà precisato solamente in che modo venirne a conoscenza.

Per conoscere quali sono tali funzioni disponibili in Octave si veda l'help in linea con:

```
help -i
```

e si consultino le seguenti sezioni:

- Linear Algebra

- Nonlinear Equations

- Quadrature

- Differential Equations

- Optimization

- Statistics

- Financial Functions

- Sets

- Polynomial Manipulations

- Control Theory

- Signal Processing

- Image Processing

- Audio Processing

- Quaternions

D.11 PARTICOLARITÀ

Vogliamo raggruppare in questo paragrafo una serie di particolarità che riguardano Octave e che non trovano collocazione in altre parti del manuale

D.11.1 Il comando diary

Può essere utile a volte disporre dell'elenco dei comandi che sono stati eseguiti in una sessione di lavoro di Octave e dei risultati che sono stati visualizzati nel video. Ciò può essere effettuato tramite la funzione diary. Tale funzione prevede innanzitutto di essere inizializzata tramite il comando:

```
diary on
```

successivamente a tale comando tutto quello che digiteremo e che verr'a visualizzato a video fino alla digitazione di

```
diary off
```

potrà essere salvato in un file tramite il comando:

```
diary "nomefile.txt"
```

Si noti quindi che per salvare qualcosa sarà necessario inizializzare e terminare l'inizializzazione di tale comando.

Per maggiori informazioni e opzioni si consiglia di visualizzare l'help in linea di tale comando.

D.11.2 L'uso di history

Octave di default salva tutti i comandi che sono stati digitati in una variabile di nome history.

Per vedere l'elenco di tutti i comandi digitati si può semplicemente digitare:

```
history
```

e scorrere l'elenco così ottenuto.

Digitando invece il comando:

```
edit_history n
```

verrà richiamato nell'editor predefinito la riga n di history che potrà essere modificata, all'uscita dall'editor verrà eseguita l'istruzione così modificata. Se invece digitiamo:

```
edit_history n1 n2
```

verranno richiamate nell'editor predefinito le righe da n1 ad n2 di history che potranno essere modificate, all'uscita dall'editor verranno eseguite le istruzione così modificate.

Il comando run_history funziona come edit_history ad eccezione del fatto che l'editor non viene richiamato e le istruzioni saranno semplicemente eseguite senza essere visualizzate. Si noti che il numero di istruzioni memorizzato è predefinito da Octave in 1024 per fissare un'altro valore bisognerà modificare la variabile OCTAVE_HISTSIZE. Per maggiori informazioni e opzioni si consiglia di visualizzare l'help in linea di tali comandi.

E

E | PROCEDURE OCTAVE

E.1 ISTOGRAMMA

```
octave
more off
dt=[23.65 23.70 23.55 23.65 23.65 23.55 23.55 23.80 23.50 23.75 23.55
   23.65 23.65 23.55 23.70 23.55
23.50 23.75 23.70 23.55 23.60 23.60 23.60 23.55 23.65 23.55 23.65 23.70
   23.65 23.70 23.60 23.65 23.55
23.65 23.65 23.60 23.60 23.60 23.70 23.70 23.60 23.65 23.60 23.65 23.75
   23.55 23.75 23.55 23.65
23.60 23.60 23.50 23.60 23.70 23.65 23.60 23.60 23.70 23.70 23.60 23.60
   23.70 23.60 23.50]
xlabel="intervalli"
ylabel="n freq"
hist(dt,[23.45:0.05:23.85])
print -deps -color -portrait "grafo09.eps"
exit
```

E.2 GRAFICO DATI+MEDIA

```
octave
more off
dt=[23.65 23.70 23.55 23.65 23.65 23.55 23.55 23.80 23.50 23.75 23.55
   23.65 23.65 23.55 23.70 23.55
23.50 23.75 23.70 23.55 23.60 23.60 23.60 23.55 23.65 23.55 23.65 23.70
   23.65 23.70 23.60 23.65 23.55
23.65 23.65 23.0 23.60 23.60 23.70 23.70 23.60 23.65 23.60 23.65 23.75
   23.55 23.75 23.55 23.65 23.60
23.60 23.50 23.60 23.70 23.65 23.60 23.60 23.70 23.70 23.60 23.60 23.70
   23.60 23.50]
xlabel="i"
ylabel="x_i"
hold on
errorbar(dt,ones(64)*.05)
plot([1,64],[mean(dt),mean(dt)],";media;")
print -deps -color -portrait "grafo07.eps"
exit
```

E.3 GRAFICO DATI+MEDIA+DEV STD

```
octave
more off
dt=[23.65 23.70 23.55 23.65 23.65 23.55 23.55 23.80 23.50
23.75 23.55 23.65 23.65 23.55 23.70 23.55 23.50 23.75 23.70
23.55 23.60 23.60 23.60 23.55 23.65 23.55 23.65 23.70 23.65
23.70 23.60 23.65 23.55 23.65 23.65 23.60 23.60 23.60 23.70
23.70 23.60 23.65 23.60 23.65 23.75 23.55 23.75 23.55 23.65
23.60 23.60 23.50 23.60 23.70 23.65 23.60 23.60 23.70 23.70
23.60 23.60 23.70 23.60 23.50]
xlabel="i"
ylabel="x_i"
hold on
errorbar(dt,ones(64)*.05)
m=mean(dt)
plot([1,64],[m,m],"b-;media;")
d=std(dt)/8
plot([1,64,64,64,1,1],[m-d,m-d,m-d,m+d,m+d,m-d],"c;fascia A;")
d=3*d
plot([1,64,64,64,1,1],[m-d,m-d,m-d,m+d,m+d,m-d],"m;fascia B;")
print -deps -color -portrait "grafo08.eps"
exit
```

E.4 SURFACE

```
octave
more off
for i=1:20 for j=1:20 z(i,j)=round(sin(i/3)*cos(j/5)*255) endfor endfor
mesh(z)
print -deps -color -portrait  "grafo01.eps"
exit
```

E.5 LINFIT.M

```
\% x=[1:100].+unifrnd(-1,1,1,100)
\% Questa funzione dati i due vettori x e y,
\% calcola i coefficienti della retta che minimizza
\% la distanza quadratica dai punti x y
\% x e y sono i vettori con le coordinate dei dati
\% m e q sono il coeff. ang. della retta e intercetta
\% dm e dq le incertezze statistiche su m e q
\% r \'e il coefficiente di correlazione lineare
\% sum \'e lo scarto quadratico medio rispetto errori sperimentali
function linfit(y,x,dy,dx)
sy=size(y);
\% se il vettore y \'e tipo colonna viene trasformato in vettore riga
if (sy(1)!=1) y=y'; endif;
\% se il vettore y non \'e unidimensionale ferma la procedura
if (sy(1)!=1) break; endif;
```

```octave
\% controlla se viene inserita l'ascissa se no viene definita da una
    progressione aritmentica
if (exist("x", "var")!=1) x=[1:sy(2)]; endif;
\% se il vettore x \'e colonna viene trasformato in vettore riga
if (sy(1)!=1) x=x'; endif;
\% se i vettori x e y non hanno le stesse dimensioni la procedura viene
    fermata
sx=size(x);
if (size(x)!=size(y)) break; endif;
\% finito il controllo sulle variabili procedo al calcolo del best fit
    lineare
dn=sx(2)*sum(x.*x)-sum(x)*sum(x);
uscita.m = (sx(2)*sum(x.*y)-sum(y)*sum(x))/dn;
uscita.q = (sum(y)*sum(x.*x)-sum(x.*y)*sum(x))/dn;
sqmy = sum((uscita.q+uscita.m*x-y).**2)/(sx(2)-2);
uscita.dm = sqrt(sqmy*sx(2)/dn);
uscita.dq = sqrt(sqmy*sum(x.*x)/dn);
uscita.r= sum((x-mean(x)).*(y-mean(y)))/sqrt(sum((x-mean(x)) .*(x-mean(x
    ))) *sum((y-mean(y)) .*(y-mean(y))));
uscita.scarto = abs(uscita.m*x+uscita.q-y)/sqrt(uscita.m**2+1);
\% se alla procedura vengono passate le incertezze sperimentali allora
    determino i bad point.
\% traslando la retta rispetto al punto in esame e mettendo a sistema
    con l'ellisse o palla dell'indeterminazione
\% se il delta \'e minore di zero la retta \'e esterna e si tratta
    quindi di un bad point.
if (exist("dy", "var")==1)
    if (size(dy)==size(y))
        if (exist("dx", "var")!= 1) dx=0*dy; endif;
        if (size(dx)==size(x)) b = (uscita.m*dx.*(uscita.q+ uscita.m*x
    .-y)).**2;
                                    ac = (dy.**2+uscita.m**2*dx
    .**2).*((uscita.q+ uscita.m*x.-y).**2-dy.**2);
                                    badpoint = (b < ac);
                                    uscita.badpointindici = find(
    badpoint == 1);
                                    endif;
        endif; endif;
disp(uscita);
endfunction
```

F | SOLUZIONI DEGLI ESERCIZI

F.1 CAPITOLO 1

1 $\quad 12\,nodi = 12 \cdot 0.5144 \frac{m}{s} = 6.1728\,m/s = 6.1728 \cdot \frac{3600}{1000}\frac{Km}{h} = 22.2222\frac{Km}{h}$

2 $\quad 7 \cdot 10^5 m/h = 7 \cdot 10^5 \frac{1}{1000} km/h = 700 km/h$

3

n	Pianeta	$D_\oplus$ (Km)	$D_\oplus$ sec-luce	$D_\oplus$ min-luce	$D_\oplus$ h-luce
1	Mercurio	$5.8 \cdot 10^7$	193.47	3.22	0.05
2	Venere	$1.08 \cdot 10^8$	360.25	6	0.10
3	Terra	$1.496 \cdot 10^8$	499.01	8,32	0.14
4	Marte	$2.28 \cdot 10^8$	760.53	12.68	0.21
5	Giove	$7.78 \cdot 10^8$	2595.13	43.25	0.72
6	Saturno	$1.427 \cdot 10^9$	4759.96	79.33	1.32
7	Urano	$2.87 \cdot 10^9$	9573.29	159.55	2.66
8	Nettuno	$4.5 \cdot 10^9$	15010	250.17	4.17

4 $\quad$ 0,25 in= 0,635 cm; 0,5 in = 1.27 cm; 0,403 cm^2; 1.61 cm^2

5 $\quad$ Rispettivamente 0,39 e 30,11

6 $\quad$ 35675

7 $\quad$ $12.34 \cdot 10^{-10}$ m = $1.234 \cdot 10^{-9}$ m = 1.234 nm

8 $\quad V = \frac{170/100 \cdot 4^2 \pi}{4} \cdot 1000 = 21363\,l$

9 $\quad r = \frac{1000}{2\pi} = 159$ m $; h = \sqrt{250^2 - 159^2} = 197$ m

10 $\quad h = \frac{V}{r^2 \pi} = 0,5m$

11 $\quad 60^h = 216000s$

12 $\quad 3 \div 7 \cdot 10^{-5} T = 30 \div 70 \mu T$

13 $\quad 15 \cdot 10^3 kW$

14 $\quad 3.52 kW = 3 \cdot 10^6 kcal/h$

15 $\quad 53cm \times 40cm; 58cm \times 32cm; x = \frac{d \cdot d}{a^2 + b^2};$
$\quad y = \frac{a \cdot d}{a^2 + b^2}; \frac{A_{4:3}}{A_{16:9}} = \frac{\frac{4}{5}d\frac{3}{5}d}{\frac{16}{\sqrt{337}}d\,\frac{9}{\sqrt{337}}d} = 1.12$

16 $\quad$ Si incaglierà sprofondando di circa 3 m nella secca.

17 $\quad$ 39 °C sarà la temperatura massima, mentre 20 °C sarà la minima.
È chiaro che l'abbigliamento dovrà essere leggero.

18 $\quad 1.152 \cdot 10^{17}$ m $= 0,1$ Em $= 12.2$ Al

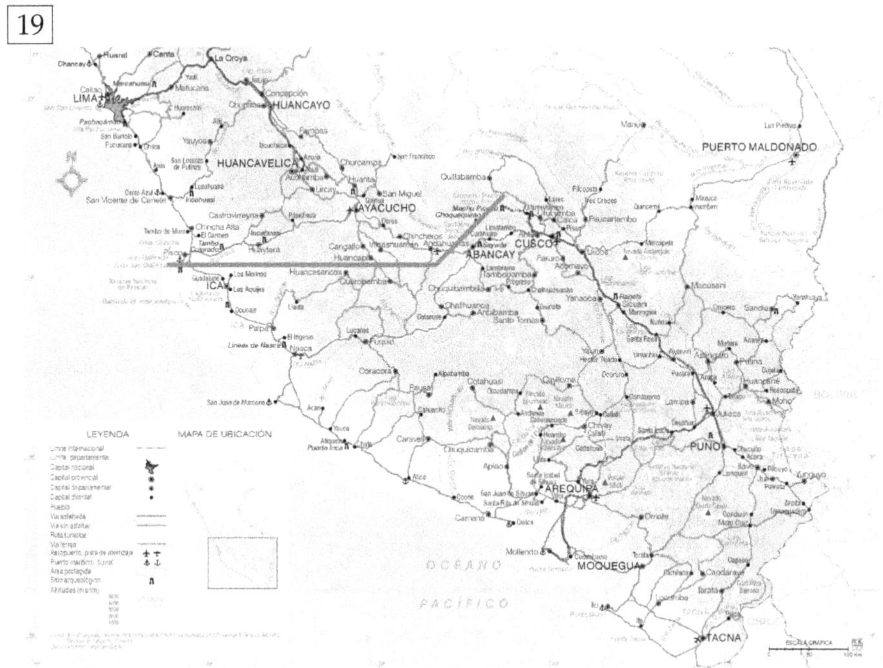

La città cui si riferisce la mappa è Machu Picchu.

20

1 m=100 cm, 1 N =10.000 dyn e 1 Fr = 3.335641 10^{-10} C, comportano:

$$F(dyn) = \frac{carica_1(Fr)\cdot carica_2(Fr)}{distanza^2(cm^2)}$$

F.2   CAPITOLO 2

1

$12.87 \pm 0,04 m^3$; 12910 litri; 12830 litri

2

$0,51 \pm 0,02$ m

3

$r = 159,1 \pm 0,5$; $h = 296 \pm 2$

4

60 ± 9 h

5

$69 km^2$; parallelogramma;

6

$15 km^2$;
parallelogramma con angolo alla base 45°;
parallelogramma con angolo alla base 9°.

7

Assumendo l'errore di lettura pari a 0.5 unità: 88 ± 1; $52.7 \pm 0,6$; $41.8 \pm 0,5$;
$25.17 \pm 0,34$

8

88 ± 1; $52.7 \pm 0,7$; 41.8 ± 0.7; 25.17 ± 0.45; la bilancia digitale è meno precisa

9

$v = 1000 km/h$; $\Delta d = 12000 \cdot (1 - \cos 1.5)$;
La dispersione temporale tra le misure è di 15 sec.

10

La differenza tra i valori osservata è dovuta a un effetto parallattico.
La misura vera sarà compresa tra queste due.
Occorre l'angolo rispetto alla normale al cronometro e da distanza della
lancetta dalla scala graduata.

11

1	2	3	4	5	6	7	8	9	10
74.4	72.2	73.9	72.8	73.5	73.3	72.5	72.8	71.9	73.7

F.3   CAPITOLO 3

1

```
>   h=[altezze in cm]
>   n=[numero corrispondente alla persona nel registro di classe]
>   x=[145:4:189]
>   mean(h)
>   [a,i]=sort(n)
>   plot(a,h(i))
>   hist(h,x)
>   err=h*1/100
>   sum(h./err)/sum(1./err)
```

2

```
>   V=[10, 9, 12, 9, 11, 11, 10, 10, 11, 9, 10, 10, 9, 8, 10, 10]
>   dV=V*0.1
>   set (gca (), "xlim", [0,17], "ylim", [6, 14])
>   print -Pemf plot.emf
>   exit
```

Aprite il software Libreoffice-writer, in alto, nella barra dei comandi,
selezionate: inserisci -> immagine -> da file, scegliere la directory in cui
era stato lanciato octave (default = $home). Dare ok.

3

```
>   s=[0 3.12 6.32 6.46 5.68 4.84 4.57 3.25]
>   t=[0 1.12 2.26 3.03 3.81 4.54 5.75 6.52]
>   ds=[0.001 0.02 0.03 0.04 0.03 0.06 0.03 0.02]
>   dt=[0.001 0.03 0.05 0.03 0.02 0.02 0.01 0.01]
>   plot(s,"*")
>   set (gca (), "xlim", [0,8], "ylim", [3, 7])
>   xlabel('num misura')
>   ylabel('spazio')
>   plot(t,"*")
>   set (gca (), "xlim", [0,8], "ylim", [0, 7])
>   xlabel('num misura')
>   ylabel('tempo')
>   errorbar(s,ds)
>   set (gca (), "xlim", [0,8], "ylim", [3, 7])
>   xlabel('num misura')
>   ylabel('spazio')
>   errorbar(t,dt)
>   set (gca (), "xlim", [0,8], "ylim", [0, 7])
>   xlabel('num misura')
>   ylabel('tempo')
>   plot(t,s,'*')
>   set (gca (), "xlim", [0,7], "ylim", [0, 8])
>   xlabel('spazio')
>   ylabel('tempo')
>   errorbar(t,s,dt,ds,'~>')
>   set (gca (), "xlim", [0,7], "ylim", [0, 8])
>   xlabel('spazio')
>   ylabel('tempo')
>   plot(t/60,s*1000,'*')
>   set (gca (), "xlim", [0,7/60], "ylim", [0, 8*1000])
>   xlabel('spazio')
>   ylabel('tempo')
>   errorbar(t/60,s*1000,dt,ds,'~>')
>   set (gca (), "xlim", [0,7/60], "ylim", [0, 8*1000])
>   xlabel('spazio')
>   ylabel('tempo')
```

4

```
>   errorbar([1 2 2.5 4],[2 3 2 3],[0.2 0.5 0.5 1],[0.2 0.5 0.5 1],
    '~>')
>   set (gca (), "xlim", [0, 5],"ylim",[0,5])
>   xlabel("Asse ipso")
>   ylabel("Asse est")
>   title("Ecce")
```

|5|

```
>   a=[10.06,10.21,10.41,10.47,10.19,10.49,10.22,10.37,10.12,10.14,
    10.16,10.54,10.51,10.26 ,10.58,10.17,10.18,10.48]
>   hist(a)
```

Esistono due gruppi di dati, uno relativo a quelli di Giasone e l'altro a quelli di Adelfio. Essi percorrendo uno la parte interna della pista e l'altro quella esterna hanno percorso spazi diversi in particolare la differenza tra il percorso interno e quello esterno è pari a circa 300 m, molto maggiore dell'incertezza sperimentale.

|6|

	g	y	r	b
n_{max}	79455	185393	211878	52970
n_{min}	79014	184365	210702	52676

Per la relazione basta indicare: il problema, i risultati ottenuti, e il costo dell'opera.

|7|

Aprire xfig. Al sinistra verso il centro c'e' un pulsante relativo alle librerie (se non ci sono vanno installate). Scegliere chart e posizionarlo sul grafico vuoto. Stampare. Ripetere lo stesso procedimento per ottenere un foglio log.

```
>   d=[5.8e7,1.08e8,1.496e8,2.28e8,7.78e8,1.427e9,2.87e9,4.5e9]
>   semilogy(d,"*")
>   grid('on')
>   print -Ppng plot.png
```

G.1 PROGRAMMAZIONE DI LABORATORIO IL LICEO

L'insegnamento della fisica ha un grande valore propedeutico e formativo. La conoscenza metodologica della fisica permette di affrontare, l'approccio alla realtà, sviluppando la capacità di cogliere dettagli, concetti legati alla fisica delle cose, isolare le componenti che caratterizzano un dato fenomeno.

Lo studio del laboratorio di fisica, in particolare al biennio di un liceo classico, si propone di favorire lo sviluppo di una cultura armonica e completa.

Le finalità che si dovrebbero conseguire sono le seguenti:

- l'acquisizione dei metodi di indagine scientifica che, attraverso contenuti e metodi, consentono una chiara ed efficace comprensione del mondo reale;

- comprendere quali sono i margini di applicabilità delle leggi fisiche e i limiti delle conoscenze scientifiche;

- sviluppare la capacità di osservare, analizzare un fenomeno;

- comprensione dei limiti di applicabilità delle leggi fisiche;

- attivare nel discente dei processi logici induttivi;

- capacità di lavorare in un gruppo di lavoro su un problema comune;

- capacità di esporre attraverso un linguaggio adeguato la descrizione di un fenomeno;

- consapevolezza del valore culturale della fisica.

Gli obiettivi didattici da conseguire sono:

- analizzare un fenomeno o un problema;

- eseguire misure in modo consapevole e corretto;

- stabilire prima del loro utilizzo i limiti e la sensibilità della strumentazione;

- raccogliere, rappresentare e analizzare i dati ottenuti;

- imparare a descrivere le apparecchiature e le procedure utilizzate;

- sviluppare abilità operative connesse con l'uso degli strumenti;

- trarre delle conclusioni teoriche in accordo con i risultati sperimentali e prospettare modelli teorici;

* superare le difficoltà sperimentali al fine di isolare un fenomeno di interesse.

* utilizzare appropriati software informatici per l'analisi dei dati.

Nel corso di studi del biennio, risulta fondamentale proporre semplici e pochi esperimenti: la semplicità richiede premesse teoriche elementari e quindi il lavoro teorico viene notevolmente ridotto; inoltre un numero ridotto di esperienze consente uno studio approfondito, attivando il metodo di indagine scientifica.

Al fine di rendere più proficuo il lavoro di laboratorio di fisica è utile far precedere le esperienze da una serie di semplici misure: lunghezza, angoli, tempo, massa.... In tal modo agli alunni risulta più familiare l'uso degli strumenti di laboratorio. Queste misure possono costituire, inoltre, la base per comprendere meglio la teoria degli errori. Gli alunni possono cimentarsi, sotto la guida dell'insegnante, nel calcolo di superfici, volumi e densità, con la relativa propagazione delle incertezza sperimentali. Il metodo sperimentale e la teoria della misura devono essere gli elementi portanti durante tutto il corso e devono essere studiati come naturale conseguenza dell'attività laboratoriale.

L'attività di verifica e valutazione deve tenere conto non solo della capacità di risolvere le problematiche sperimentali e della capacità di esporre quanto fatto nelle relazioni, ma anche della capacità di comprendere i propri errori e correggerli.

L'attività didattica verrà svolta affrontando 3 momenti fondamentali:

I trattazione teorica che affronti il problema delle grandezze fisiche fondamentali, la strumentazione e la teoria degli errori;

II realizzazione degli esperimenti, o singoli o a piccoli gruppi, da parte degli alunni, e raccolta delle misure;

III analisi dei dati, risultati conseguiti, eventuale confronto con la classe, conclusioni e stesura della relazione di laboratorio.

I contenuti affrontati nel biennio quindi dovranno essere strutturati seguendo il seguente schema:

I ANNO

Parte I: teoria

* grandezze fisiche fondamentali;

* conversioni;

* elementi base della teoria della misura e degli errori.

Parte II: esercitazione

* utilizzo di semplici strumenti: riga, calibro, goniometro, bilancia, dinamometro;

* valutazione degli errori sperimentali;

* caratteristiche della strumentazione;

* determinazione di superfici e relative incertezze;

* determinazione del volume di un corpo di forma regolare e relativa incertezza;

* determinazione della densità di un corpo di forma regolare e relativa incertezza;

* uso del PC e di octave rielaborando gli esempi svolti.

Parte III: laboratorio

* determinazione del volume di un corpo di forma irregolare;

* grammatura della carta di un libro o pendolo galileiano.

II ANNO

Parte I: teoria

* statistica;

Parte II: laboratorio

* determinazione sperimentale di π;

* spinta di Archimede.

III ANNO

Parte I: teoria

* elementi della teoria della misura e degli errori: fit. e grafico dei residui.

Parte II: esercitazione

* utilizzo di semplici strumenti: multimetro, termometro.

Parte III: laboratorio

* pendolo galileiano I;

* pendolo galileiano II;

* molle.

IV ANNO

Laboratorio

* curva di raffreddamento di un liquido;

* equazione di stato dei gas perfetti: trasformazione isocora;

* caratteristica di un potenziometro.

V ANNO

Laboratorio

* caratteristica di una lampadina a incandescenza;

* resistività;

* rifrazione della luce.

ELENCO DELLE FIGURE

ELENCO DELLE TABELLE

BIBLIOGRAFIA

[1] Taylor J.R., *Introduzione all'analisi degli errori*, Zanichelli, 1986

[2] Severi M., *Introduzione alla sperimentazione fisica*, Zanichelli, 1982

[3] Halliday D., Resnick R., *Fisica I*, CEA, 1982

[4] AA.VV., *Handbook of Chemistry and Physics 87th Edition*, CRC press,inc, 2006

[5] Caforio A., Ferilli A., *Fisica 1*, Le Monnier, 2007

[6] Caforio A., Ferilli A., *Fisica 2*, Le Monnier, 2007

[7] Caforio A., Ferilli A., *Fisica 3*, Le Monnier, 2007

[8] Caforio A., Ferilli A., *Le leggi della fisica*, Le Monnier, 2005

[9] Nolan P., *Fundamentals of college physics*, WM. C. Brown s, 1993

[10] Vitolo R., Paparella F., *GNU Octave: calcolo numerico*, Linux&C, 2006, N.52-A.8

[11] Russo L., *Segmenti e bastoncini*, Universale Economica Feltrinelli, 2005, 19,49

[12] Padoa A., *Discorso pronunciato da Alessandro Padoa (1868-1937)*, 28 marzo 1908, Pinerolo

[13] Ferrante I., *Procedure di fit*, 2005,
http://www.df.unipi.it/~ferrante/fit.0.pdf

[14] Boggiani R.,*Introduzione ad Octave*, 2003,
http://www.fis.unipr.it/pub/materialedidattico/eduwin/

[15] AA.VV., *Bureau International des Poids et Mesures*, 2010,
http://www.bipm.org/

[16] Fazio M., *SI, MKSA, CGS & Co. dizionario e manuale delle unità di misura*, Zanichelli Editore, 1995, Bologna

[17] Perry R., Dow Green W., *Perry's Chemical Engineers' Handbook, 8a ed. (in inglese)*, McGraw-Hill, 2007